KB119933

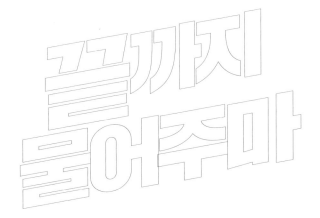

끝까지 물어주마

정봉주 최강욱 이재화 하어영 지음

왜가 사라진 오늘, 왜를 캐묻다

WISDOM HOUSE 위즈덤하우스

정봉주의 전국구,
피하지 않고 끝까지 묻겠습니다!

2014년 1월, 아무것도 준비되지 않은 상태에서 마치 무언가에 홀린 듯 '정봉주의 전국구'를 시작했다. 방송을 잘한다고는 하지만 그동안은 패널이나 게스트로서, 진행자라는 파트너를 지렛대로 방송을 해왔다. 그런데 전국구에서는 내가 진행자였다. 행사나 토론회 등에서 사회를 본 적은 있지만 정통 방송에서 사회를 본다는 것은 지금 생각해보면 무모한 시도였다. 일부는 박수를 치면서 환영했지만 대부분이 반대했다. 토론이나 방송에서의 내 성향을 봤을 때 전혀 맞지 않는다는 것이다. 지금도 그런 비판은 계속 나오고 있지만 방송 초반에 비해서는 상당히 줄어들었다.

　전국구를 처음 시작할 때 나는 무슨 생각을 했을까? 솔직히 아무 생각이 없었다. '피선거권이 묶여 있어 정치를 할 수 없으니, 이것을 내 정치의 또 하나의 장이라고 생각하자?', '정권 교체에 실패해 국민들이 절망에 빠져 있으니 이를 극복하고 위로하기 위해 팟캐스트를 하자?' 다 나중에 갖다 붙인 말에 불과할 뿐, 처음에는 그저 뭐에 홀린 듯 별다른 생각 없이 시작했다. "운명처럼 다가온 사랑과도 같았다"라고 말하는 것이 정확할 것이다. 전국구는 그렇게 우리들의 운명이 되었다. 몸으로 부딪치면서 배워온 2년의 세월이다. 생활의 중심이자 삶이 되었다.

어느 날, 전국구의 애청자라는 출판사 편집장에게 책으로 출간하자는 제안을 받았다. '나는 꼼수다' 시절처럼 열광적인 것도, 더 많은 청취자들을 확보하고 있는 것도 아니고, 많은 팟캐스트 중 하나일 뿐 고만고만한 비슷한 내용들이 많아 과연 대중의 반향이 있을까 망설여졌다. 그래도 또 하나의 역사와 흔적을 만든다는 생각에 출간을 결정했다. 아울러 전국구를 할 수 있도록 도움을 주는 후원자들과 전국구를 소중하게 여기는 청취자들에 대한 최소한의 예의라고 생각했다.

출판사의 노력이 가상했다. 방송된 주제들 중 현시대에 가장 적합한 주제들을 선별하고, 다시 그 수많은 말들을 글로 풀고, 그 내용들을 출판사 관계자들과 함께 읽어보면서 출판사 측도, 나도, 이 작업을 함께한 전국구 동료들도 많이 놀랐다. 매회 급히 주제를 잡고 패널을 섭외하고 정리할 시간도 없이, 심지어는 단 한 줄의 대본이나 시나리오도 없이 어찌 보면 즉흥적으로 보냈던 시간들 같은데, 글로 풀어놓은 것을 보니 예상했던 것과 너무나 달랐다.

예전처럼 깔때기 마왕 시절이었다면 "오, 신이시여! 과연 이 내용들이 우리가 한 말이란 말입니까?" 할 정도로 내용이 충실하고 꽉 차 있었다. 반신반의하던 생각은 완전히 바뀌었다. 오히려 주제들을 더 넓혀 놓고, 더 많은 주제들을 선정하고, 다시 말로 풀고, 그중 포기할 주제는 포기하며 여러 주제들을 재차 다양하게 선택했다.

주제 선별의 중요한 지점은 일단 각 주제에 대한 내용이 충실한가

하는 점이었고, 그 주제가 현시대와 앞으로의 상황에 적합할 것인지를 고려했다. 동시에 앞으로의 시대를 예상하면서 지속가능한 주제인지와 후에 이 시대를 돌아봤을 때 우리는 과연 얼마나 냉철하게 이 시대를 살았으며, 얼마나 처절하게 투쟁의 관점에 섰는가 하는 점도 주제 선정에 중요한 요소였다.

수백 개 주제 중 신중을 기해 10개의 주제를 뽑았다. 출판사의 도움이 컸다. 반복하고 수정하는 과정에서 흘려보낸 공들이 많았다. 10개의 주제는 다시 돌아보는 대한민국 2014년, 2015년을 비교적 피하지 않고 바라본 역사가 될 것이다.

미리 설명하자면, 역사 교과서 국정화 문제는 이 정권의 속성을 그대로 들여다볼 수 있는 주제다. 그리고 그들도 주장하듯이 '밀리면 죽는' 전쟁이다. 교육은, 역사는, 철학과 철학의 투쟁이다. 정체성과 정체성이 부딪치는, 뼈와 살이 그대로 부딪치고 드러나는 알몸 전쟁이다. 이 역사 전쟁이 왜 시작되었으며, 이 전쟁의 본질은 무엇인지 이 사회, 이 시대를 들여다보기 위해서 절대 외면해서는 안 되는 주제다.

'미친 전세'와 '가계 부채'와 관련된 주제는 몰락하는 대한민국 중산층과 서민의 삶을 고스란히 반영하고 있다. 이는 우파 쪽에서도 IMF 직전의 상황과 비슷하다고 하는, 실패 일변도로 가고 있는 폭발 직전의 경제 정책의 원인이며 결과이다. 또 결과이며 원인이다. 이 문제를 외면한 모든 경제 이슈는 탁상공론이다. 현장성이 결여된 지적이며 분석이다. 현장의 삶이 어떠한지, 지금 얼마나 고통의 시간으로 향해 가고 있는지 경제학이 제대로 파헤쳐봐야 하는 것이 바로 전세 문제며 가계 부채의 문제다. 이제 우리들끼리의 언어가 아닌 현장의 언어로 국민의 목소리를 듣고 해결에 나서자는 것이 우리의 제안이다. 이 문제제기와 구체적 해결의 중심에 서서, 이를 해결하기 위해 현장을 지키는 제윤경 에듀머니 대표에게 진심으로 감사의 마음을 전한다.

세월호와 쌍용자동차 문제는 우리의 옷깃을 여미게 한다. 늘 죄송스러운 마음을 피할 수 없게 만든다.

"죽음 앞에 이렇게 무례한 사회를 본 적이 있는가?"

우리 스스로 묻고 또 물으며 마음속으로 울음을 삼킨다. 쌍용자동차 노동자들의 죽음을 맞이했고, 그렇게 고통스럽게 우리의 양심을 고문하던 이 세상은, 우리 사랑스러운 아이들의 죽음을 생중계로 우리 앞에 갖다 놓았다. 세상의 한복판에서 불의와 맞서 싸워야 할 당신들이 세상을 유약하게만 바라본다면, 당신들이 무기력해진다면, 이 세상은 당신들에게 어떠한 형벌을 줄 것인지 다시금 깨닫게 한 시간들이다. 1980년 광주항쟁이 지난 30년 동안 우리를 밀고 온 동력이었다면, 이제 다시 쌍용차의 정신으로, 세월호의 결기로 앞으로의 인생을 살아가야 할 것이다. 쌍용차와 세월호, 아직 해결되지 않은 두 문제는 우리에게 주어진 숭고한 사명이다.

'통합진보당 해산'과 '김영란법'이 누더기가 된 것은 사법부의 퇴행, 입법부의 무능을 고스란히 보여준 것이다. '국정원의 해킹 사건'은 이 권력, 이 행정부의 불법성을 그대로 노출시킨 것이다. 우리 사회의 총화인 입법, 사법, 행정부의 민낯은 우리 국민들이 이 사회에 절망할 수밖에 없는 '헬조선', '망한민국'의 근거를 제공한다. 다시금 이런 사회에 그냥 이대로 살 것이냐를 묻는 이 세 가지 주제는 다소 답답할지라도 '민주주의'라는 문제에 대한 인식을 되돌아보게 하는 주제이다. 동시에 이 사회에 대한 본질적인 문제를 제기하게 하는 대목이다.

그리스 경제 위기와 국가존립의 상황! 우리도 1997년에 IMF 구제금융을 경험한 적이 있다. 그때는 경제의 활력이 완전히 가라앉지 않은 상태에서 외환보유고 위기라는 비교적 극복 가능한 위기 상태였고, 동시에 김대중이라는 걸출한 지도자를 갖고 있었기 때문에 비교적 짧은 시간에 IMF 체제를 졸업할 수 있었다. 그런데 지금 또다시 제2의 IMF가 올 것이라는 위기감이 나오고 있다. 해결과 접근방법은 다르겠지만 우파 학자들 역시 경제 상황이 IMF 직전과 비슷하다는 우려를 표하고 있다.

하지만 이 정권의 해법은 없어 보인다. 정권이 무능하면 우리라도 방법을 찾아야 한다. 위기 상황에 처한 그리스의 원인을 들여다보고 타산지석으로 삼을 점은 없는지 고민해보았다. 세계 경제가 총체적 위기로 들어서는 현재 상황에서 다음 순서는 우리가 될 가능성이 가장 크기 때문이다.

1945년 패망한 일본 제국주의는 한반도를 떠나면서 100년 뒤에 돌아오겠다고 호언장담했다. 총칼보다 무서운 식민지 근성, 서로 반목하면서 분열하고 싸우는 국민성을 만들어 놓았다는 자상한 설명까지 덧붙이면서 말이다. 그리고 70년이 흘렀다. 그들이 장담한 100년이 30년 앞으로 다가왔다.

국내에서는 친일 사관이 당당하게 목소리를 내고 있고, 친일의 후손들이 주류가 되어 있으며, 일본에서는 평화헌법을 폐기하고 군국주의의 길로 들어서고 있다. 일본 자위대는 미군이 작전하는 곳은 세계 어느 곳이라도 파견할 수 있다고 선언했다. 그리고 법적 근거도 마련했다. 자위대가 움직일 그 1차적 대상은 말할 것도 없이 한반도다. 한반도 전시작전권은 한미 연합사령부, 즉 미군에게 있다. 미·일 안보조약으로 일본에게 동북아 방위권을 위임하고 싶은 미국, 한반도에 대한 재침략의 야욕을 불태우고 있는 일본, 양국의 '깔맞춤' 이해는 한반도를 또다시 일본에게 내어주는 상황으로 급진전하고 있다. 자주독립국으로 가기 위해 현 정권의 외교 무능을 어떻게 바라보고 대처해야 할 것인지 고민해보았다.

이 주제들을 중심으로 우리가 함께 나누고 정리한 내용들이 모범 답안이라고 생각하지는 않는다. 하지만 적어도 퇴행하고 있는 역사를 직시하고 후퇴하고 있는 민주주의, 언론의 자유, 인권의 문제에 대해 한 번이라도 깊은 한숨을 쉬며 안타까워한 사람들이 있다면 적어도 이 주제에 대해서만큼은 그들과 함께 공유하자는 생각으로 책을 정리했다. 그동안 팟캐스트를 통해 전국구를 편하게 들어왔다면, 이제는 책을 통해 좀 더 진중하게 생각을 정리하며 곱씹는 계기가 됐으면 하는 바람이다.

책으로 정리하는 과정은 박근혜 정권 2년의 세월을 돌아보는 의미 있는 작업이었다. 이 시대의 알몸, 우리 시대의 민낯이 글로 고스란히 우리 앞에 다가왔다. 때로는 다시 들여다보기도 고통스러운 순간들도 있었고, 눈물을 머금고 이를 악물고 '결기'를 곧추세우게 하는 장면들도 떠올랐다. 그렇게 지난 2년은 고스란히 날것 그대로 우리 앞에 모습을 드러냈다.

어찌 우리가 보는 세상이 정답일 수 있겠는가! 하지만 적어도 우리는 이 세상이 부를 때 외면하지 않았고, 비록 전면에 서지는 못했겠지만 피하지는 않았다. 선두라는 당당함은 아니지만 피했다는 비겁함은 없었다고 자부한다. 비록 현장에서 몸으로 싸우는 투사의 모습은 아닐지라도, 적어도 골방에서 우리끼리 낄낄거리며 "피하지 않았다"고 자조하며 면피하는 그런 시간을 보내지 않은 것만은 분명하다.

누군가는 앞에 서야 한다면 누군가는 대열을 만들어줘야 한다. 그리고 또 누군가는 가장 뒤에서 낙오하는 자들을 다독이며 후미를 책임져야 한다. 그렇게 빼앗긴 사회의 정의를 되찾기 위해, 후퇴하는 민주주의가 더는 밀려나지 않게 하기 위해서, 각자의 역할에 맞게 자기 위치를 잡아야 하는 것이다. 그것이 적어도 민주·개혁 진영을 자처하고 역사를 입에 올리는 자들의 도리이기 때문이다. 그 길의 한구석에 전국구가 있었다.

'끝까지 물어주마!'라는 제목은 이전에 가졌던 제목들만큼이나 애정이 가는 타이틀이다. 전국구의 정체성을 그대로 보여주는 것 같아 참 좋다. 이 정권의 퇴행적 행태에 대한 궁금증을 "끝까지 묻는다"는 의미와 한번 물었는데 누가 이기는지 갈 데까지 가보자, "끝까지 물어뜯겠다"는 이중적 의미가 있다. 그래서 더 좋다. 꼭 이길 것이라는 장담은 없지만 적어도 '익숙한 패배주의'에 빠져 허우적대고 싶지는 않다.

전국구를 만들 수 있도록 흔쾌히 출연에 응했던 모든 출연자분들에게 참으로 고맙다는 인사를 전하고 싶다. 그리고 무엇보다도 어려운 경제 여건에서도 꾸준히 후원해주는 '자발적 유료 청취자'들에게 진심으로 감사를 드린다.

앞에서도 잠깐 이야기했지만 가장 고마운 분들은 청취자들이다. 이 분들과 우리 전국구 가족들과의 관계는 '물과 물고기' 같은 관계다. 청취자라는 물이 있기 때문에 전국구라는 물고기가 존재할 수 있다.

해는 반드시 기운다.
정권도 반드시 끝이 있다.
하지만 영원불변한 것은 백성이요, 국민이다.
그래서 국민이 하늘인 것이다.
그런 국민들 속에서 헤엄치며 소통하는 우리 전국구는
세상과 하늘의 한복판에 있는 기쁨이다.
석양에 지는 해를 볼 날이 멀지 않았다.
그때까지 악착같이 버티겠다.
전국구가 있어 참 다행이다.
"끝까지 물어주마!"

정봉주

차례

—

1

전 국민적
반대에도 불구하고
왜 국정화를
밀어붙이는가?

- 역사는 권력자가
쓰는 것이 아니다

한홍구 역사학자

국민의 사고를 교정하겠다는
교과서 국정화

_ 정봉주

2015년 11월 3일, 현 정부는 역사 교과서를 국정화하겠다고 선언했다. 2016년 준비와 집필 기간을 거쳐 2017년부터 학교 현장에 국정 교과서를 배포하겠다는 정책 추진계획을 밝혔다. 여론조사 기관마다 다소 편차는 있지만 전체 국민들 중 약 50~55퍼센트 정도 되는 국민들이 반대한다는 입장을 보였으니, 절반 이상의 국민들이 교과서 국정화 추진에 반대하고 있다. 찬성하는 국민들은 약 30~40퍼센트 정도로 반대 여론과 작게는 10퍼센트에서 많게는 20퍼센트까지 차이를 보이고 있다. 국정화 반대 여론이 뿌리 깊게 안착되어 가고 있는 추세다.

현 정부는 이렇게 국민 과반수 이상이 반대하는 국정화를 왜 밀어붙이는 것일까? 정책을 결정하고 집행하는 주체가 이렇게 큰 무리수를 두는 이유는 무엇일까?

박정희 대통령의 명예 회복을 위한 역사 왜곡

우선 많은 사람이 박근혜 대통령이 국정화 추진을 강행하는 것은 아버지 박정희 대통령에 대한 명예 회복 때문이라고 추측하고 있다. 박정희 대통령은 다카기 마사오로 창씨 개명한 일본 관동군 장교 출신으로, 특히 독립군 토벌에 깊이 관여한 것으로 알려져 있다. 즉, 일제시대 36년 동안 친일파의 정점에 있었던 인물이다. 또한 해방 이후 5·16쿠데타를 일으킨 주역이었으며, 이후 18년간 철의 통치를 한 독재자로 우리는 기억하고 있다.

전쟁 이후 폐허에 가까운 상황에서 배고픔에 시달리던 1950년대, 가난하고 힘들었던 1960~1970년대를 극복하고, 산업화를 이끌며 대한민국을 다시 일으켜 세웠던 대통령으로서의 긍정적인 평가는 늘 두 번째나 세 번째로 밀렸다. 업적에 대한 평가보다는 친일파이자 독재자라는 비판이 앞섰고, 결국 측근의 총탄에 명을 달리했으니, 이러한 아버지의 역사적 지위를 딸 박근혜 대통령 입장에서는 견디기 힘들었을 것이다. 그러기에 이를 바로 세우기 위해 국정화를 추진하는 것이라고 추측하고 있다.

항간에는 박근혜 대통령의 실정과 무능한 통치 행태를 비판하면서 그저 '대통령이 되는 것'과 '아버지 박정희 대통령의 명예를 회복하는 것' 외에는 아무 목표도 없는 사람이라는 조롱 섞인 평가를 하기도 한다. 이러한 평가 역시 국정화 추진 이유가 아버지의 명예 회복을 위한 것이라는 추측의 흐름과 그 맥을 같이 한다.

이를 입증하듯, 박근혜 대통령은 2015년 9월 제70차 유엔총회에 참석해 박정희 대통령의 '새마을 운동'을 극찬하는 등 최근 들어 부쩍 아버지의 명예 회복을 위한 발언을 이어오고 있다.

박정희 대통령의 가장 중요한 업적으로 새마을 운동을 앞세우는 것은 18년간의 대한민국 역사를 산업화의 측면, 경제 총량의 측면에서만 이해하는 왜곡된 역사 인식을 제공하는 것이다. 일제시대를 경제 총량의 측면에서 보면 식민지 사회였지만 결국 근대화를 이루었다는 식민사관과 다를 바 없는 것이다.

한 사회에 대한 평가는 민주주의의 발전, 인권의 보호, 사회적 통합의 정도, 경제적 차별 그리고 이로 인한 사회 구성원들 간의 화합 여부 등을 통해 종합적으로 평가해야 한다. 특히 민주주의와 인권은 그 사회를 평가하는 핵심 중의 핵심 요소다. 그러니 이처럼 박근혜 대통령이 계속해서 박정희 대통령의 새마을 운동 업적을 내세우는 것은 아버지 박정희 대통령이 자행했던 민주주의 압살, 인권 유린, 크고 작은 의문의 역사적 사건들을 부정하는 것이다. 아울러 그 시대의 부정한 역사에 대한 책임 소재 역시 사라지는 것이다. 업적만큼 중요한 것이 부정에 대한 인식이다. 부정의 역사를 제대로 보지 못하고 그 부정의 역사에 대한 책임을 묻고 개선하지 않는다면 역사는 한 발도 앞으로 나갈 수 없다. 미래가 없는 것이다.

또한 박근혜 대통령은 2015년 8·15 경축사에서 1948년 정부 수립을 '건국절'로 칭한 바 있다. '1948년 건국절'이라는 것은 엄연히 헌법 정신에 위배되는 것이다. 명백히 존재하는 역사를 부정하는 것이고, 이는 심각한 역사 왜곡이다. 그런데 대통령은 왜 이런 무리수를 감행한 것일까? 1948년을 대한민국이 수립된 해로 본다면 상해에 있던 임시정부의 존재는 사라진다. 임시정부의 '국가 정통성'이 사라지는 것이다. 동시에 임시정부가 수행했던 독립운동의 역사 역시 사라지면서 이와 대척점에 존재했던 친일 행각, 친일 역사 또한 함께 사라지는 것이다. 1948년 건국절은 결국 친일의 중심에 서 있었던 아버지 박정희 대통령의 친일 행각에 면죄부를 주는 동시에 역사적으로 화려한 사면의 공간을 제공하는 것이다.

아버지 박정희 대통령에 대한 '사감'과 '역사적 복권'에 사로잡혀 우리 역사를 망가뜨리려는 시도, 바로 그것이 개인적 사감으로 나라를 운영하겠다는 측면에서 접근한 교과서 국정화다.

교과서 국정화는 곧 극우 세력의 집권 전략

하지만 이런 점으로만 국정화를 이해하기는 부족하다. 사정은 거슬러 올라가 이명박 대통령 집권 초기인 2008년으로 돌아간다. 광우병 쇠고기 수입에 반대하는 학생들과 시민들의 보고를 받은 이명박 대통령은 "배후가 누구냐?"라고 물었다. 학생들이 거리로 나왔으니 배후가 있다면 당연히 학부모 아니면 교사다. 그런데 학부모를 배후로 모는 것은 전 국민을 상대로 선전포고하는 것과 다름없으니 그가 지칭한 배후는 교사일 것이다. 그리고 '창의성'과 '비판적 시민'의 양성을 교육 목표로 삼고 있던 전교조 교사를 배후라고 판단한 것은 불 보듯 뻔하다. 이때부터 전교조에 대한 법적, 행정적 탄압이 시작됐고, 결국 전교조는 '법외 노조'로까지 내몰리는 형국이 됐다.

전교조를 압살하려는 시도는 2005년 사학법 개정 이후 한나라당이 박근혜 당시 한나라당 대표의 주도로 국회를 마비시킨 채 '사학법 재개정'을 요구하며 1년여 동안 거리 투쟁을 한 것과 그 맥을 같이 하니, '이명박근혜 정부'라는 호칭도 그리 틀린 것만은 아닌 것 같다.

교과서 국정화가 전교조 탄압과 맥을 같이 한다는 측면에서 보면, 교과서 국정화는 '국민의 혼'을 일사불란하게 통제하겠다는 극우 세력의 집권 전략의 일환으로 볼 수 있다.

2012년 대선 시기, 새누리당에서는 컨틴전시 플랜(Contingency Plan, 비상계획)이라는 말이 나오기 시작했고, 대선 막바지에 이르면서 노무현 대통령의 'NLL 포기 발언'이 대선의 주요 의제가 되기 시작했다. 아울러 대선 전후로 '국정원 대선 댓글 개입' 문제는 대선의 또 다른 주요 쟁점으로 부상했다. 결과론적이지만 정권의 또 다른 정보기관인 사이버사령부 역시 대선에 개입했다는 증거와 자료들이 속속 드러나기 시작했다. 결국 이들이 주장했던 컨틴전시 플랜이라는 것은 결국 수단과 방법을 가리지 않고 '비상하게' 정권을 유지하고자 했던 '집권 전략'으로 볼 수 있다. 그리고 바로 이 집권 전략의 정점에 '혼이 비정상이 된 국민의 혼을 정상으로 돌려놓겠다'는 혹세무민 정책, 쇠뇌 정책인 교과서 국정화가 있는 것이다.

국민의 사상 통제? 시대를 거스르는 박근혜 정부

교과서 국정화는 수구 집단의 장기 집권 계획에 의해 수립된 것이고, 이는 컨틴전시 플랜이라는 맥락에서 이해 가능하다는 얘기다. 컨틴전시 플랜 1단계는 전교조를 법외 노조로 만들거나 해체시키는 것이고, 2단계는 대선 시기에 수단과 방법을 가리지 않고 정권을 지키자는 것이고, 마지막으로는 이 정권에 저항하거나 비판하는 국민들의 뇌를 교정시키겠다는, 즉 교과서 국정화를 통해 국민 의식 조작에 나서겠다는 것이다. 다시 말해 교과서 국정화는 한마디로 극우의 집권 전략이며, 다시는 이 땅에 민주, 개혁 세력이 발흥하게 두지 않겠다는, 역사에 대한 전면전 선포와 다름없다.

이 대목에서 역사의 데자뷔를 보는 듯하다. 임진왜란이 일어나고 도요토

미 히데요시가 질풍노도와 같이 한반도를 유린하며 치고 올라오자 당시 왕이었던 선조는 야반도주했다. 개성을 빠져나가 평양성을 버리고 도망갈 때 백성들은 돌팔매질을 했다. 이후 선조의 머릿속에는 자신에게 돌팔매질을 한 백성, 그래서 원수같이 느껴지던 백성만 있었고, 사랑하고 존경하며 보듬어 안아야 할 백성은 없었다.

국정원 대선 댓글 개입으로 정권 초기부터 정통성 지적을 받으면서 국민의 비판을 받던 박근혜 대통령, 한 발 더 나아가 18년 집권 후 비명으로 생을 마감한 자신의 아버지를 '친일파, 독재자'로 기억하는 국민들은 박근혜 대통령에게는 참기 힘든 '적이요 원수'인 것이다. 백성을 배척했던 선조의 마음이 읽히는 데자뷔인 것이다.

국민은 적이고, 적의 사상을 갖고 있는 국민의 사상을 교정하고 통제하겠다는 박근혜 정부! 그러기에 '혼이 비정상'이라는 말과 생존권을 요구하는 비무장 시위대를 IS 테러리스트와 비교하는 상황이 연출되는 것이다.

아버지 박정희 대통령이 교과서 국정화를 밀어붙였던 때는 1970년대 초반이다. 그로부터 40년의 세월이 흘렀다. 학교 현장의 분위기는 이미 세월의 통제를 뛰어넘었다. 과연 사상을 통제하겠다는, 사고를 교정시키겠다는 정책이 SNS로 세상을 보고 배우는 지금의 우리 아이들을 얼마나 통제할 수 있을까?

"아무것도 이룬 것 없이 늘 진 것 같지만 되돌아보면 역사는 그만큼 발전해 있다!"라는 한홍구 교수의 말이 인상적이다.

교과서 국정화를 밀어붙이는 세력들에게 이렇게 말하고 싶다.

"절망은 당신들만의 소유물이 될 것이다. 그것이 역사다!"

정봉주 국정화 때문에 온 나라가 불붙은 듯이 호들갑을 떨고 있습니다. 1973년에 박정희 전 대통령이 이미 국정화를 했단 말이에요? 그리고 지금 40여 년 만에 다시 딸 대통령이 국정화를 밀어붙이고 있죠. 교수님, 이렇게 국정화를 밀어붙이는 이유가 뭘까요?

한홍구 저는 박근혜 대통령이란 분이 참 독특한 정신세계를 가지고 계신 게 아닌가 생각해요. 대통령이 된 이유도 아버지의 명예회복이고요. 대선 전에도 제가 글을 썼습니다만, 박정희를 가장 훌륭한 대통령으로 모델 삼고 있는데 정말 어처구니가 없는 거죠. 40년, 50년 전에 총칼로 집권한 사람하고 그래도 박근혜 대통령은 ─ 물론 부정선거 시비도 있습니다만 ─ 어쨌든 선거를 거친 정치인인데요. 총칼로 정권을 잡은 사람이 정통성이 없어서 강압으로 써먹었던 방식, 그것도 한국이 경제적으로나 사회적으로나 정치적으로나 발전이 안 됐던 40~50년 전 유신 시대 방식을 왜 모델로 삼는지. 왜 그걸 향수로 삼아서 거기로 자꾸 돌아가는지.

지금 모든 정책이 그러고 있습니다. 민주주의도 회귀하고, 새마을운동을 모델인 것처럼 제시하고 있기도 하고요. 그런 부분이, 미래로 나아가야 할 한국 사회의 발목을 자꾸 붙들고 있어요. 이념 논쟁이라고도 할 수 없는, 이념 논쟁 같지도 않은 이념 논쟁에 빠뜨린단 말이죠. 좌와 우가 모여서 정말 한국이 어느 방향으로 나아가야 할 것인가에 대해 정책적인 토론을 할 기회를 앗아가버리고 정말 말도 안 되는 이런 문제로… 그러면서 또 '이념 논쟁에 빠져서는 안 된다, 미래로 나아가야 한다' 이런 얘기를 하니 참 답답하기 짝이 없죠.

어떤 비판도 용인하지 못하는 정권
국민을 바보로 만드는 우민화 교육의 시작

정봉주 근데 왜 이렇게 국정화를 밀어붙일까요?

한홍구 그게 이미 박정희에 대한 역사적인 평가에서….

정봉주 독재 권력이라고 묘사하는 것에 대해….

한홍구 그런 부분을 견딜 수 없어 한 거죠. 그게 독재 권력의 생리입니다. 박정희도 그걸 못 견뎌 했습니다. 박정희도 처음, 1960년대 초반에 집권했을 때만 해도 나이도 젊었어요. 그때는 젊은 기자들하고 막걸리 마시다가 화가 나면 술잔을 집어 던지기도 하고 장난삼아서지만 툭 치기도 하고, 그러면서 목소리 높여가며 같이 토론을 했어요. 그나마 열려 있었던 거죠. 그런데 박정희도 권력을 오래 잡고 나니까 그게 싫은 거예요. 그리고 권력에 오래 있다 보니까 기자들도 많이 바뀌고요. 처음에는 나이 차가 별로 안 났는데, 후에는 한참 나이 어린 젊은 기자가 '이건 이런 거 아닙니까' 비판하는 거죠. 그런 걸 못 받아들이고…. 그래서 점점 더 독재자가 돼가는 거죠. 박근혜는 정치에 입문했을 때 나이가 스물세 살이에요. 어머니 돌아가시는 비극을 겪으면서 본의 아니게 정치에 뛰어들게 됐죠. 정치의 한복판에 섰는데 그때 보고 듣고 느낀 게, 그 모델이 박정희였단 말이죠.

정봉주 그렇죠.

한홍구 박정희란 사람은 18년을 집권했잖아요? 1970년대 중후반 유신 말기에 아주 극도로 포악해지고 닫혀 있었고, 그때는 무능하기까지 했습니다. 그 박정희를 모델로 삼으니…. 대한민국이, 우리가 어떻게 해서 여기까지 왔습니까? 지금 하는 걸 보면 박정희가 이뤄놓은 성과 자체도 다 까먹는 거죠.

정봉주 역사적으로 보면 1973년에 국정화를 추진했죠. 유신 체제 말기에 극단적인 모습을 보인 게 긴급조치 9호 아닙니까? 긴급조치 9호가 75년 일이에요. 그러니까 국정화 추진하고 1~2년 사이에 극한 모습을 보인 거거든요. 아버지를 롤모델로 삼았고, 아버지를 독재자로 묘사한 걸 참을 수 없다? 그거 하나 가지고 국정화를 밀어붙인다고 보기에는 조금….

한홍구 국정화라는 게 그거죠. 장기집권 플랜이에요. '우리가 어, 어하다가 잃어버린 10년(저쪽 표현으로)'을 맞았는데, 즉 정권을 내줬는데 이 정권을 천년만년 끌고 가야 한다'는 거죠. 끌고 가야 하는데, 깨어 있는 시민들이라면 이 독재를 용인하겠습니까? 이 부패하고 무능한 집단을 용인하지 않으니까 국민들을 자기 마음대로 주물러 터트릴 수 있고 국민들을 바보로 만드는 우민화 교육을 하려는 겁니다. 그래서 하나의 역사라는 틀로 이렇게 밀어붙이는 거죠.

정봉주 학부모들은 하나의 역사라고 하면 얼핏 듣기로는 '그것만 외우면 되겠네?' 이런 생각을 할 수도 있거든요.

한홍구 그런데 그게 아니죠. 물론 좋은 대학 가는 것도 중요하겠지만, 교육의 목표가 비판적인 민주 시민을 양성하는 것 아닙니까? 그런데 유신 체제라는 게 뭐예요. 요만큼의 비판도 허용하지 않는 거죠. 긴급조치라는 게 지금 9호를 많이 말씀하셨지만 긴급조치 1호라는 건 참 황당한 내용 아니었습니까. 유신헌법을 비판하고 비난하는 것도 아니고, '고쳐주세요' 하고 청원을 하는 건데….

1963년, 박정희가 처음 집권했던 63년 당시 헌법에는 국민청원이 하나의 제도로 돼 있었습니다. 그런데 1972년도에 박정희가 유신헌법 하면서 빼버린 거거든요. 그런데 그 국민청원을 국민들은 다 기억하고 있고 학교에서도 배웠어요. 국민이라면, 주권자인 국민이라면 헌법을 고치자고 얘기할 권리가 있는 거죠.

정봉주 그럼요.

한홍구 행정부 수반인 대통령이 정부를 대표해서 제안할 수 있고, 입법부인 국회가 제안할 수 있고, 그다음에 주권자인 국민이 제안할 수 있도록 헌법에 돼 있었는데, 유신헌법 하면서 빼버린 거란 말이에요. 청원이라는 건 '고쳐주세요' 아닙니까? 장준하, 백기완 이런 분들이 이걸 제안했더니 영장조차 없이 체포해서 군법회의에서 징역 15년에 처했단 말입니다. 왜냐하면 박정희가 추구하는 방향과 요만큼이라도 다른 것을 용인하지 못한 거죠. 사실 일본 군국주의 파쇼가 그렇습니다. 어떤 비판도 용인하지 못하죠.

제가 유신 정권 때 대학생이었습니다. 그때 느낀 게 뭐냐 하면… 유리는 굉장히 단단하죠. 굉장히 단단한데 깨집니다. 왜요. 단단하니까 깨지는 거죠. 민주주의 사회에서는 다양할 수밖에 없지 않습니까? 노동자하고 자본가 입장이 다를 수밖에 없고, 집 열 채 가진 사람하고 맨날 재개발에서 쫓겨나는 철거민하고 세상을 보는 처지가 같을 수 없잖아요. 민주 사회라면 이런 사람들을 조화롭게 같이 끌고 나갈 방안, 공존할 방안 또 극단적인 갈등으로 치닫지 않고 이것을 해결할 방안을 모색해야죠. 그러려면 당연히 다양성이 전제돼야 합니다. 그 다양성을 용인하지 않는 게 바로 이 국정화죠. 국정화는 우민화와 유신 독재라는 본질을 깔고 있는 겁니다.

정봉주 교수님 말씀 들어보면, 일단 감정적으로는 아버지를 독재자라고 묘사하는 것에 대한 참을 수 없는 거부감, 이런 게 있다는 것이죠? 그다음 두 번째가 국민들에게 하나의 역사적 인식을 심어 비판할 수 있는 사고보다는 우민화 정책을 하겠다는 거고요. 생각하지 말고 비판하지 말고…. 그렇게 하기 위해 역사 교과서를 하나로 만들고요. 실질적으로, 역사 교과서 내용을 친일을 미화하고 독재를 미화하는 방향으로 끌고 갈 위험성이 무척 크죠?

한홍구 그럼요. 무척 커지는 거죠. 그걸 하기 위해서 이 난리를 치는 거 아니겠습니까. 그런데 저는 이런 생각이 들어요. 이명박 정권 들어선 이래, 하루도 바람 잘 날 없이 역사 교과서 문제가 굉장히 중요한 문제가 되지 않았습니까. 2008년 촛불시위를 거치면서 보니까 중고생들이 나와서 정부를 비판했단 말이에요. 그러니까 이게 사실은….

정봉주 섬뜩했던 거죠.

한홍구 그렇죠. 우리 역사에서 보면, 4·19 때도 그랬는데요, 유신이나

5공화국 거치면서 대학생들이 주로 하다가 나중에는 대학생들이 좀 잠잠해졌죠. 이제는 오히려 중고생들이 먼저 움직여요. 민주화된 시대에서 살다 보니까 중고생들의 민주주의에 대한 감각이 남다른 것 같아요. 우리는 민주주의가 머리에 있죠. 그런데 몸에는 없어요. 사실 우리 몸은 유신 시대에 만들어져서… (웃음) 그런데 이 친구들은 머리로는 민주주의에 별로 관심도 없고 공부도 못 했지만.

정봉주 민주주의가 체화돼 있으니까요.

한홍구 그런데 아마 기억하시겠지만 이명박 대통령이 명언을 남겼죠. 당시 촛불집회 한창 있을 때 중국 출장 갔다가 오더니 경찰청장이 어쩌고저쩌고 보고를 하니까 "아, 그런 거 말고 배후가 누구야. 배후가 누구냐?" 하고 다그쳤다고 하잖아요. 왜냐하면 그 사람들 입장에선 아이들이 자발적으로 나온다는 게 이해가 안 되는 일이에요. '다 돈 받고 지시받고 움직여야만 되는데, 이거 나와서 개인에게 도움이 되는 것도 아닌데 왜 나왔을까. 이건 분명히 배후가 있다. 그 배후가 누구냐. 전교조 빨갱이들이…'

정봉주 그래서 전교조 치기 시작한 거 아녜요.

한홍구 '전교조 빨갱이들이 새빨간 교과서로 애들 버려놔서 그렇다.' 그래서 두 개의 타깃을 정했는데 하나는 전교조고 하나는 교과서입니다. 그중에서도 특히 역사 교과서, 근현대사 교과서가 문제가 됐죠. 전근대사는 국정이었고 근현대사만 검인정으로 풀렸어요. 그 근현대사를 보니까 정부나 권력자들 입장에서는….

이 사람들은 다 유신 시대에 역사 교육을 받았고 성인이 된 다음에는 교육을 안 받았단 말이에요? 역사책 잘 읽지도 않고. 그런데 우리

근현대사는 1980년대 이후에 아주 놀랍게 발전을 했거든요. 제가 어디 가서 농반진반 얘기하는 게 '현대사 분야에서는 내가 원로 사학자다'라고 해요. 왜냐하면 우리 세대가 일일이 도서관 가서 잡지들 다 뒤져가면서 참고문헌 만들면서 현대사 공부를 처음 시작한 세대 아닙니까? 정 의원도 그 시대를 같이 겪으셨지만요. 그렇게 되니까 현대사 연구라는 게 1980년대를 거치면서 비약적으로 발전했고 특히 김대중 정부 시절, 노무현 정부 시절에 과거사위원회를 운영하면서 엄청나게 많은 자료가 발굴되고 쏟아져 나왔습니다. 그리고 이런 것들이 학계에 받아들여졌어요. 예컨대 친일 문제라든가 그런 거요. 60년대, 70년대에 그런 얘길 하면 잡혀갔을 뿐 아니라 자료도 없었고, 이해를 못 했어요. 그런데 지금은 현대사회에 대한 이해가 굉장히 깊어졌죠. 지금 50대나 60대는 옛날 60~70년대에 역사를 배운 사람들이죠. 박정희 시대에 그 시절 국정교과서로요. 그때는 현대사를 가르치지도 않았고 일본 강점기 이후 부분은 시험에도 거의 안 나왔어요.

정봉주 그렇죠.

진보 역사학자든 보수 역사학자든
없는 사실을 있다고 말할 수 없다

한홍구 그 사람들 입장에서는 우리 민족해방운동이 어떻게 전개됐고 분단이 어떻게 됐고, 그다음에 독재가 어떻게 진행되고 거기에 맞서서 민주화 운동이 어떻게 됐고, 노동자들은 경제 발전에 어떻게 기여를 했고, 또 자기들이 대한민국에서 주인으로서의 삶을 살기 위해 어떻게 노력했는가 이 역사를 모른단 말이에요. 그리고 오늘날의 대한민국은 박정희가 건설한 것처럼, 이승만과 박정희 두 사람이 한 것처럼 교육받았죠. 그런 사람들 입장에서 볼 때는 고등학교 근현대사 교과서에 나오는 게 다 처음 듣는 얘기거든요. 이게 자기들이 무식해서 그렇다는 걸 인정하지 않아요.

역사학계라고 왜 진보, 보수가 따로 없겠습니까? 역사학계에도 보수적인 분들 많아요. 그런데 왜 지금 역사학계에서 거의 97~98퍼센트쯤이 국정화에 반대하느냐. 역사학자들은 기본적으로 이런 직업윤리가 있어요. 있는 걸 없다고는 못 해요. 없는 걸 있다고도 못 합니다. 그렇게 했다가는 정말 업계에서 매장당하지 않겠습니까? 있는 사실을 가지고 해석을 달리하는 건….

정봉주 입장 차이일 순 있겠지만….

한홍구 그건 입장 차이니까요. 그렇지만 암만 보수적인 역사학자라 하더라도 '민간인 학살했잖아, 친일파 했잖아' 하면 그 팩트 자체는 인정할 수밖에 없습니다. 그러니까 근현대사 교과서를 보수적인 사람이 써도 친일 세력 입장에서 거북한 얘기가 들어갈 수밖에 없어요. 정부에서 '검인정교과서 하니까 좌편향이다' 어쩌고저쩌고 하지만, 그것도 다 이명박 정부에서 만들어낸 교과서 지침에 따라서 쓰인 것 아닙니까?

정봉주 그리고 MB 정권 시작하자마자 촛불에 '어마나' 하고 놀라서 전교조도 법외 노조로 친 거고요.

한홍구 그렇죠.

정봉주 전교조가 아이들 교육을 하고, 그 교육을 하고 있는 자료가….

한홍구 새빨간 교과서라는 거였죠.

정봉주 그러니까 이때부터 전교조 치고 역사 교과서 얘기했는데, 그게 지금까지 내려온 거죠.

한홍구 그렇죠. 왜냐하면 전교조 치려고 했는데 제대로 못 쳤단 말이에요. 법외 노조로 만든 게 일보 전진일 수 있겠지만, 저쪽 입장에서는 사실 불만이 많아요. 왜냐, 정당도 해산시켰는데 왜 전교조를 해산 못 시켰느냐 이거죠. 이 사람들은 법외 노조가 아니라 전교조 해산이 목표니까요. 그리고 교과서 문제에서는 검인정 체제가 이러니저러니 떠들죠. 사실 지금 국정교과서 밀어붙이는 사람들 개인적으로 논문에는 다 국정이 아니라 검인정해야 한다고 썼던 사람들 아닙니까?

정봉주 그렇죠. 그리고 지금 차관 이런 사람들 교육부에 있을 때 보면 8년 전인 2007년도에도 '검인정해야 한다' 하다가 느닷없이 지금 와서 '국정화가 정답이다'라고 얘기하고 있어요.

한홍구 이 방향이 대세라는 건 저 사람들도 알아요. 그러니까 검인정 체제 안에서 자기들 입장에서 좋은 교과서로 경쟁을 해보려고 나온 게 뉴라이트 교과서, 교학사 교과서입니다. 그런데 교학사 교과서는 졌죠. 어디서 졌냐 하면, 우선 교과서로서의 수준이 미달이었어요. 교과서는 아주 엄격해야 합니다. 아주 정밀해야 해요.

저는 교과서 필자가 아니지만, 쓰자는 제안은 여러 번 받았습니다. 그때마다 참여 안 하겠다고 정중히 거절했죠. 그 이유가, 교과서는 보수적으로 써야 하거든요. 보수적으로 쓸 수밖에 없어요. 하지만 저

그들은 왜 이렇게 집요하게 역사 문제에 집착하는가.

돈도 가졌고, 정권도 가졌고, 모든 걸 가진 그들이

단 하나 못 가진 것이 바로 역사다.

역사는 역사학자가 쓰는 것이 아니다.

역사는 당대 민중의 삶의 기록이다.

역사는 시민들이 만드는 것이다.

대한민국 역사. 역사학자가 쓰는 게 아니다. 대통령이 쓰는 게 아니다.

오늘 시민들이 보낸 하루가 내일의 역사가 된다.

역사를 기록하는 가장 정직한 붓은

바로 당대 시민들의 몸이다.

당대 시민들의 꿈이다.

는 제 주장이 강한 사람이에요. 그리고 여러 가지 새로운 해석을 많이 내놓았어요. 저는 저를 찾는 대중 앞에서 제 얘기를 하면 돼요. 하지만 학교에서 가르칠 교과서는 학계에서 그래도 비교적 합의된 사실과 해석을 가르치는 게 맞죠. 팩트는 그냥 있는 거니까 팩트는 어떻게든 기술을 하더라도, 사실과 해석은 합의된 걸 가르치는 게 맞거든요. 그래서 내 마음대로 내 주장을 하려면 교과서에 담는 게 아니라 차라리 내 논문을 쓰고 내 칼럼 쓰고 내 강연 다니고, 그게 낫죠. 그래야 내 얘기를 하면서 해석의 다양성을 넓힐 수 있고, 다양한 대중이 상식으로 받아들이면 내 주장이 교과서에도 당연히 반영되는 것이고. 시간은 걸리지만요.

정봉주 또 하나의 합의할 수 있는 해석이 되는 거고….

한홍구 그럼요. 그런 새로운 해석의 틀을 넓히는 게 교과서 못지않게 중요하고, 나는 그쪽을 더 잘한다는 생각에서 교과서 집필에 참여하지 않았습니다. 정말 교과서라는 건 보수적으로 쓰일 수밖에 없어요. 정부 지침이 내려오고 정부 지침에서 벗어나면 탈락해요. 교과서 출판업자들도 그렇고 필자도 그렇고, 공들여서 쓰는 건데 정부 지침을 어기려고 하겠습니까?

정봉주 오히려 진보는 진보대로 세게 주장하고 보수는 보수대로 세게 주장하면….

한홍구 그렇게 검인정교과서가 나와서 편차가 좀 있는 모습이 되기를 바랐는데, 나온 걸 보니까 이게 붕어빵이었다는 거예요. 진보나 보수나 다들 몸조심하느라 편차가 너무 좁고, 그게 그거인 거예요.

정봉주 근데 그 지점은 저희가 새겨야 할 지점이네요. 지금까지 나온 검인정교과서라고 할지라도 또 앞으로 검인정으로 간다고 할지라도, 양측에 합의된 해석이어야 하기 때문에 보수적으로 써야 한다.

한홍구 예컨대 제가 심사위원에 들어갔다고 치고, 평소에 제가 강연 다니면서 주장하는 내용이 실린 교과서가 있다면 아마 점수 안 줬을 거예요. 탈락시켰을 거예요. 왜냐하면 학계에서 일반적으로 합의되는 내용으로 가르쳐야 하니까요. 내가 내 주장을 펼 수 있는 공간은 따로 있는 것이고, 교과서는 보수적으로 가는 게 옳다고 생각해요. 아무튼 그래서 출판사들이 다 조심하면서 썼는데, 이 사람들이 교과서를 펼쳐보니까….

정봉주 다 빨갱이 교과서인 거죠.

한홍구 다들 김일성 얘기가 떡하니 실려 있는 거예요. '김일성은 가짜다'라는 말도 안 되는 얘기를 사실로 믿고 있던 사람들이 보니까 교과서에 보천보 전투가 실려 있는 거죠. 사실 보천보 전투는 청산리 전투보다 국내에서는 더 유명했던 전투였고 국민들 가슴을 뒤흔들어 놨던 전투입니다. 그런 사실을 서술해놓은 것을 가지고 '이건 북한 교과서냐?' 하는 거죠. 그런데 교과서를 가지고 그렇게 말하면 안 되죠.

정봉주 그렇죠. 자기들 무식한 건 생각 안 하고….

한홍구 1920년대에는 좌우합작도 하고 그랬지만 30년대가 되고 나서는 민족주의자들 중 거의 대부분이 독립운동을 포기했습니다. 공산주의자들, 사회주의자들이 독립운동을 계속 이끌었죠. 민족주의자들 중에서는 독립운동을 포기하고 가만 계셨으면 괜찮은데, 친일로 간 분들도 너무 많아요. 그러다 보니까 당연히 당시 독립운동에서는 좌파 독립운동의 비중이 클 수밖에 없었어요. 윤봉길·이봉창 의사

폭탄 던지고, 한참 있다가 광복군 만들어지고, 이런 것 말고는 사실 쓸 게 많이 없단 말예요.

그리고 또 하나, 우리 한국 역사 교육에서 정말 잘못된 부분이 임시정부와 관련된 거예요. 이제는 임시정부도 빼자고 하고 축소하는 판이던데, 임시정부를 가르치더라도 중요한 걸 안 가르쳐요. 예컨대 여러 해 전 수능시험에 이상한 문제가 나왔는데, 임시정부에 관련된 문제랍시고 중국의 도시 이름을 쭉 써놓았어요. 임시정부가 상하이에 있다가 일본이 쳐들어가면서부터 보따리 싸들고 도망을 치지 않았습니까? 도망을 치다 보니까 정말 갈팡질팡이죠. 이리로 갔다 저리로 갔다. 잠깐 자리를 잡았다가 환경이 안 되면 보따리 싸서 또 옮기고 또 옮기고…. 그런데 임시정부가 도망간 도시 순서를 맞추라는 문제가 나온 거예요. 아니, 그게 뭐가 중요합니까? 임시정부가 그렇게 도망치면서 우리가 독립되면 어떤 정부를 세우려고 했느냐….

정봉주 가치관이 중요한 거죠, 목표.

한홍구 그렇죠. 임시정부가 꿈꿨던 나라, 어떤 정부를 세우기 위해서 그들이 저런 고생을 했는지 그건 안 가르쳐요. 정말로 임시정부가 꿈꿨던 나라를 안 가르칩니다. 그리고 더 놀라운 건 이렇게 역사 문제를 가지고 시비를 걸면서 '대한민국의 국가 정체성을 확립해야 한다, 좌파가 대한민국의 정체성을 부인한다' 그렇게 떠들지 않습니까. 그 얘기 나오면 제가 제헌헌법 얘기를 길게 설명합니다.

정봉주 제헌헌법 말이죠.

한홍구 네. 현대사 강의 중에는 제헌헌법을 얘기한 게 없는데요. 제헌헌법 내용을 얘기하면 사람들이 깜짝 놀라요. 왜냐, 2014년만 해도 통합진보당이 종북 좌빨이라고 해산당했잖아요. 그런데 통합진보당 강령보다 제헌헌법이 훨씬 급진적이에요. 그런 내용 쭉 설명해주면 사람들 입이 쩍 벌어져요. 사람들이 다 잊어버렸거나 모르고 있기 때문에 제헌헌법 얘기를 강조합니다. 왜냐, 제헌헌법이야말로 대한민국의 국가 정체성을 담보하는 문건이니까요. 안 그렇습니까?

정봉주 그렇죠.

한홍구 대한민국이라는 정치 공동체를 세울 때 '이렇게 만듭시다' 하고 국민들과 처음 약속했던 계약서 원본 아닙니까? 그런데 그 계약서 원본의 내용을 얘기하면 빨갱이가 돼요. 종북 좌빨, 공산주의자예요.

정봉주 제헌헌법, 이것이 대한민국의 진짜 정체성이다. 그거 한 번 하셔야겠어요.

한홍구 지금 대한민국이 이렇게 막장 드라마가 됐잖아요. 젊은이들이 '헬조선이다'라고 얘기하는 걸 보면 왜 이렇게 막장 드라마가 됐을까, 참 가슴이 아파요. 막장 드라마의 공통점 중 반드시 등장하는 게 하나 있죠. 출생의 비밀. 대한민국 출생의 비밀은 대한민국의 DNA가 자본주의 시장경제 체제가 아니라 진보적 민주주의였다는 거예요. 그런데 지금은 이걸 뒤바꿔 놨어요. 그래서 난 진짜 국정교과서를 가르친다면, 정말 대한민국의 국가 정체성을 강조하기 위해서 가르치는 거라면, 대한민국 제헌헌법을 가르치자 이거예요.

정봉주 우리가 어떤 나라를 만들고자 국민과 합의했는지….

한홍구 그런데 그게 왜 묵사발이 났느냐? 제헌헌법은 어디로 가고 국가보안법이 대한민국을 지배하는 나라가 됐느냐? 이걸 바로잡아야 한다. 이게 제가 요새 강의 다니면서 강조하는 것입니다. 제가 사실은 요새 아주 보수적인 강의를 합니다. 보수를 회복해야 한다, 진보는 많이 회복됐다, 대한민국이 이 모양이니 이제 보수를 회복해야 한다, 하고요.

정봉주 제헌헌법을 되살리자.

한홍구 요새는 제헌헌법 얘기하면서 인촌 김성수 선생을 높이 평가하고 다녀요. 지금 노동개혁 어쩌고저쩌고 떠들지만 그게 무슨 대타협이냐. 지금 우리 50대 중후반 노동자들 임금 잘라서 젊은이들 준다고 하는 건데, 이건 말도 안 되는 얘기 아니냐? 재벌 사내유보금 700조 있는 거, 그거 조금만 풀어도 일자리는 훨씬 많이 만들어지는 거 아니냐? 그러면서 대한민국이 어떻게 살아남았느냐 이런 얘기 해요. 대한민국 제헌헌법에 보면 농지분배 있잖아요. 지주의 논밭을 뺏는다는 건데 인촌 김성수 선생이 그 조항을 받아들였지 않습니까. 처음에는 반대했죠. 자기 땅 빼앗아간다는데, 조선 팔도 최고의 땅 부자인데…. 근데 왜 받아들였느냐? 안 그러면 공산혁명이 일어날 것 같으니까. 그 땅 아깝다고 꽉 움켜쥐고 있으면 농민들이 와서 낫으로 찍어버릴 테니까.

정봉주 그렇게 되면 모든 걸 뺏겨버리는 거 아녜요.

한홍구 그러느니 '자, 우리 대지하고 임야는 남길게. 당신들 논밭 가져' 하는 게 낫겠다고 본 거죠. 새로운 나라 출범할 때 농민들도 이런 맛이 있어야 할 거 아녜요? 이 정도는 돼야 대타협이죠, 이 정도는 돼야. 그리고 솔직히 얘기해서 장준하가 진보입니까, 보수입니까?

정봉주 원래 보수주의자 아녜요.

오늘 시민들이 보낸 하루가 내일의 역사가 되는 것
역사학자가 역사 쓰는 것 아니다

정봉주 교수님, 아까 말씀하셨듯이 국정교과서가 이렇게 되면 결국 핵심은 자기들 정권을 마르고 닳도록 가지고 가겠다, 이런 뜻이죠?

한홍구 그런 거죠.

정봉주 그래서 지금 초등학교, 중학교, 고등학교 학생들의 뇌를 자기들 마음대로 만들겠다는 거죠. 비판적 시민이라는 것은 이제 우리 역사에서 없어지는 거죠. 그런데 이게 앞뒤가 안 맞아요. 비판적 시민은 창의적 시민 아녜요? 창의적 시민이 만들어나가는 경제가 창조경제고요. 창조경제 한다면서….

한홍구 아니, 진짜로 웃기는 게 저쪽에 종북 세력이 있나 봐요. 국정교과서는 북한이 하나의 모범 아닙니까. (웃음)

정봉주 거의 강고하게 유일무이한 나라죠.

한홍구 네. '하나의 역사로 강력하게 총화단결해서 가르치자.' 이제 유신만이 아니라 종북까지 하고 있는 형국이죠. 과거 회귀만이 아니라 사실은 이게 종북이죠. 국정교과서 하는 게요.

정봉주 그렇죠.

한홍구 예전에, 박정희가 장기집권을 해야 하는데…. 박정희도 알아요, 장기집권 나쁘다는 걸. 삼선개헌까지 했으니까 사선개헌을 할 수는 없잖아요. 나쁜 놈들의 공통점이 뭐냐 하면, 나쁜 짓을 하기 전에 뭔가 좀 그럴듯한 명분이 없을까를 생각합니다. 7·4 남북공동성명 때 거기 가봤더니, 이북은 김일성이…. 말이 필요 없어요, 눈빛만 보면 탁탁 돌아간단 말이야. 그런데 한국은 어때요? 가령 1971년에 10·2 항명파동이라는 게 있었습니다. 아마 그게 유신의 전조였는데, 여당도 말을 안 들은 거 아녜요. 야당은 말할 것도 없고, 언론도 말 안 듣고 학생들은 길거리 나와서 돌 던지고. "이래서야 어떻게 김일성하고 대결하겠습니까. 우리도 각하의 강력한 영도력 밑에서 총화단결해서 아주 일사불란하게 움직여야만 김일성하고 대항할 수 있습니다." 유신을 강행할 수 있는 최고의 명분을 만들어낸 거죠. '평화통일을 지향하면서 헌법을 고친다'라고요.

정말 기분 나쁘게 우리 통일운동이 무너지다 보니까 박근혜 정부에서 '통일은 대박이다' 하고 나오기도 했죠. 통일 대박, 국정교과서 이런 것들이 다 유신 전조들 아닙니까.

정봉주 이렇게 되면 '사회가 이제 어떻게 갈 것인가?'에 대한 궁금증들이 생긴단 말이에요.

한홍구 이 역사 문제를 저쪽에서 왜 이렇게 집요하게 물고 늘어지는가를 한 말씀만 더 드리면요. 저 사람들이요, 모든 걸 가졌잖아요. 돈도 가졌고, 정권도 가졌고. 10년 뺏겼던 정권도 되찾았고. 모든 시스템, 언론도 장악했고 다 장악했어요, 다. 그런데 못 가진 게 하나 있어요. 역사입니다.

그런데 역사를 왜 못 가졌습니까? 제가 직업적인 역사학자이지만 역사학자가 역사 쓰는 거 아니잖아요. 역사학자가 자기 마음대로 쓰는 거 아니잖아요.

정봉주 그렇죠.

한홍구 역사는 당대 민중의 삶을 기록하는 거 아닙니까? 역사를 만드는 건 민중이란 말이에요. 우리 시민들이 만드는 거죠. 대한민국의 역사도 대한민국 시민들이 쓰는 거지 대통령이 씁니까? 역사학자가 씁니까? 장관 몇 명이 만들어서 쓰는 겁니까? 오늘 시민들이 보낸 하루가 내일의 역사가 되는 겁니다. 역사를 기록하는 가장 정직한 붓은 바로 당대 시민들의 몸뚱이에요. 당대 시민들의 꿈이에요.

그리고 삶이라는 게, 역사라는 게 그렇잖아요. 꿈을 실현해나가는 과정이잖아요. 사상의 자유라는 게 뭐예요. 꿈꿀 자유죠. '야, 이놈들아. 꿈도 못 꾸냐' 하면서 꿈꾸다가 많은 사람이 죽었고, 이제는 어쨌거나 저놈들도—마음에 안 들겠지만—사상의 자유라는 것을 헌법 속에다가 인정을 안 해줄 수가 없고. 황교안 총리가 '사상의 자유는 대한민국이 인정합니다. 그러나 사상이 머리 바깥에서 나오면 그때부터는 사법적 책임을 져야 합니다'라고 했죠? 사상의 자유는 황교안 같은 공안검사조차도 인정할 수밖에 없는 게 되었어요. 그런데 이게 이뤄지기까지 얼마나 많은 사람이 꿈꾸다 죽었나요.

정봉주 그렇죠. 많은 사람의 희생 위에 가능해졌죠.

한홍구 그래서 우리 헌법이 만들어진 거고요. 지금 헌법이 절대적인 것은 아니고, 많이 보수적이고 제헌헌법에 비해서 엄청나게 후퇴했어요. 그럼에도 '지금 헌법만 지켜지면 대한민국이 헬조선은 아닐 것이다'라고 저는 주장하는 겁니다. 지금 헌법 위에 군림하고 헌법을 구렁이처럼 칭칭 감고 있는—사실은 반헌법 세력이죠—그리고 그동안 헌법을 유린하고 내란 일으키고 민간인 학살하고 부정선거 하고, 각종 고문과 조작을 했던 그 세력들이 바로 공안 세력 아닙니까.

정봉주 국정교과서를 이렇게 밀어붙이면 자기들은 집권을 좀 더 쉽게 할 수 있겠죠.

한홍구 그런데 그럴까요? 우리가 국정교과서로 배운 세대 아녜요?

정봉주 맞아요. 그런데 우리는 어디에서도 민주주의를 배운 적이 없는데, 행위는 민주주의로 나아간단 말이에요.

한홍구 어디에서도 안 배웠던 건 아니죠. 국정교과서였지만 사회책에는 그래도 민주주의를 해야 한다고 나오죠. 우리는 그걸 배웠던 사람들이고요. 유신 때도 민주주의의 기본 원리는 배웠잖아요. 그러니까 하루아침에 체육관에다 사람들 모아놓고 거기서 만장일치로 했던 것, 그걸 한국적 민주주의라고 했어요.

정봉주 그러니까 자기들도 '한국적'만 빼면 민주주의 하자는 거예요.

한홍구 우리가 어렸을 때 북한 선거를 비판하면서 '저게 선거냐'라고 했는데, 갑자기 박정희가 '한국적 민주주의이고 한국적 민주주의의 원형은 화백제도에 있다'라고 그렇게 가르쳤잖아요. 박정희 때 역사를 그렇게 왜곡했는데, 우리가 그걸 보고 웃기지 말라고 했던 것 아닙니까? 그리고 어렸지만 그래도 조금 깨어 있는 친구들은 '그거 이상하다. 헌법은 국민들이 만든다고 배웠는데, 민주주의는 삼권 분립이라고 배웠는데 왜 대통령이 혼자서 국회의원을 다 임명하는 거야?' 이런 의문을 가지고 맞섰던 거고요. 그렇게 하는 데는 물론 시간이 걸리고 비용이 많이 들었죠. 그리고 감옥 가면서, 두들겨 맞으면서 배웠죠.

후퇴는 분명합니다만, 국정교과서를 밀어붙인다 하더라도 역사 자체를 바꿀 수는 없는 겁니다. 저들이 권력을 가지고 역사 교육을 이만큼 침탈해 들어와서 더럽힐 수는 있겠지만, 그런다고 역사가 바뀌는 건 아니죠. 역사는 굽이굽이 장강처럼 흘러가게 돼 있습니다. 물론 역사 교과서 이렇게 왜곡하는 거, 당연히 막아내야죠. 막아내야 하지만, 지금 야당이나 이렇게 하는 것 보면 과연 할 수 있을까 싶습니다. 그래도 전 이렇게 생각해요. 우리 역사를 안다는 게 가지고 있는 힘이 있습니다. 긴 시각에서 낙관적이에요. 지금 역사 교육, 역사를 배우는 힘이 그거 아니겠습니까?

자, 생각해보세요. 우리 동학 농민군 얼마나 참담하게 깨졌습니까. 그런데 120년 지난 지금, 그때 동학 농민군이 꿈도 꾸지 못한 권리들을 일반 민중이 누리고 있잖아요. 물론 그렇다고 일반 민중의 처지가 행복해졌느냐? 그건 아니죠. 그건 아니지만 계속 새로운 사회를 그리면서 꿈꾸면서 나아가고 있잖아요. 우리가 지금 이 민주주의를 이룩한 게 어디에서 출발했습니까? 실제 한국전쟁 때 다 죽고 거기서부터 새로 출발한 거 아닙니까? 제가 최근 강연에서 맨 마지막에 보여줬던 사진이 대구 옆의 경산, 코발트 광산 있는 데인데, 거기서 두개골 위에 싹이 돋는 사진이 있어요. 정말 소름 끼치는 사진입니다. 다 죽었잖아요. 그런데 거기서 새싹이 돋아요. 그게 지난번 대선에서 51대 49로 진 한국 민주주의의 출발점입니다. 사람들이 0대 0이나 50대 50에서 출발한 줄 아는데, 아니거든요. 거기서 다 죽고 거기서 출발했단 말이에요.

지금 젊은이들 상대로 강연 다니면서 늘 하는 얘기가 이거예요. '우리가 이렇게 노력하고 몸부림친다고 바뀌겠느냐. 친일파에서부터 여기까지 지금 저토록 강고하게 있는데?'라고 물으면, '그게 아니다. 우리가 이렇게 바뀌왔다'라고 얘기해요. 이걸 가르치는 게 역사이고 시민들로 하여금 살아가는 데에서, 세상을 바꾸는 데에서, 그리고 옳은 일을 하는 데에서 근거와 자신감을 가지고 자부심을 갖게 해주는 게 역사 교육이라고 생각해요. 역사적 지식? 책에 다 나와 있으니 확인하면 되잖아요, 책 펴서. 저는 그런 역사적인 삶의 태도를 심어주는 게 중요하다고 생각합니다. 지금 조중동에서 열심히 하는 게 '너희가 그렇게 한다고 세상이 바뀌는 줄 알아?'라면서 학습된 패배주의, 조직된 패배주의를 우리에게 주입하고 있죠.

정봉주 그렇죠. 학습된 패배주의….

한홍구 어떤 어려움도 끊고 이 시대를 만들어낸 낙관적인 힘, 민중이 가지고 있는 하루하루를 지탱하는 이 낙관적인 힘이야말로 저는 역사 교육의 핵심이라고 생각해요. 그 힘을 빼버린 채 길들고 순응하는 사람으로 만드는 것. 그걸 하는 게 국정교과서를 밀어붙이는 가장 중심된 목표죠.

정봉주 그리고 너희가 뭘 해도 안 되고 우리가 마르고 닳도록 집권해야만….

한홍구 그게 바로 일제의 잔재입니다.

정봉주 그러니까 친일 교육이네요.

한홍구 엽전의식, 엽전의식이라는 게 그거죠.

정봉주 냄비근성. 너희는 발끈했다가 또 없어지고….

한홍구 독립운동? 독립운동 해봐라. 조선 사람 2,000명이 똘똘 뭉쳐도 일본한테 상대가 안 될 텐데.

정봉주 너희끼리 다 분열되고.

한홍구 삼인일당, 오인삼당 만드는 너희 놈들이 우리하고 되겠느냐.

이게 저들 주장이었죠.

정봉주 친일 교육이 그대로 형태만 바뀌어서 길든 패배주의를 만드는 거죠. '너희는 뭘 해도 안 된다, 역사가 바뀔 것 같으냐. 노동자들이 평등한 세상에서 살 수 있을 것 같으냐.'

한홍구 그렇죠. 하지만 근현대사만 봐도 열심히 노력했던 형들이 주장한 내용이 지금 다 실현되어 있잖아요. 1920년대, 30년대에 다 감옥 갔고 맞아 죽고 했던 그 형들이 꿈꿨던 것, 그게 다 실현됐어요. 그런데 왜 지금 대중이 불만이냐 하면 사실은 역사가 그때 꿈꿨던 것보다 많이 발전한 부분도 있거든요. 과학기술 발전, 생산력 발전이 엄청났는데 그 늘어난 부분을 저쪽이 독식하고 있잖아요. 그러니까 불평등의 정도로 보면 프랑스 혁명 때보다 훨씬 더 심하죠. 불평등이 심화되긴 했지만, 그럼 지금 비정규직들이 옛날 프랑스 혁명 시대의 민중보다 못 먹느냐? 훨씬 잘 먹고 있죠. 그만큼 역사는 또 한편으로는 발전한 거예요. 대신 그 대부분을 저놈들이 계속 누리고 있다는 게 문제죠. 그런데 그렇게 누릴 수 있는 체제를 유지하는 힘이 흔들리고 있어요. 그래서 불안한 겁니다.

왜 이렇게 국정교과서를 몰아붙이느냐? 사실은 불안해서 그렇다고 생각해요. 그렇게 죽였잖아요, 그렇게 밟았잖아요. 그런데도 어느새 턱밑까지, 51대 49까지 쫓아왔잖아요. 지난번 대선에서 부정 댓글을 그렇게 달았는데도 말이에요. 일부에서는 부정 투개표까지 얘기를 합니다만, 부정 투개표 아니더라도 댓글 그거 없었으면 51대 49도 유지가 안 됐을 거예요.

정봉주 그렇죠. 국정원 대선 댓글 문제라든지 사이버 사령부는 지금 그 일각만 드러난 것에 불과한 거거든요.

한홍구 다음번 대선에서 이런 국정원 댓글 같은 것을 용인한다면, 어떨까요? 우리가 이길 수 있을까요, 없을까요?

정봉주 그것을 용인하면요?

한홍구 그런 일이 또 벌어지면? 저는 우리가 이기기 어렵다고 생각합니다.

정봉주 그렇죠. 저도 마찬가지 생각이죠.

한홍구 그러면 이거 바꿔야 할 거 아녜요. 그런데 저쪽 입장에서도 이걸 걸렸잖아요. 증거가 많이 드러났잖아요. 그러니까 훨씬 다급해진 겁니다. 그런 다급함이 역사 교과서 국정화를 밀어붙이게 하는 거예요. 어떻게 하면 장기집권할까, 그렇게 밟고 밟고 밟아도….

정봉주 자꾸 일어나니까.

한홍구 자기들은 늘 보면 다수이지만, 대선 때 우리가 그래도 한번 싸워보자고 모였더니 51대 49로 치고 올라갔지 않습니까? 그러니까 이걸 유지할 수 있을지 장담을 못 하죠. 저는 이런 얘기를 해요. 역대 총리들 쫙 보여주면서 왜 하필 김황식, 정홍원, 이완구, 황교안 다 이런 공안 세력과 관련된 인물들만 있냐고요. 한마디로 총리 잔혹사죠. 청문회에서 떨어진 사람이 총리 잔혹사가 아니라, 대한민국 국민 입장에서 붙은 사람들이 총리 잔혹사 아닙니까. 그걸 보면 이런 생각이 들어요. 저렇게 발가벗고 저런 짓을 할 만한 사람들만 내놓는 걸 보니 무척 다급하긴 한 모양이다.

등산할 때, 제일 힘든 게 정상을 요만큼 남겨놨을 때 아닙니까? '아직도 저만큼 남았어?' 할 때 돌아보세요. 우리가 얼마나 까마득하게 올라왔는가. 역사 교육이 이거죠. 몇 년도에 뭐가 있었고, 뭐가 있었고. 그거 다 어떻게 기억합니까. 역사학자도 기억 못 해요.

정봉주 국정교과서를 이렇게 목숨을 걸고 몰아붙이는 것은 저들이 가지고 있는 것을 빼앗길까봐 두려워하기 때문이다. 교수님 오늘 말씀 감사하고요. "오늘 민중의 삶이 내일은 역사다." 정말 감동적인 표현입니다. 교과서 국정화, 국민들은 많이 반대하지만 강행되고 있습니다. 이에 대해 주도적으로 앞장서 싸우는 사람들도 많이 힘들어하는데, '힘들 때는 가야 할 앞길을 보지 말고 이제까지 걸어왔던 뒤를 봐라, 그 걸어온 길이 역사다'라고 말씀해주셨습니다. 국정교과서 잘 막아야 하고, 설사 저쪽에서 밀어붙여 강행한다 할지라도 국민의 의식은 그쪽으로 가지 않을 것이다, 라는 말로 오늘 마무리하겠습니다.

—

2

왜
미친 전세는
잡히지 않는가?

**- 미친 전세에 대처하는
   최선의 자세**

선대인 소장

미친 전세를 부추기는
미친 정책

_ 정봉주

전세는 한국 주택시장에서만 볼 수 있는 독특한 주거형태다. 전세제도가 유지될 수 있었던 이유는 집주인과 세입자의 의도가 맞아떨어졌기 때문이다. 은행 금리가 높던 시절 집을 소유하고 싶은 사람들은 높은 은행 이자를 부담해야 하는 담보 대출 대신, 은행 이자 부담이 없고 전세금을 확보할 수 있는 전세 세입자를 선호했다. 전세 세입자를 끼게 되면 은행 이자에 대한 부담 없이 주택을 구매할 수 있는 자금 확보가 가능하기 때문이다.

예를 들어 2억 원의 주택을 사려고 할 때 1억 원의 전세 보증금을 확보하면 주택 구입을 위해 추가로 1억 원만 마련하면 되는 것이다. 이렇게 구매한 뒤에는 주택가격이 지속적으로 상승해 일정 기간이 지나면 전세 보증금이나 은행 융자금을 갚을 수 있는 여윳돈 확보가 가능해 자연스레 내 집으로 만들 수 있었다. 즉, 전세가 주거형태의 주요한 수단으로 자리 잡을 수 있었던 전제 조건은 은행 금리가 높고, 집값이 지속적으로 상승하는 환경이었다.

아울러 전세는 주거비용 측면에서는 가장 싼 형태이기 때문에 세입자 역시 전세를 가장 선호했다. 이렇게 주택 소유자와 세입자의 이해가 맞아떨어지면서 한국에서만 볼 수 있는 독특한 '전세제도가 자리 잡았다.

은행 대출 늘리려는 정부의 꼼수

그런데 이명박 정권 시기인 2009년 중순 이후부터 전세대란의 시대로 들어서기 시작했다. 전세의 요건이었던 금리 인상이 둔화되면서 초저금리 시대로 들어섰고 주택가격의 상승폭은 꺾였기 때문이다. 은행 금리는 갈수록 턱없이 낮아지고, 주택가격 상승에 대한 기대가 사라지면서 주택 소유자들은 점차 반전세(반은 전세 보증금으로 확보하고 반은 월세로 돌리는 형태)나 월세를 선호하게 되었다.

그렇다면 전세대란을 초래할 정도로 전세 물량이 현격하게 줄어든 것인가? 물론 전체 주택의 비율에서 전세가 차지하는 비중이 줄어들긴 했지만 절대적인 수가 크게 줄어든 것은 아니다. 다만 비용이 가장 적게 드는 주거 형태이기 때문에 세입자는 더욱 전세를 선호하는 반면, 주택 소유자는 갈수록 반전세나 월세로 이동하려는 경향성의 충돌이 '전세대란'의 중요한 원인이 되었다. 아울러 전셋값의 고공행진과 전세대란의 이유를 현 정부의 주택 정책에서도 찾을 수 있다.

주택가격을 떠받치고 이를 통해 부동산 경기를 부양하려는, 이른바 '빚내서 집 사라'는 현 정부의 경제 부양책이 결국 전세가의 고공행진을 가져오게 됐고, 전세대란을 지속시킨다는 지적이다. 이러한 현상을 선대인 소장은 '토끼몰이'에 비유했다. 첫째, 전세가가 비싸니 더 이상 고통 받지 말고 빚내서 집사라는 현 정부의 정책이 전세 수요자들을 매매시장으로 내몰고 있다. 둘째, 전세 수요자들이 월세 시장으로 내몰리는 것을 방치한다는 지적이 있을 수 있다. 전세가 주거비용이 가장 적게 든다면, 주거비용이 가장 많이 드는 것은 월세다. 월세로 내몰린 세입자는 이렇게 힘겨운 월세를 감당하기보다는 차라리 은행 대출을 받아서 집을 사는 게 비용이 더 적게 들 것이라 판단하게 되고, 결국 '빚내서 집 사라'는 정부 정책의 함정에 빠지는 것이다.

또한 전세대란을 막는다면서 시행하고 있는 '전세자금대출'도 결국은 전셋값을 올려 전세대란을 일으키는 악순환을 초래하는 정책이다. 전세대란 와중에 현 정부는 '빚내서 집 사라'는 부동산 경기 부양책을 떠받치려 하기 때문에 결국 이 대책 또한 은행 대출을 늘려 부동산 경기를 부양하겠다는 현 정부의 꼼수로밖에 볼 수 없다는 지적이 설득력을 얻는다.

집주인도 세입자도 공멸하는 부동산 정책

문제는 지금의 전세대란이 가계 부채의 폭발적 증가로 연결되면서 경제 위기의 뇌관이 되고 있다는 점이다. 그리고 미국 금리 인상이 현실화되고 있다는 점에서 이러한 위기의식은 더욱 높아지고 있다. 미국 금리 인상은 국내 금리 인상을 견인할 것이고 결국 임계점으로 도달하는 가계 부채의 폭발을 초래할 것이라는 점에서 그 위기의 폭이 어느 정도일지 가늠하기 힘들다.

아울러 중국 경기의 둔화는 국내 경기의 또 다른 악재로 작용할 것이고, 이는 곧 경기 침체로 이어지면서 전세를 원하는 수요자의 수는 늘고 반전세나 월세로 전환하려는 주택 소유자의 수 또한 늘면서 이 둘 사이의 팽팽한 긴장이 일정기간 이어질 것이라는 전망이다. 하지만 이런 팽팽한 긴장이 한순간에 끊어지면 그 충격의 폭발력은 엄청날 것이다.

역대 최고 수준의 주택 물량이 쏟아지면서 집값이 폭락하면 전셋값보다 하향하는 주택 거래 상황이 오게 될 수도 있다는 지적 또한 현실적이다. 이렇게 되면 주택 소유자, 세입자 너나 할 것 없이 공멸의 시대로 접어들게 되는 것이다. 전세 가격 조정, 집값 안정화를 위해 불가피하게 조정의 측면을 거쳐야 하겠지만 이 충격을 과연 우리 사회가 감내할 수 있을까 하는 점에 대해서는 회의적이다.

결국 지금의 전세대란은 현 정부의 잘못된 부동산 부양 정책의 부산물이다. 이 잘못된 정책의 파편이 국민들을 고통의 도탄에 빠뜨리고 있는 것이다. 점진적 조정을 통한 전세대란 해결, 집값 안정화 등 주택 문제를 원만하게 해결하기에는 너무 멀리 와버린 듯한 느낌이다.

정봉주 　오늘의 주제는 미친 전세입니다. 선대인경제연구소 선대인 소장 자리했습니다. 온갖 언론에서 전세를 각자 다른 각도에서 많이 얘기하는데, 이 흐름을 좀 일목요연하게 정리해줄 필요가 있을 것 같아요. 그래야 사야 할지 말아야 할지, 전세를 얻어야 할지 말아야 할지, 반전세로 가야 할지 월세로 가야 할지 결정을 할 수 있잖아요. 전세를 얻으려고 하는 사람도 그렇고, 집을 사려고 하는 사람들도 그렇고요. 전세는 계속 오르나요? 왜 이렇게 오른 거예요?

선대인 　일단 오르는 추세입니다. 그 이유부터 짚어볼까요? 이유를 딱 한마디로 정리해줄 수 있으면 좋은데요. 지금의 주택 시장 상황이 워낙 혼란스럽고 복잡하기 때문에, 그 주택 시장 안에 있는 전세 시장의 흐름도 사실은 복잡해요. 그래도 몇 가지 이유를 정리해보겠습니다. 일단 주택 시장 패러다임이 바뀌면서 전세 시장의 패러다임도 바뀌고 있다는 걸 이해해야 할 것 같습니다. 어떻게 바뀌느냐? 2000년대 초중반까지는 집값이 계속 오르는 시대였잖아요.

정봉주 　그렇죠.

선대인 　물론 2014년부터 다시 조금씩 반등한다고 하지만 이 집값 반등세가 오래갈 거다, 이렇게 생각하는 사람은 거의 없잖아요. 예전에는 전세가 왜 성립이 됐냐 하면, 집주인들이 전세를 발판으로 해서 집을 사기도 하고 또 두 채, 세 채씩 지르기도 하는 게 전제가 됐기 때문이에요.

정봉주 전세 끼고 사면, 어쨌든 돈을 많이 투자하지 않고도 살 수 있으니까요.

선대인 거기다가 금리도 높았어요. 그러니까 세입자한테 전세 보증금을 받으면 그만큼 은행에 빚 안 내고 집을 살 수 있는 거죠.

최강욱 그리고 조금 지나면 집값이 올라서, 저절로 전세 보증금을 갚을 수 있게 되잖아요.

선대인 그렇죠. 그래서 두 가지 전제가 성립했죠. 하나는 금리가 높아서 집주인이 전세 보증금을 받으면 그만큼 은행 이자를 아낄 수 있었다. 또 하나는 시간이 지나면 집값이 오르기 때문에 전세 보증금을 받아서 차익을 노리는 투자를 하는 게 유리했다. 사실 세입자 입장에서 보면, 전세는 아주 싸게 주거를 누릴 수 있는 제도잖아요.

정봉주 그렇죠.

선대인 집주인들 입장에서도 그런 이점들이 있었다는 거죠. 그래서 세입자하고 집주인이 나름대로 이해가 맞아떨어지는 부분이 있었어요.

최강욱 맞아요.

선대인 그런데 이제 그 전제들이 무너지는 시대가 된 거죠. 우선은, 집값이 예전처럼 팍팍 뛰거나 지속적으로 오를 거라고 생각하기는 힘든 시대가 됐기 때문이고요. 또 하나는 금리가 떨어졌다는 겁니다. 예전에는 전세 보증금 받아서 그걸 은행에 넣어두고 이자를 받아 쓰는 집주인도 있었고, 그걸 다시 집 사는 자금으로 쓰거나 이렇게 했어요. 그런데 이제는 금리가 워낙 낮으니까 굳이 전세 보증금을 받지 않고 그냥 은행에서 대출을 받아도 되는 거예요. 지금 은행의 주택담보대출 같은 경우는 거의 3퍼센트 수준이잖아요. 그러니까 굳이 보증금을 받아야 할 이유가 없는 상황인 거죠. 그러다 보니까 집주인들은 더 이상 전세를 크게 선호하지 않는 상황이 됐어요. 반면, 세입자들 입장에서 보면 집값은 여전히 안 떨어지고 높은 상황인데 주거비용 측면에선 전세가 제일 싸단 말이에요. 그러니까 전세를 계속 선호하는 경향이 있는 거죠. 일부에서는 이런 이야기를 해요. 부동산 재테크 전문가라는 사람들이 '전세 공급 물량이 줄어서 그렇다'고. 하지만 전세용으로 쓰이는 주택 공급이 줄어든 거랑은 상관이 없어요.

최강욱 주택은 계속 공급되고 있으나….

선대인 네. 주택은 실제로 계속 공급되고 있고, 인구도 예전에 비하면 늘어나는 속도가 훨씬 줄어들었잖아요. 그러면 옛날에 있던 전세가 어디 간 거냐? 아니죠. 다만 아까 말씀드렸듯이 주택 시장 패러다임이 변하고 거기에 맞춰서 전세 시장도 같이 맞물려서 변하다 보니까….

정봉주 어쨌든 집을 가지고 있는 사람들은 전세를 선호하지 않는다?

선대인 네. 집주인은 가능한 한 반전세나 월세로 돌리려고 해요. 그런데 세입자들은 가능한 한 월세보다는 전세로 살기 원하고요.

정봉주 월세로 살게 되면 다달이 부담이 너무 크니까.

선대인 그렇죠. 주거비용 측면에서 보면 전세가 제일 싸고, 그다음이 매매, 즉 구입하는 거고, 월세가 제일 비싸잖아요. 그러니 당연히 전세에 많이 머무르려고 하죠. 이런 까닭에 집주인들과 세입자들 간에 전세 수급의 부조화가 발생해요.

집값 억지 부양 정책이 전세난 가중
전세 살기 싫으면 빚내서 집 사라?

정봉주 그럼 전세는 전체적으로 줄어드는 추세인가요? 물량 공급은 계속 늘어나고 있는데.

선대인 자, 이렇습니다. 언론에선 전세 물량이 줄었다고 이야기하죠. 그런데 통계 수치를 계속 보면 전체 주택 가운데 전세 물량 자체는 거의 안 줄었어요. 대신 전체 주택 재고에서 차지하는 전세 비중이 줄었어요.

정봉주 비중이 줄어들었다?

선대인 전세가 뛸 수밖에 없는 상황이 된 거죠.

최강욱 전세 물량은 별로 변함이 없다면서요.

선대인 네. 실제로 매월 집계되는 전세 거래 숫자를 보면 거래 숫자 자체는, 아주 약간은 줄어들었지만, 크게 줄어든다고 보기 힘들 정도의 흐름이에요. 실제로 짓는 임대주택도 많지만 기존에 전세 놓던 집주인들이 반전세, 월세로 돌리는 경우도 많아서요.

정봉주 집주인들은 월 수익이 늘어나니까.

선대인 세입자들은 상대적으로 월세는 선호하지 않거든요. 상황에 몰려서 어쩔 수 없이 월세를 선택하는 거지 굳이 일부러 월세로 가지는 않는다는 거죠. 반면, 새로 공급되는 주택들 중에 지역적인 수요나 사정에 따라서 전세로 공급되는 부분도 있겠죠.

정봉주 비슷하면서도 미미하게 조금씩 줄기는 주나요?

선대인 아주 조금은 줄어요. 저도 전세 물량이 일정하게는 줄어들 거라고 생각하지만, 그렇다고 해서 몇 년 사이에 확확 줄어드느냐? 그건 아니거든요. 그런데 사람들이 체감하기로는 많이 줄어들어 있을 거예요. 예컨대 공급은 그대로인데 찾는 사람이 늘어나니 공급이 줄어든 것처럼 느끼는 거죠.

최강욱 그런데 그럴 수도 있지 않아요? 주변 사람들이 대부분 얘기하는 게, 지금 전세로 살고 있는데 집주인이 집값을 올려달라고 하면서 한 번에 전세금을 1~2억씩 막 올려달라고 한대요. 그게 싫으면 월 얼마를 추가로 내라고 한다더라고요. 이렇게 해서 점점 반전세가 돼가는 거 아닌가요?

선대인 기본적으로 아까 말씀드렸듯이 전체 주택 재고 가운데 전세 비중이 점점 줄어들고 있는 게 맞죠.

최강욱 그렇죠, 줄어들 수밖에 없죠.

선대인 말씀하셨듯이 전세가가 점점 올라가는 것도 맞아요. 이게 패러다임이 변해서 그렇게 가는 부분이 분명히 있어요. 근데 저는 정부가 집값을 억지로 떠받치면서 전세난을 오히려 가중시키고 있다고 생각합니다. 의도적으로요. 사실, 정부 대책을 보면 전세 대책이 없잖아요. 정부 당국자들 인식을 보면 그렇거든요. '전세 시장 패러다임 변화에 따라서 전세 물량은 줄게 돼 있는 것 아냐? 그러니까 이걸 월세로 재편한다는 생각이 있어요.

최강욱 또 한편으로는 이러는 거잖아요. '전세 살기 싫으면 빚내서 집 사.'

선대인 제가 드리려는 말씀이 그거예요. 좀전에 말씀드렸듯이 전세가 주거비용 중에서는 제일 싸요. 그다음이 매매고요. 집값을 떠받치기 위해서는 전세 사는 주거비용을 높여주고, 그러면 사람들이….

최강욱 매매로 옮아갈 거다?

선대인 '전세 사는 것도 되게 비싸네?' 하면서요. 쉽게 말해서 지금 전세가가 오르는 게 그 때문이에요.

정봉주 '차라리 집을 사지, 그 돈 있으면…' 싶겠죠.

선대인 전세가를 1억이나 올려달라고 하면 혹시나 하고 부동산에 갑니다. 전세 올려주려면 대출을 받아야 하는데 전세 대출은 이율도 상대적으로 비싸고, 또 대출도 많이 안 해줘요. 그런데 부동산 가면 꼬신단 말이에요. '그럴 바에야 차라리 빚 조금 더 내서 집 사버려. 주택담보대출 받으면 이율도 더 낮아' 이렇게 돼버리는 거죠.

정봉주 '한 달에 20~30만 원인데 그걸 감당 못 하겠냐'는 식으로 얘기하죠.

선대인 그래서 실제로는 전세가가 오르고, 그러다 보니 일부에서는 진짜 빚내서 집 사는 사람들이 생기기도 하고 그러죠.

정봉주 현 정권의 주택 정책에 따르면 전세가가 올라가는 건 좋은 거네요?

선대인 그래서 전 이걸 '토끼몰이'라고 불러요. 전세 사는 걸 되게 힘들게 만들어서….

최강욱 집값을 받치고.

선대인 한쪽으로는 매매 시장으로 몰아주고 한쪽으로는 월세 시장으로 몰아주는 거죠. 예를 들어 신혼부부가 있어요. 이 사람들이 전세를 찾다가 안 되니까 선택지가 월세밖에 없는 거예요. 그래서 월세 들어가야 하는데 월세는 되게 비싸잖아요.

정봉주 100만 원이 훌쩍 넘어가죠.

선대인 주거비용 측면에서 월세가 가장 비싸요. 그러니까 그런 상황에서는 그냥 월세 또는 반전세를 살아야 하는 사람조차도 빚내서 빌라 같은 걸 산다든지 그렇게 해버린단 말이에요.

정봉주 전세 대출이든 주택담보대출이든, 대출을 받으러 은행에 가면 이분들이 해주는 얘기가 있어요. '정부에서 실수를 한다 한들 어떻게 집값이 떨어집니까?' 정부 정책이야 어떻든 은행에서는 이자를 받아야 하니까요.

선대인 은행 입장에서도 결국은 주택담보대출이라는 게 자기네들 수익원이잖아요.

정봉주 가장 큰 수익원이죠.

선대인 은행의 주 수입은 대출을 많이 해줘서 거기에서 이자 받아먹는 거거든요.

최강욱 그렇죠.

선대인 사실 월세는 은행에서 대출해줄 이유가 없죠.

정봉주 그렇죠, 월세로 계속 산다면….

선대인 한다 하더라도 은행 입장에서는 고작 몇천만 원 정도에 불과할 거 아니에요. 근데 집을 사게 되면 갑자기 대출액이 몇억으로 뛰어요. 지금 가계부채가 늘어나 있는 상태를 생각하면 언제가 됐든 이게 조정을 한번 받아야 해요. 사실 하우스푸어 집주인들이 언젠가 한번은 빚을 털어야 하는 상황이 올 거예요. 또 그렇게 해야 주택 시장, 전세 시장도 건전하게 돌아갈 수 있습니다. 단기적으로는 충격이 있겠지만요. 근데 그걸 피하면서 계속 받쳐주잖아요. 이러니까 집주인들이 가능하면 자기네들의 빚 부담을 반전세, 월세로 돌려가면서 세입자들한테 전가해 가는 거죠. 거의 물귀신 작전이라고 봅니다.

만약 금리가 올라서 집값이 가라앉게 되면, 예를 들어 깡통 주택이 생기면, 이건 곧바로 깡통 전세하고도 맞물리거든요. 예를 들어서 집주인이 집값의 60퍼센트를 대출받았다고 해봅시다. 물론 빚이 많은 집은 기피 대상이긴 해요. 하지만 워낙 전세난이 심하니까, 또 설마 하고 들어가는 세입자들이 있단 말이에요. 빚과 전세 보증금을 합치면 집값의 100퍼센트를 넘어서는 경우도 엄청 많아요.

정봉주 그러겠네요.

선대인 이게 전체적으로는 어떤 작용을 하냐면요. 단순히 집주인들뿐만 아니라 세입자들도 집값이 떨어지는 걸 무서워하게 돼요. 그래서 집값을 떠받쳐주는 정책을 선호하게 되죠. 자기는 집이 없는데도.

정봉주 예를 들어서 3억짜리 아파트라면, 집주인이 보통 2억은 담보대출을 받을 수가 있잖아요. 2억도 더 받죠, 한 70퍼센트 받으니까.

선대인 지금은 대출 한도가 70퍼센트까지 늘어나 있죠.

정봉주 2억 받았다고 치고, 3억짜리면 강북에서 보통 30~32평쯤 되거든요? 근데 그 전세가 1억 5천 다 넘어가요.

선대인 그렇죠.

정봉주 주인집 대출이랑 전세가를 합치면 3억 5천이죠. 그럼 전세 들어온 사람 입장에서는 '집값 떨어지면 나 1억 5천 못 받으니까 집값 올라가라, 집값 올라가라' 그렇게 기도를 하게 되죠.

선대인 완전히 볼모로 잡힌 상황이 돼버리는 거예요. 안타까운 건, 하우스푸어인 집주인의 고통에서 끝날 것이 세입자들한테까지 불똥이 튄다는 거죠.

최강욱 그걸 전가하니까.

선대인 그렇게 세입자들한테 온갖 고통을 주고 있어요. 실제로 집값이 떨어질 경우에는 그 충격까지 고스란히 세입자들이 맞도록 판을 만들어놨어요. 그게 너무 마음이 아파요. 전세 중에서도 정말 사람들이 선호하고 살 수 있는, 그러니까 보증금을 안전하게 확보할 수 있는 안전한 전세가 필요해요.

최강욱 부동산에선 깨끗한 물건이라고 하죠.

선대인 한 400~500명을 상대로 강의할 때도 가끔 그런 질문을 던져보거든요. 전세 구하신 분들 중 빚 없이 깨끗한 전세 물건 얼마나 되더냐고요. 이렇게 물어보면 대부분이 빚 없는 전세를 거의 못 봤다 그래요.

정봉주 그러니까 이런 거예요. 결국 정부 정책이 빚내서 집 사라고 하는 거고, 그러니 모든 주택에 담보가 걸려 있을 수밖에 없어요. 안 걸려 있는 주택이 없을 정도죠. 깨끗한 전세가 있을 수가 없죠.

선대인 실제로 부채를 가진 비율이 60퍼센트, 또 지역에 따라서는 70퍼센트까지 돼요. 결국 빚 없는 깨끗한 전세는, 그 물량이 다 전세로 나온다고 가정한다면 빚 없는 전세는?

최강욱 30퍼센트.

주택 시장의 패러다임 변화로 전세 시장의 패러다임도 바뀌고 있다.

하지만 정부의 억지 부동산 시장 부양책으로 인해

전세난을 더욱 부채질하고 있다.

지금 우리의 가계부채 수준은 조정이 필요한 단계다.

언젠가 한번은 빚을 털어야 한다.

그래야 주택 시장, 전세 시장도 건전하게 돌아갈 수 있다.

단기적으로는 충격이 클 수밖에 없지만

그렇지 않으면 집주인들이 가진 빚이 세입자들한테 전가된다.

금리가 오르는 즉시 집값이 떨어지게 되면

깡통 주택, 깡통 전세로까지 그 파급효과가 커질 것이다.

이젠 빚내서 집 사라는 정책을 멈춰야 한다.

선대인　한 30~40퍼센트? 이 정도밖에 안 되는 거예요. 그러면 그게 일종의 주식 시장 블루칩처럼 전세 시장에서 가장 선호하는 물건이 되는 거고요. 이게 기준점이 되어서 자꾸 품귀 현상이 일어나죠.

최강욱　나머지도 전세가가 슬금슬금 따라 올라가고…

선대인　네. 그런 측면이 있고요. 다른 한편으로는 안전한 전세가 있으면 불안한 전세가 있다는 이야기잖아요. 특히 빚도 어지간한 정도여야죠. 이미 집주인이 대출을 70퍼센트, 2금융권까지 해서 한 80퍼센트, 이렇게 끌어 쓰고 있는 경우들도 있어요. 그러면 이런 집은 위험해서 못 들어가죠. 그래서 기피 물건인데, 이런 재고들이 계속 있단 말이에요. 예를 들어, 이 기피 대상 물건이 5~10퍼센트 정도만 되어도 실제로 시장에 미치는 효과는 엄청나게 큽니다.

한 500만 채가 전세 가구라 할 때, 이 중에서 25~50만 가구가 기피 대상이라고 하면 어떤 일이 생기겠어요? 전세에서도 병목 현상 비슷한 게 일어나요. 5차선인데 갑자기 한 차선만 줄어들어도 차가 확 밀리잖아요. 차선이 크게 줄어든 것 같지도 않은데 갑자기 속도는, 100킬로미터 가던 게 막 20킬로미터, 10킬로미터 이렇게 떨어져버리잖아요. 지금 그런 식의 현상도 일어나고 있다고 봅니다.

근데 옛날에도 계속 빚내서 집 사지 않았느냐, 옛날에는 괜찮았는데 왜 지금은 이런 현상이 일어나느냐 생각할 수도 있어요. 옛날에는 집값이 계속 올라간다고 생각하니까 빚이 좀 있어도 사람들이 불안해하지 않았어요. 근데 지금은 세입자 입장에서 볼 때 집주인에게 빚이 많으면 '혹시라도 집값 떨어지면 어떡하지?' 이런 불안이 생기죠.

정봉주　못 들어가는 거죠.

선대인 맞아요. 못 들어가요, 불안해서. 그리고 제일 중요한 이야기는 이거예요. 기본적으로 전셋값의 기준점은 집값이라는 것. 근데 정부가 지금까지 했던 이야기, 또 부동산 업계에서 했던 이야기는 이거죠. '지금은 과거처럼 집값이 뛰어주지 않으니까 사람들이 집값 상승에 대한 기대감이 없어서 전세 시장으로 몰린다.'

최강욱 그런 식으로 얘기를 하죠.

선대인 아까도 얘기했지만, 주택 시장의 흐름이 일정하게 꺾이면서 전세 시장으로 몰린 측면도 있죠. 그게 또 초기에 전세 병목 현상을 일으키는 역할을 하기도 했어요. 그런데 그런 식으로 따지면 집값이 많이 뛰는 지역은 전세가가 안정되어야 하잖아요.

최강욱 네.

선대인 또는 2014년 하반기부터 빚내서 집 사라고 하니까 집값이 수도권에서 상대적으로 많이 뛰었단 말이에요.

정봉주 그렇죠.

집값이 떨어져야 전세값 떨어진다
결국, 정책의 문제다

선대인 정부나 부동산 업계의 주장대로라면, 그런 곳에서는 전세가가 안정되어야 정상이죠. 근데 아니에요. 집값이 뛰면 전세가가 더 많이 뛰어요. 사람들이 기억할지 모르겠는데 수도권의 경우에도 상대적으로 집값이 떨어지던 2011년과 2012년은 전세가도 안정됐어요. 즉 전세가 상승률도 낮았어요. 물론 많이 올라 있는 상태이긴 했지만, 지금처럼 전세가가 꽉꽉 뛰지는 않았단 말이에요. 근데 2014년 하반기부터 집값이 뛰니까 전셋값도 거침없이 뛰고 있어요. 지역별로도 보면, 지난 몇 년 동안 집값 상승률이 높았던 데가 대체로 전세가 상승률도 가장 높습니다. 이렇게 뻔한 팩트가 있는데도 온 언론이, 또는 온갖 부동산 전문가라는 사람들이 '집값 상승에 대한 기대감이 없어서 전세가가 뛰고 있는 거다'라고 얘기해요. 그러면서 하는 말이….

최강욱 집값 뛰어야 한다?

선대인 '집값을 뛰게 해줘야 하고, 그래서 사람들이 자꾸 집을 사도록 만들어줘야 한다. 그래야 전세난도 완화된다.' 이런 헛소리들을 하고 있어요. 너무나 명백한 팩트조차도 정반대로 이야기하면서 이런 장난질을 하는 거예요.

이런 상황이다 보니까 온갖 횡포, 장난 또는 이상한 투기 같은 것들도 일어나요. 예를 들면 이런 거죠. 전세가가 오른다고 하니까 빚이 있는 집주인들 입장에서는 전세가를 계속 끌어올리거나 거기에 맞춰서 행동해요. 나한테 빚이 있다면, 전세 보증금 많이 끌어올려서 은행 이자 다 갚아버리는 게 훨씬 좋잖아요.

정봉주 그렇죠.

선대인 반전세로 돌릴 수 있으면 돌리고. 그러다 보니까 제가 사는 용인 수지 동천동의 경우 이런 현상이 일어나요. 동천동에서 제일 비싼 아파트 단지가 '삼성 래미안 이스트팰리스'라고 있어요. 사실 좀 잘 지어놓은 주택 단지거든요. 여기가 매매가도 상대적으로 비싸고 전세가도 비싼 동네예요. 근데 집값 뛴다고 하니까 전세가도 덩달아 올라가요. 비싼 평형들은 예를 들면 5억 하던 전세가가 6억, 7억씩 하고 이래요. 그러면 이게 감당이 안 되니까 그 옆에 있는 동문 아파트라든지….

최강욱 다른 데 가겠죠.

선대인 래미안에서 밀려서 상대적으로 전세가가 한 등급 낮은 주변 아파트들로 사람들이 이동한단 말이에요. 그러면 주변 아파트의 전세가는?

정봉주 주변 아파트에서도 또 올리고….

선대인 또 올라가죠. 그걸 찾는 데가 많으니까. 그 래미안 아파트에서 막 6억, 7억씩 올려 부르던 집들은 사실 전세가 안 나가서 아직도 있어요. 그런데 정작 사람들이 찾는 전세, 자기가 감당할 수 있는 수준의 전세는 계속 물량이 부족해지는 거죠. 작은 폭포가 쭉 이어서 내려가는 걸 '캐스케이딩 효과'라고 하는데, 그런 식으로 점점 내려가면서 전셋값을 계속 끌어올리는 거예요. 이런 현상들이 지금 반복되고 있어요.

정봉주 그걸 어떻게 해야 해요?

선대인 지금 이렇게 집값이 오르거나 전세가를 못 잡는 게…. 특히 전세가 같은 경우는 못 잡는 게 아니라 안 잡는 거라고 봐요.

최강욱 네.

선대인 좀전에도 말씀드렸지만 사실은 집값을 부양해주기 위해서 전세 사는 데 자꾸 불똥이 튀게 만드는 거거든요. 예를 들면 정부가 전세 대출해준다 그러잖아요. 전세 대책이라는 것이….

정봉주 그건 원래 있었나요?

선대인 원래부터 있긴 했는데 계속 확대하고 있는 거죠. 근데 보세요. 전세 대출을 해주는 건 단기적으로는 전세 대출 자금이 모자라는 사람한테 정부가 상대적으로 약간 저리로 자금을 빌려주니까 서민 대책인 것처럼 느껴지죠? 하지만 길게 보면 그게 아니에요. 예를 들어 집주인이 3억이던 것을 3억 5천으로 올려달라고 했다 쳐요. 이때 세입자는 돈을 올려줄 여력이 안 되면 그냥 다른 데로 옮겨갈 거예요. 이렇게 해서 전세가 상승이 억제되는 측면이 있단 말이에요. 그런데 자금을 빌려주면?

최강욱 빌려서라도….

선대인 빌려서라도 3억 5천을 맞춰주죠.

최강욱 그럼 또 올라가고….

정봉주 그러네요.

선대인 전세가가 올라가는 효과가 생기는 거예요. 전세 시장에 전세 자금을 풀면 전세가는 당연히 올라가죠. 그렇기 때문에 이런 식의 대책은 안 된다는 거예요. 물론 때로는 그런 자금도 필요하겠지만, 기본적으로는 집값을 하향 안정화하는 게 바른 정책입니다.

정봉주 그렇죠. 집값이 떨어져야 전셋값이 같이 떨어질 거 아녜요?

선대인 그렇죠. 이거는 분명히 인식해야 해요.

최강욱 그러면 공공임대주택을 더 많이 공급해야 하나요?

선대인 장기전세주택 같은 건 사실 더 많이 공급해야 해요.

최강욱 그거 되게 좋더라고요. 은평 뉴타운 사는 거 보니까.

선대인 좋을 뿐만 아니라 실제로 인기도 되게 많았어요. 최장 20년까지 전세금 걱정 없이 살 수 있으니까요. 그리고 꼭 장기 전세뿐만 아니라 공공임대주택, 이것도 많이 공급해야 하고요.

최강욱 그렇죠.

선대인 그런 다음에 전세보증보험 같은 것들을 단기적으로는 좀 더 대상을 확대해서 쉽게 할 수 있도록 만들어야 해요. 또 깡통 전세로 전락할 수 있는 주택들은 어쨌거나 세입자가 들어갈 수 있도록 정부가 좀 더 지원해주는 게 필요하죠.

정봉주 전세 물량을 좀 더 공급해야 한다는 얘긴가요?

선대인 전세 물량은 물리적인 어떤 주택 공급의 문제가 아니고요. 결국은 정책을 어떻게 쓰느냐의 문제입니다. 아까 제가 불안한 전세 이야기를 했는데 깨끗한 전세가 나오도록 해주면 되는 거거든요. 계속 이렇게 하우스푸어 집주인들이 불안한 전세 물량을 가지고 있도록 놔두면, 이게 사실은 전세 시장에서 어느 한 부분이 계속 기피 대상으로 남아서 전세로 제대로 활용이 안 된단 말이에요. 어쨌거나 하우스푸어 집주인들이 부채를 정리하고 손 바뀜이 일어나야 해요. 그래서 그걸 여력을 가진 사람들이 깨끗한 전세로 내놓도록 하면, 실질적인 의미로 전세 공급이 늘어나는 거죠.

정봉주 결국은 정부에서 주택가격을 다운시킬 수 있는 정책을 써야 하는 거네요.

선대인 이게 단순히 전세 시장만의 문제가 아니라 전체 주택 시장하고 연결된 문제잖아요. 그런 측면에서 정부의 집값 안정화 정책이 필요합니다. 또 패러다임 측면에서 살펴보면 전세 비중이 점점 줄어들 수 있는데, 정부의 역할은 그걸 촉진하는 게 아니라 최대한 속도를 조절해가면서 사람들이 적응할 수 있게 해줘야 하는 거죠. 그런데 정부의 정책이란 게 아예 전세로 사는 사람들을 막 들들 볶으니까 문제예요.

최강욱 밀려 나가게 만들죠, 튕겨 나가게.

선대인 네. 매매 쪽이나 월세 쪽으로 자꾸 토끼몰이를 하는 상황이에요. 정부가 이렇게 서민들이 살기 힘든 주택 시장 구조를 만들어버리면 사실 선택지가 굉장히 제한되거든요.

미국 금리, 결국 오른다
금리 인상 후 충격 여파 따진 뒤 판단

선대인 제가 볼 때 지금 미국 금리 인상은 시기의 문제일 뿐이고 그 폭의 문제일 뿐이에요. 오히려 2015년 연내에 금리를 인상할 가능성이 한 단계 높아졌고, 12월에 금리가 인상될 가능성이 커진 거라고 시장에선 판단하거든요. 근데 12월에 올리든 2016년 초로 옮겨가든 그게 중요한 게 아니라….

정봉주 결국엔 오른다는 것.

선대인 그렇죠. 그렇게 되면 지금 빚내서 집 사는 게 상당히 위험할 수 있다는 거죠. 그리고 지금 사상 최대의 분양 물량이 쏟아지고 있는데….

정봉주 네, 실제 그렇더라고요.

선대인 2~3년 후엔 물량 폭탄으로 돌아오게 돼 있어요. 미국 금리 올라간다 그리고, 2014년 주택담보대출 규제 풀고 나서 대출이 너무 폭증하니까 지난 7월에 정부가 가계부채 관리 대책 내놓았죠. 이제 정부도 겁난 거예요.

최강욱 그래서 또 제한한다고….

정봉주 2016년 1월부터는 원금과 이자를 함께 갚을 수 있게끔….

선대인 지금 이자만 내는 가계가 70퍼센트나 돼요.

정봉주 원금을 낼 수 없는 구조거든요.

선대인 처음부터 원리금 같이 갚는 주택담보대출을 받아라, 이렇게 하면 빚내서 집 살 수 있는 사람이 별로 없습니다. 지금 집값이 뛰고 주택거래가 일시적으로 늘어난 건 다 주택담보대출을 많이, 왕창 받아서 사기 때문이거든요. 근데 빚을 더 이상 낼 수 없을 때는 주택거래가 크게 줄어들 가능성도 크고요. 거기에 따라서 집값이, 상대적으로 좀 느린 속도로 반응하겠지만, 거래가 점점 끊기게 되죠. 그러면 빚을 많이 내서 집 산 사람들이 버티질 못하고 집값을 점점 낮은 가격에 내놓게 돼요. 최근 2~3년 동안에 제일 많이 오른 지역이 대구, 경북인데요. 빚을 더 내질 못하니 거래가 몇 달째 줄고 있어요. 이미 거의 고점에 온 상황이고요.

정봉주 그리고 그렇게 해서 집값이 빠지면 은행 금리나 이런 걸 감당하지 못하니까 진짜 깡통 주택 등이 부도나기 시작하는 거고요.

선대인 물론 닥쳐보면 그 충격의 크기가 클지 작을지 알 수 있겠지만, 일단은 미국 금리 인상이 되고 나서…. 그때까지는 자제했다가, 그 충격파가 어느 정도일지 가늠해보고 난 다음에 판단하라는 거예요.

정봉주 여기저기서 내년 경제위기설이 나는 걸 보면, 피해갈 수 없겠네요.

선대인 그래서 일단은 좀 힘들어도, 당장은 전세가 많이 올려주더라도, 계산해보면….

최강욱 견뎌보시라?

선대인 어쨌든 주거비용 측면에서 여전히 가장 싼 게 전세거든요. 그러니까 가능하면, 그리고 좀 서럽겠지만….

정봉주 집 사지 말고….

선대인 일단은 미국 금리 인상 충격파를 지켜보자고 얘기하고 싶어요. 저는 상당한 충격파가 있을 거라고 보지만, 다행히도 정말 없다면 그때 가서….

최강욱 집을 사도 되고.

선대인 '그래, 우리가 어떤 이유에서든 버틸 여력이 있나 보구나' 하고 생각할 수 있다면 그때는 달리 판단할 여지가 생기겠지만. 지금은 그걸 확인하지 않은 상태에서 그냥 빚내서 집 사는 건 좀 위험하다고 이야기하는 거고요.

정봉주 금리가 조금만 올라가도 집값은 떨어질 수밖에 없어요. 그러면 물량이 쏟아져 나올 텐데….

선대인 이게 굉장히 위험한 것이, 정부는 이런 이야기를 해요. '부채가 소득이 있는 사람들에게 몰려 있어서 괜찮다'라고요. 그런데 소득 있는 사람들 중에서도 빚내서 집을 산 사람들은, 빚이 왕창 있어요. 그러니까 소득이 있는 사람들 중에서도 그냥 알짜 부자하고 왕창 빚내서 집 산 사람하고는 완전히 다른 부류라는 거예요.

최강욱 그럼요.

선대인 그런데 만약 문제가 생긴다면 거기서 생길 수 있다는 거죠. 〈한국은행 금융안전 보고서)라는 게 있어요. 1년에 두 번 나오는데, 한국의 금융과 관련된 경제 현상을 가장 종합적으로 면밀하게 따져보는 보고서거든요. 근데 거기에서 금리가 오를 경우에 가계부채가 얼마나 심각해질 수 있는지를 테스트한 게 있어요. 금리가 지금보다 1퍼센트포인트 오르고, 집값이 10퍼센트 떨어졌을 경우에….

정봉주 그럴 가능성도 크죠.

선대인 금리가 오르면 당연히 집값도 10퍼센트가량 떨어질 가능성이 상당히 커요. 제가 볼 때는 일어날 확률이 상당히 높은 시나리오라고 생각하거든요. 근데 이렇게 됐을 때 부채 위험도가, 부실채권이 확 늘어나요. 특히 아까 말씀드렸던 소득 상위 20퍼센트 중에서도 빚내서 집 산 사람들이 위험군이에요. 그다음에 자영업자들. 사실 전세 사는 사람들은 상대적으로 안전한 걸로 나오는데 빚내서 집 산 사람들, 자가 소유자들, 이 사람들은 굉장히 위험하다고 나와요.

정봉주 그런데 빚내서 집 산 사람들, 그 집엔 전세 들어가 사는 사람도 있잖아요. 또. 그러니까 전세 사는 사람들이 상대적으로 덜 위험하지만, 깡통 집이 되면 그 전세금 어떻게 되찾아요?

최강욱 글쎄 말이에요.

선대인 아까 전세보증보험 이야기도 했는데요. 예를 들면 5억 집에 3억 전세를 들어갔는데 집주인한테 이미 빚이 한 2억이 있는 거예요. 그러면 전세 보증금 가격과 집주인의 주택담보대출 금액이 딱 집값이죠. 근데 여기서 10퍼센트, 20퍼센트 떨어지면?

최강욱 집주인은 깡통 되고….

선대인 자기는 보증금을 다 돌려받지 못할 수 있잖아요. 이때 불안한 부분, 예를 들어서 집값이 한 1억 정도 떨어질 수 있다, 내가 못 찾을 수 있다 싶으면 그 1억만큼만 전세보증보험을 들 수가 있어요.

정봉주 네, 그렇군요.

선대인 전세보증보험을 한도까지 다 안 들어주는 경우도 있거든요. 그래도 좀 불안한 부분이 있으면 보증보험으로 커버할 수 있는 데까지는 최대한 커버를 하는 게 좋습니다. 사실 보험료도 별로 비싸지 않아요.

최강욱 그런데 쉽지 않나 보던데요. 그 보험 들 때 까다롭게 구나 보던데요?

선대인 그래서 제가 말씀드리는 부분이, 정부에서 그 적용될 수 있는 범위를 완화해주라는 거죠. 어쨌든 할 수만 있다면, 비용 자체는 1억을 대비할 때 1년에 15만 원 정도밖에 안 되거든요. 그걸로 전세 보증금 안전하게 지킬 수 있다면 상당히 좋은 겁니다. 그리고 기본적으로 빚이 많은 집들은 좀 피하라고 말씀드리고 싶어요. 정 어렵다면 아주 약한 정도의 반전세도 생각해볼 수는 있겠죠. 그리고 지역적으로 조금 넓게 탐색을 할 필요가 있어요.

정봉주 결론은 이 정권이 빚내서 집 사라 그러고 집값 부양 정책을 쓰고 있기 때문에 전셋값이 같이 오르고 있다는 것입니다. 미국 금리 인상 여부를 알 때까지 조심조심 좀 지켜보면서 어떻게든 견디십시오. 정부의 잘못된 주택 정책으로 전셋값이 오르고 있다는 선대인 소장의 지적이었습니다.

—
왜
폭증하는 가계부채
내버려두는가?

- 가계부채 1,200조에
다 담지 못하는 것들

제윤경 대표

정부의 무능이 빚어낸
또 하나의 대형 사고, 가계부채

정부부처 관리들이 모여 회의를 한다. 가계부채를 관리할 것인가, 부동산 시장을 살릴 것인가. 양날의 칼과 같은 문제를 두고 이해관계가 복잡한 부처들이 모여 정책 방향을 결정한다. 가계부채 총량을 줄이고 위험을 적극적으로 관리하자니 부동산 경기의 침체를 감수해야 한다. 부동산 경기를 살리려니 가계부채가 늘어날 가능성이 크다.

정부는 처음부터 답을 정해놓고 협의를 진행했다. 경기를 부양해야 한다는 절대적 신앙을 바탕에 깔아놓은 채 협의하는 시늉만 한다. 속내를 들키지 않고 대중을 설득할 만한 결정적인 구호가 필요하다. 가장 그럴듯한 방법이 현재의 가계부채 수준은 '관리 가능하다'라는 믿음을 유포하는 것이다. 가계부채의 70퍼센트가 중상위 계층에 몰려 있으니 충분히 상환 가능한 사람들이 빚을 지고 있을 뿐이라고 낙관한다. 연체율도 안정되어 있고 자산가치에 비해 부채 규모는 상대적으로 적다고 통계수치를 근거로 내세운다. 지속적으로 모니터링을 하겠지만 현재의 가계부채는 괜찮다고 민심을 타이른다.

그러나 정부의 관리 가능하다는 인식에는 '좀 더 빚을 내도 관계없다'는 공격적인 속내가 숨겨져 있다. 슬그머니 부동산 시장의 거래 정상화라는 구호를 제시하며 금융 규제 완화의 카드를 꺼내 든다. 가계부채가 생각보다 위험하지는 않다는 이야기가 빚을 더 내서 집을 사라는 시그널로 바뀐다. 전세가가 고공행진을 이어가는 현실에서 이 시그널은 곧바로 수많은 사람에게 빚을 내서 집을 사게 만드는 묘약으로 작용한다.

무엇이 '관리 가능하다'는 말인가

정부의 '관리 가능하다'는 말은 대체 무슨 뜻일까? 사람들이 빚으로 고통받지 않고, 빚에 허덕이느라 극단의 선택을 하지 않으며, 빚 독촉 때문에 인권이 침해되는 일이 없도록 하는 관리일까? 아니면 은행을 비롯한 금융사들이 망하지 않게 하는 것을 의미할까?

후자의 경우 경제학자들조차 여러 지표를 종합해 근거가 있다고 하니 정부의 주장이 일단은 맞는다고 해두자. 그러나 정부의 '관리 가능하다'는 주장에 담긴 실제 의미가 사람들이 죽어 나가든 말든, 공공연하게 인권이 침해되든 말든, 금융사만 안전하면 정부의 할 일은 없다는 것인가?

2014년 한국은행 조사결과 원리금 상환비율과 자산 대비 부채비율이 매우 위험한 '고위험' 가구 수가 112만으로 드러났다. 고령과 절대적인 저소득 등의 사유로 도저히 빚을 갚지 못할 것으로 추정되는 사람이 114만 명이고, 오랜 기간 추심에도 빚을 갚지 못해 장기 연체 상태인 채무 취약 계층이 350만 명이다. 또한 금융 회사 세 군데 이상에서 돈을 빌려 빚 돌려막기를 하고 있는 사람들이 328만 명이다.

채무 취약 계층이란 말 그대로 빚을 갚지 못해 연체 중이며 채권추심 회사로부터 지독한 독촉을 받고 있는 사람들을 말한다. 우리나라의 추심환경은 그야말로 지옥이다. 가지고 있는 자산과 벌어들이는 돈 모두에 압류행사가 가능하고 심지어 집안 가재도구에도 압류 딱지를 붙이거나 경매 처분을 할 수 있다. 하루가 멀다고 전화로 괴롭히고 직장이나 집으로 찾아가 망신줄 수도 있다. 연체자들이 할 수 있는 일은 꼭꼭 숨는 것 외에 아무것도 없는 경우가 허다하다.

350만 명이 현재 그런 입장에 처해 있다. 경제활동과 사회생활 모두를 포기한 채 하루하루 추심원을 피해 살아가고 있다는 말이다. 328만 명은 현재 돌려막기를 하고 있으니 이들 역시 곧 채무취약 계층과 같은 처지로 내몰릴 것이다. 이처럼 700만 명에 가까운 이들이 빚 때문에 일상생활에 커다란 침해를 받고 있으며 사회생활이 곤란할 지경이다. 경제활동 인구 대비 세 명 중 한 명꼴로 빚으로 신음하고 있다는 이야기다. '헬조선'이란 말은 바로 빚을 갚지 못하는 사람들이 살아가는 매 순간에 딱 들어맞는다.

일관성 있는 정부의 무책임

가계부채는 마치 정부의 자신감을 비웃기라도 하듯 스스로 덩치를 키워버린다. 2014년 대폭 규제를 완화했던 8월 이후 가계부채는 그야말로 폭증세를 이어왔다.

한국은행이 금리를 낮춰주고 금융위원회가 대출 규제를 완화해주며, 기획재정부를 비롯한 여러 부처에서 온갖 사회 문제에 빚에 근거한 해법을 일관하면서 만들어진 결과다. 국토교통부는 다른 모든 부처가 가계부채 심각성을 괜찮은 것으로 포장하는 사이 부동산 시장 경기 활성화를 기대했으나 큰 실효성이 없었다. 그야말로 경기는 살아나지 않았고 '빚만 늘었다.'

정부는 이러한 현실을 감지한 것일까? 느닷없이 태도를 바꿔 대책을 제시했다. 마치 국민들이 정부의 뒤통수를 언제까지 맞아줄까 시험하는 듯하다. 1년 만에 '빚내 쓰라'던 구호를 '빚 갚으라'는 것으로 뒤집었다. 상환 능력에 맞춰 대출을 규제하고 상환 방식도 이자만 갚는 것에서 원리금으로 유도하겠다고 한다. 물론 정부가 돌연 입장을 바꾼 대책에는 정책의 내용만 있을 뿐 제도는 없다. 은행들이 자율적으로 이런 대출 영업을 하도록 지도하겠다는 것이 대책이다.

정부의 이번 대책은 가계부채가 매우 심각한 단계임을 수용했다는 것에 머문다. 심각하기 때문에 문제를 해결해야 하겠다는 것이 아니라, 만에 하나 문제가 커질 경우 자율적으로 빚을 키워온 금융권에 책임을 전가하기 위한 면피용 장치에 불과하다.

모든 대형 사고에 개인적 일탈을 원인으로 지목하고 있는 정부의 일관성 있는 무책임은 금융위기 상황 앞에서도 여전하다.

각자도생하기 위해서라도 정부의 정책과 반대로 가라

이제 심각한 가계부채는 개별 가정에서 각자도생의 길을 찾아야 할 것으로 보인다. 각자도생의 첫 번째는 정부의 대책에 기대 빚을 늘리는 우를 범하지 않는 것이다. 물론 이는 지금 단계에서 매우 어렵다. 그럼에도 이제는 각자도생하기 위해서라도 정부의 정책 방향과 다소 다른 결정과 선택이 필요함을 강조할 수밖에 없다. 신용카드도 줄이고 최대한 소비지출을 줄여나가며 빚을 늘리지 않기 위해 발버둥 쳐야 할 때다. 혹시라도 빚을 갚지 못할 경우 지독한 추심에 그대로 노출되어서는 안 되며, 정부가 아닌 시민단체 혹은 지방 정부의 대책들을 살펴봐야 한다.

우리는 세금은 내지만 지금의 정부에 그 어떤 대안도 기대할 수 없다는 냉엄한 사실을 직시해야 한다. 그것만이 유일하게 자신을 보호할 수 있는 일인 것 같다.

정봉주 에듀머니 제윤경 대표와 함께 가계부채에 대해 살펴보겠습니다. 현재 가계부채가 심각하다고 하는데, 어느 정도 심각합니까? 지금 1,280조라고요?

제윤경 가계부채가 300조, 400조 하던 2003년, 2004년 당시부터 삼성경제연구소, LG경제연구소가 '과잉 부채 상태다'라고 얘기했습니다.

최강욱 그때부터 이미?

제윤경 네. 2004년에 그렇게 얘기를 했는데, 당시는 300조, 400조 수준밖에 안 됐었죠. 지금의 4분의 1정도인데, 그때도 보고서를 통해서 '가계부채 심각하고 부동산 가격은 거품이다' 이렇게 얘기를 했어요.

최강욱 2003년이면 노무현 정부가 출범했을 때입니다.

제윤경 네, 참여정부 시절일 때인데요. 그 뒤로 가계부채도 좀 줄고 집값도 좀 떨어졌다면 이런 말을 안 하는데, 그 뒤로 사실은 가계부채도 늘고 집값도 계속 뛰었습니다. 결국 이게 버블이라고 얘기했던 경제연구소 입장에서는 망신을 당한 거죠. 제 기억에도 당시 폭증한 건 사실이에요. 이전에 김대중 대통령 국민의 정부 시절에 인위적 경기부양 같은 걸 하면서 가계부채가 이미 많이 늘었기 때문에 그게 멈추지 않았고요. 한 번은 조정을 받아야 하는데 조정을 안 받고 계속 올라가니까 문제를 지적했던 거죠. 그때 〈한겨레신문〉도 버블이라고 얘기했죠. 버블이면 조정을 당해야 하잖아요. 그런데 조정 안 당하고 다시 오르니까 그 뒤로는 경제연구소와 모든 언론사가 버블이라는 단어 쓰기를 겁내게 되었어요. (웃음)

최강욱 버블이면 꺼져야 하는데, 꺼지지 않고 더 커지니까?

제윤경 네.

정봉주 터지기 전까지 계속 더 커지는 거죠.

최강욱 그러니까요.

정봉주 지금도 커지고 있는 거 아니에요?

제윤경 지금 폭증하고 있죠.

최강욱 지금도?

정봉주 그때도 폭증이라고 썼다면서요.

제윤경 여전히 지금도 계속 신기록을 경신하고 있습니다. 3월, 4월 사실상 이 정부가 2014년에 규제 풀고 나서 증가한 양은 계속 사상 최고치였어요. LTV(주택담보대출비율) 풀고 DTI(총부채상환비율)도 풀고….

꺼지지 않는 버블,
지금도 가계부채는 폭증하고 있다

최강욱 예전에 한나라당 시절부터 가계부채 얘기만 나오면 써먹던 얘기가 김대중 정부 때 신용카드 남발하고 노무현 정부 때 부동산을 못 잡아서 그렇다고, 그런 얘기 꼭 들이댔잖아요. 어느 정도는 맞는 얘기 아녜요?

제윤경 저는 김대중 대통령 시절에 책임이 많은 것 같아요.

최강욱 아, 신용카드 문제라든지?

제윤경 그렇죠. 여러 가지 사안에 규제를 풀었죠. 이자제한법도 이때 없앴거든요.

최강욱 그때 없어졌죠.

제윤경 이자제한법을 없애면서 사실은 수백 퍼센트짜리 고금리 대출이 시장에 판을 치고….

최강욱 당시에 IMF 여파를 줄이기 위해서 고육책으로 했던 거 아닌가요?

정봉주 IMF의 지시사항을 따랐거나….

제윤경 IMF가 지금 그리스에 하듯이 고금리정책, 긴축정책을….

정봉주 그렇죠. 고금리정책을 썼죠.

제윤경 근데 그렇다 하더라도 2003년부터 저금리로 돌아서거든요? 그러면 다시 이자제한법을 부활시키면 됩니다.

최강욱 그렇죠. 그런데 그걸 안 했어요.

제윤경 하여튼 DJ 정부 때 만들어진 게 대부업법이에요. 본격적으로 저금리로 돌아선 건 2003년이지만 사실 그 이전에도 고금리는 1~2년 반짝하고 금리 계속 떨어졌거든요. 그러면 다시 이자제한법을 부활시키면 되는데요. 이자제한법도 없고 대부업법도 없는 공백기에 정부에서 이자제한법 부활은 반대하고 지하경제를 양성화한다는 명분으로 사채업을 제도화했어요. 그때 대부업법만 만지작거렸죠. 민주당

의원님들이 '법정 최고이자율을 그래도 90퍼센트는 받아야 서민에게 급전이 공급된다'라고 했죠. 이런 식의 논리로 2002년에 대부업법이 제정되는데요.

정봉주 2002년요?

제윤경 네. 당시에 66퍼센트로 결정이 났죠. 어느 시민단체 활동가의 기록에 따르면 그나마 정세균 의원이 '너무 터무니없는 얘기들을 하고 있다. 다들 제정신이냐. 어떻게 90퍼센트짜리를 서민의 급전이라고 얘기할 수 있느냐'라는 얘기를 국회 논의 과정에서 했다는 후문이 있었습니다.

정봉주 결국 이렇게 된 원죄적 책임이 있다는 건가요?

제윤경 그렇죠. 이자제한법을 부활했어야 했습니다. 외환위기 직전의 이자제한법은 25퍼센트 수준이었거든요.

최강욱 25퍼센트는 우리 때 민법 공부하면 꼭 외워야 하는 거였어요.

제윤경 이것도 연도별로 48퍼센트였던 정부도 있고 한데요. 25퍼센트 수준 혹은 30퍼센트 수준의 이자제한법만 부활했어도….

정봉주 그랬다면 가계부채가 이렇게 폭발하는 상황까지는 안 갔다는 얘긴가요?

제윤경 금융 시장에서 신용 소외자들을 만들지는 않았을 것 같다는 생각이죠. 어쨌든 법정 최고이자율은 높은데 실제로 자본을 조달하는 비용은 되게 낮고. 그러니까 한마디로 금융사 입장에서는 마진폭이 엄청나니까 너도나도 대부업에 뛰어들고 카드도 만들고, 카드를 통해서 과잉 대출을 일삼고 그랬어요.

최강욱 그때 막 일본도 들어와서 엔화대출 한다고 난리 났을 때죠.

제윤경 노무현 정부 때는 오히려 그 이전에 과잉 공급됐던 것을⋯.

최강욱 줄이려고 했죠.

제윤경 설거지하느라 바빴습니다. 2003년에 카드 사태가 터졌잖아요. 카드 사태가 터지면서 400만 명의 신용불량자가 발생했습니다. 신용불량자가 너무 폭증하니까 경기에 악영향을 미쳐서 전반적으로 경기가 후퇴할 것이다. 이런 우려가 있었죠. 당시 참여정부에서 신용회복 프로그램을 처음으로 만듭니다. 배드뱅크 프로그램을 만들었고요. 2005년에는 개인파산과 관련된 법률도 제정했어요.

최강욱 개인파산 현상이 그때부터 활성화됐죠.

제윤경 네. 그때 광범위하게 400만 명을 구제했어요. 그래서 파산신청을 하면 한 달 내에 거의 90퍼센트가 면책이 됐어요.

정봉주 이때 진짜 개인 부채를 줄이려는 노력을 제대로 했네. 지금 필요한 조치들을 다 한 거네.

제윤경 네, 맞습니다. 저는 사실 이 일을 2003년 정도부터 시작했는데요. 당시 '빚 땡처리'라는 게 있었어요. 연체를 오래 하면 금융사들이 할인해서 막 팔아요. 할인해서 거래된 채권들이 돌아다니다가 여기저기 대부업체에서 추심을 진행하는 일들이 있거든요. 그런데 당시에는 파산면책제도가 생기면서 이런 추심을 받는 분들이 아주 신속하게 구제가 됐어요. 저희가 상담업무를 할 때는 파산면책 안내만 해드리면 되는 수준이었습니다.

정봉주 상대적으로 쉽게 처리가 되었네요.

제윤경 찾아만 오면 해결할 수 있었죠. 그리고 또 파산면책이 쉬우니까 대부업체에서도 '그냥 파산하겠습니다'고 하면 '깎아주겠다'고 나왔고요.

정봉주 아, 그런 협상이 되는구나.

제윤경 네. 협상이 됐죠.

정봉주 지금도 카드 연체된 사람들은 카드사에서 100퍼센트를 안 받더라고요.

최강욱 그건 옛날부터 그랬죠.

정봉주 옛날부터 그랬어요?

최강욱 은행 대출도 그랬는데요. 그때는 파산제도, 면책제도가 처음 시행되는 초기라 법원에 가면 빨리빨리 처리됐어요. 그래서 채권자들도 훨씬 더 신속하게 처리해줬죠.

높아진 파산면책의 문턱
채권자가 누구인지도 모르는 쓰레기 채권

제윤경 그런데 이명박 정부 들어서면서 '신파산제도'를 만듭니다. 그래서 파산의 문턱을 높여버려요.

최강욱 도덕적 해이 어쩌고 하면서 막았다니까요.

정봉주 왜 그랬어요?

제윤경 이게 금융사 논리인데요. 사실 파산에 대해서 도덕적 해이라고 개인 채무자를 몰아붙이는 건 금융사가 만들어낸 논리일 뿐이고요.

최강욱 그렇죠.

제윤경 파산면책을 신속하게 해주면 금융사들 입장에서는 돈을 떼일까봐 돈을 함부로 빌려줄 수가 없죠. 그러니까 과잉 대출이 조절되는 효과가 있습니다.

최강욱 순기능이 있다는 건가요?

제윤경 순기능이 있는데….

최강욱 그건 다 얘기를 안 하고?

제윤경 파산면책 문턱을 높여놔야 자기네가 쥐어짤 수 있으니까. 그러면 금융사 입장에서는 과잉 대출을 해도 조금 편안하죠.

정봉주 그러니까 금융사 입장을….

제윤경 반영한 거죠.

정봉주 아, 파산면책제도가 유용하면 진짜 은행들이 돈을 빌려줄 때 신중해지겠네. 근데 그 이후로는 돈을 막 쓰라고 하면서 막 빌려준 거 아녜요. 담보만 들어오면.

최강욱 엄청나게….

정봉주 MB 정부 들어와서.

제윤경 은행도 과잉 대출을 하고요. 카드사들의 과잉 대출은 이루 말할 수가 없죠.

최강욱 맨날 카드론 문자 보내고 현금서비스 쓰라고 하고….

제윤경 사실 파산면책의 문턱이 높아지면서, 카드사 입장에서는 어쨌든 마진도 크고 쥐어짤 수 있고 하니까요. 그래서 2004년 이전에 있었던 길거리 모집 같은 카드의 무분별한 공급이 2008~2009년부터 재연되기 시작했어요.

정봉주 실제 어느 정도 늘었어요? MB 정부 들어오기 전에 대략 통계들이 있을 거 아녜요.

제윤경 참여정부 말에 LTV랑 DTI가 도입되면서 2006~2007년 사이에 가계부채 규제가 굉장히 많이 생겼습니다. 그래서 그래프를 보면 급상승하다가 참여정부 시절에 꺾여요.

정봉주 가계부채 증가폭이….

제윤경 상승폭이 꺾입니다. 그런데 2008년 MB 정부 들어서서 미국발 금융위기가 터졌죠. 개인적으로 굉장히 안타깝게 생각하는데, 참여정부가 가계부채 관련해서는 대응을 못하진 않았습니다. 굉장히 파격적인 조치들을 많이 취했거든요. 그래서 우리가 MB 시절에 가계부채, 금융위기를 건너뛸 수 있었던 것 같아요.

정봉주 2008년 말에. MB 정부가 잘해서라기보다 그 이전 노무현 정부 시절에 이미 체질을 강화해놨고….

제윤경 그렇죠. 근데 당시 언론이 LTV 예를 많이 들었습니다. 그러니까 한마디로 담보자산 대비 부채가 50퍼센트밖에 안 되기 때문에 우리는 금융위기를 건너뛸 수 있다, 이렇게 얘기를 했습니다. 전 그때 언론에 굉장히 화가 났었는데요. LTV랑 DTI를 참여정부 시절에 도입할 때 〈조선일보〉 같은 보수 언론매체들이 뭐라 했냐면….

최강욱 막 반대했죠.

제윤경 DTI를 월급쟁이가 강남에서 땅 사서 부자 되는 걸 막는 '빨갱이법'이라 그랬습니다. 그리고 2009년에 DTI를 한시적으로 폐지합니다.

정봉주 2009년도에….

제윤경 그래서 당시에 다시 폭증을 해요. 2008년에 금융위기 때문에 증가폭이 조금 둔화됐다가 2009년에 다시 또 폭증한 거죠. 그리고 그 뒤로 너무 놀라서 DTI를 다시 도입하는데, 박근혜 정부는 들어서

자마자 DTI를 거의, 뭐….

정봉주 그걸 좀 구체적으로 얘기해주세요.

제윤경 제 기억으로 MB 시절에 부동산거래 활성화 대책만 열아홉 번이 쏟아졌습니다.

최강욱 그랬는데 효과가 없고….

제윤경 네. 양도세를 줄이고, 특별지구 있었잖아요. 투기과열지구 이런 거 해제하고 이런 조치들을 계속하다가, 2009년에 급기야 DTI를 한시적으로 폐지해보자고 해서 없앴어요. 그랬다가 폭증을 하니까 다시 도입은 했는데, 이미 그때부터 고삐가 풀려버린 셈이죠.

정봉주 그래서 MB 정부 때 실제로 늘어난 폭이?

제윤경 참여정부 말에 한 800조 정도에서 마감을 했는데요. MB 정부 때 1,000조 넘어선 거죠. 박근혜 정부 들어설 때 1,037조 이렇게 시작했던 것으로 기억합니다. 여기서 들여다봐야 할 대목이 뭐냐면, 이게 지금 1,200조라고 하지만 이 1,200조는 현재 연체가 없는 제도 금융권의 가계부채만 추산한 겁니다.

정봉주 그래요?

제윤경 사실은 금융사들이 참여정부 이후에 배드뱅크 만들어서 공기업에 채무조정사업을 해주고 파산면책을 해주고 그렇게 빚은 털었는데, MB 정부 들어서서 배드뱅크도 완전히 시장에 넘겼어요. 그래서 은행들이 출자해서 연체채권을 헐값에 사서 추심으로 돈을 크게 버는 이런 사업들을 하기 시작하거든요. 대부업체도 하고. 근데 최근에 보면 주로 신용채권, 담보가 없는 신용대출은 은행들이나 카드사들이 대부업체에 팔아요. 예를 들면 100만 원짜리를 5퍼센트 전후로 팔거든요.

최강욱 5만 원에 파는 거죠, 채권을.

정봉주 2~3퍼센트에서 5퍼센트 이렇게 얘기들 하시더라고요.

제윤경 5만 원에 팔면 대부업체가 추심을 1,000퍼센트까지 하기도 하죠. 그런데 그건 이 1,200조 안에 들어 있는 게 아니라는 거죠.

정봉주 그러니까 1,200조는 현재 이자를 내고 있는 정상적인 부채라는 거죠?

제윤경 그렇죠.

최강욱 그리고 통계도 제대로 잡히니까 그게 다 드러나는 거고.

제윤경 네. 제도금융권의 대출이고요. 대부업체 대출의 경우, 저희가 채무자들 상담하면서 가장 황당하면서도 빈번하게 발생하는 게 뭐냐면요. 파산면책을 시키고 싶어도 그럴 수가 없다는 겁니다. 법원에서는 일단 부채증명서를 발급해오라고 하거든요.

최강욱 그걸 안 떼주는 거예요?

제윤경 안 떼주는 것도 안 떼주는 건데, 채권을 찾을 수가 없어요.

최강욱 어디 있는지?

제윤경 채권이 여기저기 팔려 다녀서 중간에 대부업체 한 번 망하면 어디로 팔렸는지 추적을 할 수가 없어요.

최강욱 내 채권자가 누군지를 모르는 거네요.

제윤경 그만큼 관리가 안 되고 있다는 얘기죠. 규모도 알 수 없고. 그게 어느 정도인지 전혀 파악이 안 되고 있어요.

정봉주 거기가 완전히 폭탄이네.

제윤경 그렇죠. 거기가 실제 폭탄이에요. 참여정부 때는 신용불량자

400만 명에 대해서 대책을 내놨던 거잖아요. 근데 지금은 2013년 금융위에서 조사를 해보니까 장기연체 상태이신 분들이 350만 명이라는 거예요. 근데 정부에선 관심이 없잖아요. 그들을 위한 대책을 아무것도 내놓고 있지 않습니다.

정봉주　원인이 뭐예요? 대부업체에서 빌린 사람들은 실질적으로 자기 채권의 소재도 잘 모르고, 기록에도 안 잡히고… 이렇게 된 원인이 뭐예요?

제윤경　정부는 제도금융권만 관리를 해요. 대부업체 관리를 안 하거든요. 그리고 은행이나 카드사들이 연체된 채권을 팔잖아요. 팔 때 어떤 기준과 규제의 틀에서 팔아야 한다는 원칙이 없습니다.

최강욱　왜 그걸 관리도 안 하고 감독도 안 할까요?

제윤경　원래 참여정부 시절에는 주로 캠코(한국자산관리공사)가 신용회복 프로그램을 운영했어요. 근데 이걸 자꾸 시장에 넘긴 게 MB 때부터였어요. 시장에서 이루어질 것을 공기업들이 하지 말라는 식의 원칙을 내세웠죠. 그래서 공적인 신용회복 프로그램은 축소됐고요. 시장에서는 이게 또 하나의 돈벌이 수단이 된 거죠.

정봉주　그렇다면, 공적으로 이런 신용불량자들을 관리해야 할 정부가 시장에 내놓음으로써 지금처럼 관리가 안 되게 된 거네요. 사각지대에 내몰린 사람들은 회생 프로그램을 만들 수도 없겠네?

최강욱　버린 거지. 정부가 버린 거예요.

정봉주　쫓아낸 거네. 어떻게든 알아서 살다가 못 살게 되면 알아서 죽든지, 이런 거 아녜요? 근데 이런 사람이 350만이나 된다고요?

제윤경　그 숫자는 금융위 추산이고요. 더 있을 수 있습니다. 대부업

대출을 받았든 카드사 대출이나 은행 대출을 받았든 연체를 하고 아주 장기간에 걸쳐서 연체 상태인 분들이 350만 명입니다.

하어영 제가 조금 보태서 말씀드리면, 말씀하신 그분들이 어떤 단계에 들어왔냐면요.

정봉주 옛날에 하 기자는 잠입취재도 하고 그랬죠?

하어영 네. 추심업체에 2주 정도 직원으로 잠입해서 취재를 했어요.

정봉주 직원으로. 그쪽에 양해를 얻고?

하어영 사실, 양해를 얻진 않았죠.

정봉주 몰래 들어갔던 건가요?

하어영 당시 위장취업을 한 거죠. 합법과 불법의 경계가 굉장히 모호하거든요. 대부업으로 합법적 등록을 해놓고, 추심은 하면 안 되는데 대체로 추심까지 해요. 제윤경 대표님이 말씀하신 단계는 합법적인 단계에서 논의되는 채권들이고요. 암튼, 채권을 1만 원 단위로 단체 구매를 해요. 제가 취재하느라 업체에 가보니까 한 벽면이 다 채권이에요.

최강욱 쓰여 있어. 벽에다 써놔요.

하어영 쓰레기 채권이에요. 자기들 말로는 쓰레기예요.

정봉주 그중 한 방만 걸려도 돈 버는 거니까….

하어영 근데 그것이 대부분 생계형 채권이에요. 그러니까 사업을 하다가 망하거나 이런 사람들이 아니라 대부분 못 갚는 사람들….

정봉주 생계형 채권이라는 것이?

하어영 생활비가 부족해서 빌린 돈이죠.

최강욱 밥 먹을 돈, 쌀 살 돈이 없어요. 50만 원, 100만 원 빌리는

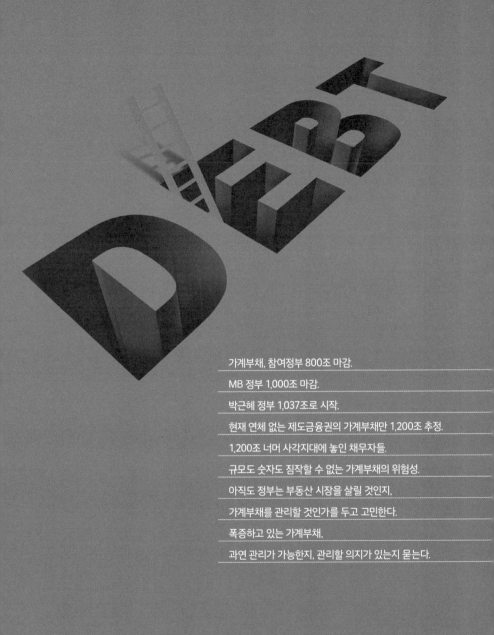

가계부채, 참여정부 800조 마감.

MB 정부 1,000조 마감.

박근혜 정부 1,037조로 시작.

현재 연체 없는 제도금융권의 가계부채만 1,200조 추정.

1,200조 너머 사각지대에 놓인 채무자들.

규모도 숫자도 짐작할 수 없는 가계부채의 위험성.

아직도 정부는 부동산 시장을 살릴 것인지,

가계부채를 관리할 것인가를 두고 고민한다.

폭증하고 있는 가계부채,

과연 관리가 가능한지, 관리할 의지가 있는지 묻는다.

거죠.

하어영 지금 알려지지 않는 것은, 오히려 가려져 있어요. 불법추심을 당하면 그걸 상담하잖아요. 대체로 금융감독원에 상담을 하는데, 2002년부터 2003년, 4년, 5년 지나면서는 그 건수가 절반 이상으로 줄어요. 2003년도에 760건까지 올라가다가 2006년도쯤 가면 290건 정도 줄어들어요.

정봉주 왜요?

하어영 당시에 추심과 관련된 규제들이 있어서요. 그러다가 2008년, 2009년 넘어가면서는 폭증하기 시작해요. 2010년 이후에는 1,000건 이상이 되고요.

정봉주 참, 만악의 근원에 쥐가 있다, 진짜.

하어영 예를 들어 동네 슈퍼마켓이면 어느 정도 잘될 것 같은데, 요즘엔 동네마다 체인 편의점이 많잖아요. 그러면서 빚이 점점 늘어난 거예요. 다양하게 돈을 빌린 가운데 악성 채권이 하나가 있었던 거예요. 그런 데는 추심하는 사람이 일수 떼는 것처럼 가서 받는 거죠.

최강욱 하루에 얼마씩 받아가요?

하어영 아무 스스럼없이 가서, 그냥 당연하다는 듯이 번 돈을 가지고 오는 거죠.

최강욱 금고에 있는 돈을 그냥 빼서 오는 거예요?

하어영 그렇죠. 보통은 그렇게 되면 법 내에 들어 있는 사람들은 정말 당황스러운데요. 이걸 신고하면 될 거 같잖아요. 전혀 그렇게 못 해요.

최강욱 내가 빚진 죄인이다, 이 생각 때문에?

하어영 네. 그리고 어떤 경우도 있었냐면요. 제가 취직한 곳이 ○○대부였는데 그 사람들도 안 되는 채권이 있어요. 그 안 되는 채권은 자기들이 또 팔아요. 그러니까 1만 원권으로 산 채권을 또 팔아. 그렇게 해서 넘겨받는 사람들은 정말 그때부터는…. 들어가면서부터 폭력을 행사하는데….

정봉주 살인나는 거네, 그건.

하어영 제가 원래는 한 달 정도 있으면서 기사를 쓰려고 하다가 더는 못 있을 것 같아서 나왔어요. 몇 가지 제가 경험한 것 중에 극단적인 사례가 있어요. 마지막에 간 추심업체에서는 몇 가지 노하우가 있었어요. 예를 들면 무조건 문을 따고 들어가서 가장 아끼는 물건으로 보이는 거 하나를 없애요. 예를 들면 애완동물 같은 거요.

최강욱 없앤다는 게 뭐예요? 죽인다는 거야, 들고나온다는 거야?

하어영 죽이는 거죠.

최강욱 죽인다고요?

하어영 네. 발로 차서. 애완동물 아니면 눈에 띄는 것 중에 가장 고가의 물건을….

정봉주 살벌하다.

하어영 너무 깜짝 놀랐어요. 왜 그렇게 하냐면 본인들이 생각하기에 상대방을 제압할 수 있는 방법으로 그게 가장 효과적이라는 거예요. 실제로 그렇게 하는 장면을 보고 나니까 이건…. 추심이 우리가 생각하는 세계하고는 완전히 다른 세계더라고요. 예를 들면 가장 큰 물건 하나를 깨요. 큰 TV가 있으면 큰 TV를 깬다든지. 그렇게 재물손괴를 시작하는데, 그 현장은 정말….

최강욱 그렇게 했지만 돈을 받을 순 없다?

하어영　생계형 채권 같은 경우에는. 그래도 본인들은 돈이 남는 거죠.

최강욱　어차피 한두 개만 걸리면 되니까.

제윤경　근데 이런 불법은 그렇게 흔하지 않아요. 지금 하 기자님이 말씀하신 경우는 흔하진 않고요. 불법적 추심을 일반화해서 받아들이는 게 오히려 채무자들을 겁먹게 만드는 일인 거 같아요.

하어영　그렇죠.

정봉주　불법은 저지르지 않으면서 공포 분위기 조성하는 게 무척 아프고 억압되니까….

제윤경　아니요, 그럴 필요도 없어요. 왜냐, 재산에 딱지 붙이면 돼요 아무도 없을 때 문 따고 들어가서요. 이게 다 합법이거든요. 딱지 붙이고 하는 게.

정봉주　빨간 딱지.

제윤경　며칠 안에 그거 들고나오면 돼요. 그러면 살림살이가 싹 없어져요. 그렇게 하면 갚겠다고 옵니다. 이처럼 채무자의 주소지만 알면 합법적 테두리 내에서도 얼마든지 야만적인 행위들이 이루어질 수 있기 때문에 굳이 자기가 형사고발을 당할 수 있는 짓까지 할 필요성을 못 느끼는 거죠, 추심하는 분들이.

최강욱　이런 한여름에 가서 에어컨에 딱지 붙이고 냉장고에 붙이고 하는 거예요.

제윤경　그리고 며칠 있다가 싹 다 가져갈 수 있고….

규모도 숫자도 짐작할 수 없는 가계부채의 현실
채권의 2차 시장 위험성 폭로

정봉주 그런데 지금 가계부채가 느는 것도 문제지만, 이렇게 갚지 못한 사람들의 숫자가 폭증하기 시작한 것도 문제 아니에요? 이게 언제부터 그렇게 된 거예요?

최강욱 정부가 관리를 안 하니까 알 수 없죠.

정봉주 어쨌든 노무현 정부 시절에는….

제윤경 400만 명의 신용불량자를 구제했고요.

정봉주 그때는 구제하려는 노력을 했고 정부가 관리하려고 했는데, MB 정권 들어와서는 시장으로 내몰면서 전혀 관리가 안 됐고. 그러면서 규모도, 숫자도 알 수 없는 상황이 되었단 거죠?

제윤경 그렇죠.

정봉주 그럼 1,200조인지 1,260조인지 하는 이 범위 안에는 지금 얘기하는 이런 극한에 내몰린 사람들의 숫자가 안 들어가 있는 거예요?

제윤경 그나마 통계치가 나와 있는 게 2008년, 2009년 이때부터예요. 부실채권을 시장에 내다 판 게 은행권만 봐도 해마다 9조 원가량이거든요. 그런데 이걸 안 팔았다면 연체율이 높아졌겠죠. 그렇게 되면 지금 금융권의 연체율은 굉장히 심각한 상황일 거예요. 근데 연체 시작되니까 상각처리해서 팔아버리고 연말에 연체율을 1퍼센트 미만으로 낮춰버린 거예요.

정봉주 통계를 조정하려고 팔아버린 거군요.

제윤경 그런 식으로 0.5퍼센트 수준을 늘 유지하니까 정부가 얘기하기에도 좋죠. 그래서 '연체율 낮지 않냐. 지금 가계부채 아무 이상 없다. 이상 징후 전혀 없다' 이런 얘길 자꾸 하는 거예요.

정봉주 아무도 없는 사각지대에선 지금 수십, 수백 퍼센트의 이자가 붙고, 추심업체들이 그렇게 날뛰고 있어도 통계상으로는 하나도 안 잡히니까⋯.

최강욱 꿩이 대가리만 박아놓고 나 숨었다고 생각하는 거랑 똑같은 거네요.

정봉주 지금 가계부채 상황이 심각하지 않다고 하는 통계가 이래서 나오는 거군요.

제윤경 엄청나게 마사지를 한 통계수치라는 거죠.

최강욱 그럼 빚에 내몰린 분들은 정말로 어디 하소연할 데도 없고, 죽으라는 것뿐이네.

제윤경 민원이 많이 접수되기 시작한 게 이런 거예요. 10년 전에 장사를 하다가 망해서 카드빚이 있었는데, 카드빚을 못 갚고 연체 상태였던 거죠. 10년 동안 추심이 없었다가 어느 날 갑자기 대부업체에서 찾아와요. 이렇게 민원이 접수되기 시작하는 거예요.

정봉주 언제부터요?

제윤경 2008년부터 조금씩 늘어나더라고요. 이분들은 파산면책도 어려워요. 사실 배드뱅크 프로그램은 거의 무력화됐고요. 그리고 채권이 대부업체들에서 끊임없이 회전되니까 추심을 다시 적극적으로 재개하고⋯.

정봉주 노무현 정부 시절에 정부가 관리하니까 음지로 숨어버렸던 거네. 그리고 실질적으로 그때는 회생할 길도 있었던 거고. 그때 회생절차를 미처 밟지 못한 사람들은 2008년이 되면서 다시….

제윤경 대부업체로부터 추심당한 거죠.

정봉주 이게 악성 불량자가 된 거지. 그러면서 그 채권들이 대부업체로 넘어갔고. 그러면 그분들이 2008년도에 걸려서 지금도 해결을 못 하고 있을 거 아녜요.

최강욱 제 대표님한테 상담하러 오는 분들이 가장 많이 호소하는 게 대개 어떤 경우예요?

정봉주 완전히 손을 놔버린 사람들의 숫자가 상상을 초월할 정도로 존재하겠네.

제윤경 그래서 2014년에 대부업체들을 쫓아다니면서 부실채권을 조금 받아냈습니다. 50억 원가량을 일단 받아냈고, 최근에 저희가 대부업체로부터 100억 원대의 채권을 기부받아요. 대부업체에 너무 오래된 채권은 양심적으로 그만 추심을 하고, 다른 데 넘기지 말고 내놓으라고 설득해서 받았는데요.

정봉주 이런 일을 해야겠네. 국민운동으로 저런 걸 좀 할 필요가 있겠어요.

제윤경 그 채무자들이 800여 명이거든요. 저희가 그분들한테 다 보냈어요.

정봉주 다 살려준 거네.

제윤경 '당신의 빚이 소각됐다'라고 했는데 고맙다고 전화 온 게 10통이 안 됩니다.

최강욱 그거 말고도 또 빚이 많다는 거죠?

제윤경 아니요.

정봉주 연락이 안 되는 거예요?

제윤경 주소가 불분명한 거예요.

정봉주 어디 가 있는지도 모르는 건가요?

제윤경 정상적인 사회생활을 전혀 못 하고 계신 거죠. 그러니까 본인 빚이 다는 아니더라도 일부라도 소각됐고 탕감됐다는 사실도 모르고 계신 거죠.

정봉주 이 350만 말고 지금 얘기했던 오늘의 대상자들은 전혀 파악이 안 된다는 거 아녜요. 추정도 안 돼요?

제윤경 네. 그리고 제도를 만들려면 공감대가 높아야 하잖아요. 일반 국민들은 1,200조 원 외에 다른 채권의 2차 시장이 존재한다는 걸 몰라요. 사실 저희가 '빚 탕감 운동'을 하는 게 그분들 구제하려고 하는 게 아니라 이 시장을 폭로하기 위해서 하는 겁니다. 채권의 2차 시장이 있고 여기서 땡처리되고 있다는 것을.

정봉주 채권의 2차 시장.

제윤경 그렇죠. '우리는 지금 눈에 보이는 시장만 바라보고 있다, 1,200조가 문제가 아니다'라는 걸 얘기하고 싶은 거예요.

정봉주 그럼 2차 채권 시장의 규모가 얼만지….

제윤경 전혀 모른다는 거죠. 그리고 대부업체는 현재 지자체의 관리 감독 대상이에요. 금감원의 관리감독 대상이 아니에요.

정봉주 그럼 통계가 안 잡히네.

제윤경 '우리가 관리할 필요가 없는데 왜 해?' 이렇게 되는 거죠.

정봉주 정부가 손 놓은 사각지대가 완벽하게 존재하고 있는 거네.

제윤경 예를 들어 대부업체 관리감독을 서울시나 경기도 같은 지자체에서 해야 하는데요. 그래도 지금 박원순 시장 들어서서 서울시도 추정을 하려고 하고 실태조사를 많이 하고 있습니다. 그 이전에는 아예 이마저도 광역에서 기초로 다 넘겨버렸어요. 그래서 구청으로 다 넘어갔는데 구청의 관리감독 공무원이 딱 한 명입니다. 그러니까 현장감독이라는 건 꿈도 못 꾸는 거죠.

하어영 실제로 폐업을 해도 별 의미가 없어요.

제윤경 네. 다른 동네 가서 또 영업하면 되니까.

최강욱 그러니까 이게 팟캐스트에서도 안 다루는 문제예요. 다룬다고 해도 꺼버리고….

정봉주 그렇죠.

최강욱 그 심각성을 알리기 위해서 이렇게 고생하시는 분들도 있는데….

제윤경 잘못하면 이 정부 내에 금융위기로 갈 가능성이 있죠.

최강욱 터지겠네.

제윤경 지금 한국은행이 위기의식 굉장히 높잖아요. 금리 낮췄는데 가계부채가 폭증을 해버리니까. 월 증가폭이….

정봉주 금리 낮추면 가계부채는 당연히 폭증하죠.

제윤경 그래도 그 정도로 폭증할 줄은 몰랐나 봐요. 폭증하고 나니까 갑자기 한국은행에서 다급해져서 이런저런 보고서를 막 쏟아내면서 '가계부채 너무 심각하다, 이거 규제해야 한다' 하고 있어요.

정봉주 냉탕으로 확 넘어갔죠.

제윤경 'LTV, DTI 푼 너희 때문이다.' 이렇게 지금 금융위하고 한국은행이 서로 책임 전가를 하고 있어요. 기재부에서 발표한 건진 잘 모르겠는데, 얼마 전에 또 가계부채 대책이라고 내놨잖아요. 원금하고 같이 갚고 어쩌고저쩌고…. 제도는 하나도 손보지 않고 현장에서 지도하겠다, 이렇게 얘기하면서. 그 모든 게 면피용입니다.

정봉주 책임 안 지려고….

제윤경 그 얘기는 본인들도 안다는 거죠.

최강욱 근데 이 와중에 관리도 못 하면서 부채가 늘어날 여지를 차단하는 일도 안 하잖아요. 지금도 보면 대부업체들은 신나게 광고하거든. 직장 초년생들하고 주부들, 여성분들을 상대로 집중적인 타깃 광고를 하고 있잖아요. 이게 참 슬픈 일이에요. 이제 사회생활 시작해서 직장 얻었는데 이 사람들한테 빚내라고 하는 게 무슨 경우냐고요. 그 사람들한테 원래 빚이 있으니까 그러는 거예요, 이걸로 갚아라.

1만 원 갚기, 1퍼센트 갚기 운동의 의미
사각지대에 놓인 채무자들 구제 필요

정봉주 결국 지금 현재 1,200조는 어쨌든 제도권 안에 있는 거고 이 제도권에서 내몰린 게 어느 정도인지 파악도 안 된다….

제윤경 그렇죠.

최강욱 이자제한법이 나와도 지금 대부업체에다가 예외규정을 둬서 더 받을 수 있게 해주잖아요.

제윤경 이자제한법은 2004년에 부활했는데요. 대부업체만 예외가 아니고, 금융사 전체가 예외입니다.

최강욱 전체가 예외예요?

제윤경 네. 그래서 현재 이자제한법은 25퍼센트예요. 그래서 개인 간에는 월 3부 받으면 불법이에요. 근데 금융 회사는….

정봉주 금융기관도 예외라고요?

제윤경 다 예외입니다. 다 대부업법 적용이 됩니다.

최강욱 이런 황당한 경우가….

제윤경 어떻게 보면 금융 회사랑 대부업체 우대정책인 거죠.

최강욱 거기 배 불려주기 위해서 하는 거네요.

제윤경 사인(私人) 간에는 돈거래 하지 말고 돈 빌릴 일이 있으면 대부업체 가라, 이 얘기죠.

최강욱 프로 추심업자들한테 시달리다가 죽으라고 하는 것과 같네요.

제윤경 얼마 전에 대부업 광고는 규제가 통과됐습니다. 저희가 2013년에도 광고 반대 운동을 했거든요. 근데 계속 공전하다가 국회에서 최종 통과돼서 아마 내년쯤에는 TV에서 광고를 못 보실 거예요.

정봉주 그런데 여기에 대상이 되고 있는, 미끼가 되고 있는, 먹잇감이 되고 있는 그룹이?

최강욱 여성분들하고 직장 초년생, 사회 초년생들.

제윤경 그렇죠. 최근 광고 동향을 보면 아주 유명세를 떨치고 있는, 전체 대부업체 시장점유율의 절반 가까이 차지하고 있는 업체가 러시앤캐시 같은 데거든요. 일본계 대부업체죠. 일본계 대부업체가 광고 콘셉트를 사회 초년생을 상대로 잡았어요. 그래서 데이트족이 나오죠. 데이트하다가 남자가 '나 오늘 대부업체에서 돈 빌렸다' 자랑을 하죠. 여자가 '비싸지 않아?'라고 물으니까, 남자가 '뭐 가끔 택시도 탈 수 있지' 이렇게 얘기합니다. 고금리 대부업 대출을 택시에 비유하는 거죠. 빚에 대한 경계심을 완벽하게 무장해제시키는 겁니다.

정봉주 근데 직장 초년생들이 이미 학자금 융자나 이런 등등으로 해서…

최강욱 빚을 안고 시작하죠.

정봉주 보통 졸업을 할 때 상당수가 2,000~3,000만 원대더라고요.

최강욱 네. 그렇다고 하죠.

정봉주 이미 그 빚을 가지고 시작하는데 애들더러 또 빚을 내서 쓰라는 거네요.

제윤경 그렇죠.

최강욱 돈을 빌리는 분들 중에 실제로 쌀독에 쌀이 떨어져서 애들 굶기지 않으려고 100만 원 빌리는 경우는 눈물겨운 얘기잖아요. 그런데 은행이나 이런 데서 독촉장이 날아오고 이러면 겁이 나서….

정봉주 이자 때문에, 이자 갚으려고….

최강욱 그걸 빌려서 일단 막는 분들이 또 있잖아요. 점점 악화되는 거 아녜요.

제윤경 저희가 대부업 대출 실태조사를 한 번 한 적이 있어요. 1,000명 정도를 조사했는데 그때 조사할 때 대부업 대출을 가지고 있는 사람의 30퍼센트가량은 기존 빚을 갚기 위해서 빚을 내고 있더라고요.

정봉주 기존 빚을 갚는 것도 아니고 기존 빚의 이자를 내기 위해서, 연체이자 내기 위해서.

제윤경 그렇죠. 저희한테도 절박한 심정으로 전화하시는 분들이 많아요. 그러니까 저금리, 10퍼센트 전후로 300만 원만 자기가 빌릴 수 있으면 모든 문제가 해결될 텐데, 하고. 그런데 절대 해결 안 되거든요.

저희는 얼마 전에 대부업 등록을 했습니다. 아예 채권 시장에 들어가서 저희가 사려고요. 사서 '만 원 갚기 운동'을 하려고 합니다.

정봉주 좋은 일 하시네요.

제윤경 0.6퍼센트에서 1퍼센트짜리 채권이 되게 많더라고요.

정봉주 그건 악성 중의 악성 중의 악성인 거죠.

최강욱 끝까지 간 거.

제윤경 5년, 10년 가까이 된 거. 이런 것들이 0.6~1퍼센트거든요. 저희가 사실은 직접적인 채무자 구제 프로그램이라기보다는 메시지를 던지기 위해서 이런 걸 하는데요. 1만 원 갚기 운동, 1퍼센트 갚기 운동, 2퍼센트 갚기 운동 이런 걸…

정봉주 실질적으로 진짜 도움이 되는 일이네요.

하어영 현장에서 봤을 땐 진짜 한 줄기 빛이죠.

제윤경 그걸 국민들도 알아야 해요. 이건 도덕적 해이가 아니다. 은행이 포기한 거 아니냐. 은행이 포기했는데 왜 갚아야 하냐. 왜 은행이 포기한 걸 대부업체에 갚아야 하냐. 이걸 자꾸 폭로해서 은행이 부실채권을 함부로 털지 못하게 하는 제도도 만들고, 그런 채무자들을 구제해야 한다는 국민적 공감대도 만들기 위해서 하는 거죠.

최강욱 그러니까 빚진 사람들 빚 갚지 못하게 하는 운동을 하는 게 목적이 아니라, 그렇게 해야 우리 경제적인 여건이나 사회가 건강해진다는 거잖아요.

정봉주 그렇죠. 그분들이 다시 경제활동을 할 수 있게 도와줘야지 경제성장 동력이 살아나고 노동력이 살아나는 거 아녜요. 제 대표님이 하는 '희망살림' 같은 운동이 사실 생활정치네요. 이른바 진보진영에선 총론만 강하고, 막상 각론에 들어가서는 별로 도움은 안 되고 구호적 정치 활동에 그치곤 하죠. 물론 이런 것도 의미가 있습니다. 하지만 아주 구체적으로 사람들 살림살이에 도움을 주는 게 생활정치 아닐까요? 이제 뜻있는 사람들이 점점 '이런 운동이 중요하구나, 의미 있구나' 하고서 모이면 되는 건데, 제도적인 대책이 있어야죠.

제윤경 사실 제도에 대해서는 너무 많은 얘기가 필요한데요.

정봉주 몰라서 안 하는 게 아니라 알면서도 안 한다?

제윤경 우선 금융 회사는 이자율 규제 자체가 대부업법이 아니라 이자제한법 적용을 받도록 해야 하고요. 추심제도도 굉장히 황당하거든요. 예를 들어 '반복적으로 전화하지 마라'라는 게 있는데, 그 '반복적'의 기준이 뭐냐는 거죠.

정봉주 예를 들어 '한 달에 한 번 이상 전화하지 마라' 이렇게 규정을 하든지….

제윤경 그렇게 되어 있지 않은 거예요. 그러니까 '나 반복적이지 않아요' 이렇게 얘기하면 끝이에요. 금감원이 그때그때 자기 기분 내키는 대로, 열 번도 '반복적인 게 아니다' 그러면 또 그것도 합법이고. 사실 미국이나 일본 같은 경우에는 아예 전화, 방문을 못 하게 돼 있거든요.

정봉주 추심업체가요?

제윤경 네. 서류만 통보할 수 있게 돼 있어요. 압류도 보호해야죠. 그냥 아무 데나 가서 딱지 붙이고 그러는데, 그 가난한 살림살이에 잔인하게 딱지 붙이는 게 말이 되느냐는 거죠. 하여튼 너무 안타까워요. 바꿔야 할 게 정말 산더미 같습니다. 해결해야 할 과제들이 산적해 있죠. 근데 저는 당장 발등에 떨어진 불이 이거라고 봐요. 노동 시장에 복귀 못 하는 분들, 쫓겨 다니는 분들을 어떻게 구제할 것인가. 최소한 이렇게 야만적이어선 안 된다고 봐요.

정봉주 가장 밑바닥에 있는….

제윤경 그래서 저희가 2014년부터 '롤링 주빌리(Rolling Jubilee)'라고 해서 빚 탕감 운동을 시작했어요. 그런데 이게 더 확산되면 정부도 어쨌든 창피한 얘기잖아요. 빚을 그렇게 할인해서 땡처리한다는 게. 이거야말로 노예제도나 다름없는 것이기 때문에….

정봉주 채무노예라고 표현하셨죠? 그게 정말 설득력이 있더라고요.

제윤경 어느 추심원이 자기 블로그 제목을 '추노의 채권추심 이야기'라고 달았어요. 어쩜 이렇게 잔인한 얘기를 귀엽게 하실까 하는 생각을 잠깐 했는데요. 사회적 도덕의식이 굉장히 떨어지고 있는 것 같아요.

정봉주 추심업 관리, 대부업 관리는 지방자치단체로 다 넘어간 거예요?

제윤경 그렇지 않고요. 추심 회사들은 금감원에서 계속 관리하고, 대부업체는 지방 정부가 관리하고 있어요.

하어영 지난 2011, 2012년 기준으로 합법적으로 등록된 대부업체만 대략 1만 5,000개거든요. 사람들이 그런 걸 못 느낄 수밖에 없는 게, 대부업체가 너무 많아요.

정봉주 그리고 대부업 하는 사람들하고 추심업 하는 사람들은 어쨌든 자기들 딴에는 현재 블루오션 개척하고 있는 것이고, 돈 잘 벌고 있는 거죠.

하어영 그럼요.

정봉주 사람들은 죽어가는데 이 사람들은 호황을 누리는 거 아녜요.

제윤경 돈을 빌려주는 대부업체가 있고요. 채권을 사서 추심만 하는 대부업체가 있는데 두 업체는 엄연히 다릅니다.

최강욱 이름만 대부업체네.

제윤경 추심 전문 대부업체는 서울에 100여 군데가 있거든요. 서울시에서 추심 전문 대부업체를 한 번 다 모은 적이 있는데, 30군데 사장님들이 오셨어요. 제가 거기서 설명회를 했죠. 채권을 기부해달라고요. 그리고 너무 쥐어짜지 말아달라고요. 어차피 당신들도 싸게 사지 않았느냐고 했죠. 100명한테 강압적으로 해서 한 명한테 받느니 100명한테 깎아주겠다고 선전해서 50명한테 받아라, 그랬죠. 물론 그분들은 '뭐 저런 이상한 소리를 하나' 하셨겠지만, 관리감독기관인 서울시가 옆에 있고 제가 설명회를 했기 때문에 일단 듣는 척은 했죠. 거기서 채권이 조금 나오고 있습니다.

정봉주 회수가 되는 건가요?

제윤경 네, 기부가 되고 있습니다.

정봉주 이렇게 사각지대가 있다는 건 또 미처 몰랐네. 국회에서도 지금 지방자치단체하고 거버넌스하고 계시는데, 어쨌든 국회에서 법을 정비하는 등의 노력도 같이 좀 해야 하지 않을까요?

제윤경 많이 제안했는데, 오히려 새정치민주연합의 일부 의원님들이 도덕적 해이를 얘기하니까….

최강욱 그렇다니까요. 그렇게 나오니 이분들이 따로 목소리를 내실 수 있는 창구가 없잖아요. 우리 사회에서 완전히 소외돼 있고. 범죄자도 아닌데 죄지은 사람이 되어서 지금….

정봉주 서울시, 성남시, 경기도 외의 지방자치단체장들에게 메시지를 전하는 것도 의미가 있겠네요. 이 대부업 관리하고 채권 소각하는 롤링 주빌리 운동 등등에 지방자치단체가 함께 참여하라고요.

제윤경 제가 기초단체장협의회에 가서 제안을 했어요.

정봉주 근데 다 예산 부족하다 그러죠?

제윤경 아니요. 근데 제안할 때마다 약간 영혼이 없다는 느낌을 받긴 해요. 그래도 성과도 있어요. 한번은 어떤 여성분이 저한테 연락을 하셨는데 15년 전 남편이 자기 명의로 일으킨 200만 원의 채권이 1,600만 원이 돼서 돌아온 거예요. 남편한테 폭력에 시달리다가 겨우 독립해서 이제 막 새 출발을 하려고 취직했는데, 통장 만들자마자 압류를 당한 거예요. '1,600만 원 갚아라' 이러는데 자기는 어떻게 해야 하냐고 물어온 거예요. 일단 그분을 안심시키고 그 대부업체 주소와 이름을 받았어요. 서울시 관리감독 하는 분하고 같이 전화통화 두 통에 그 빚을 100만 원에 협의를 해줬어요.

정봉주 그럼 안 갚아도 되는 거예요?

제윤경 받지 말라고 우리가 압력을 넣긴 좀 어렵고, 깎아줘라 이렇게 부탁을 하는 거죠.

정봉주 200만 원짜리 채권 너희는 1~2만 원에 산 거 아니냐?

제윤경 그렇죠. 저는 2,000원 주고 사시지 않았냐고 그랬어요.

하어영 그렇죠, 보통 그렇게 사죠.

제윤경 그러니 100만 원만 받아도…. 실제로 관리감독 역할을 제대로 하면 아주 광범위하게 해줄 수 있어요. 이건 강압도 아니고….

정봉주 그렇다고 지방자치 예산이 들어가는 것도 아니고.

제윤경 네. 전국의 기초단체장들이 가지고 있는 힘이 있어요. 거기 공무원의 한마디가 자살을 생각하는 사람을 살릴 수 있어요. 이 말씀을 꼭 드리고 싶어요.

정봉주 그리고 현재 이 대부업 관리에 배치되어 있는 한 명의 공무원을 두세 명으로만 늘려도 자살에 이르는 사람을 한 달에 3~40명은 구제할 수 있다.

제윤경 금감원 퇴직자를 계약직 공무원으로 배치하는 방법도 있습니다. 돈도 별로 안 들어요. 그분들을 채용해서 일자리도 늘리고요. 이분들이 되게 잘하거든요. 금감원 있을 땐 모르겠는데 지금 퇴직하셔서는 잘하실 수 있죠. 감독의 눈으로 보니까. 그게 뭐 큰 예산이 드는 것도 아니고 일자리 늘리고 그분들을 배치하면, 전문 검사역이 있으면 대부업체의 불법성을 뿌리 뽑을 수 있다는 겁니다.

정봉주 가계부채 1,200조도 심각한 문제지만, 더 큰 문제가 있습니다. 여기에 잡히지 않는 사람들입니다. 이분들은 가계부채에 시달리면서 도망 다니고, 노동 시장에서 퇴출돼 이 사회에서 쫓겨나 있는 상태입니다. 국가가 포기했지만, 그래도 개념 있는 지방자치단체장들이 이분들의 삶을 구제할 길이 있다는 제윤경 대표의 말씀이었습니다.

—

4

우리는
왜 아직 세월호를
떠나보낼 수 없는가?

- 어느 것 하나도 밝혀지지 않은
세월호 진상규명 과제

정성욱 위원장
박주민 변호사

아직
끝나지 않았다

_ 박주민

어떤 이들은 세월호 참사에 대한 진상규명이 거의 완료되었다고 한다. 심지어 특별조사위 위원들 중에서도 그렇게 말씀하신 분이 있다고 들었다. 이렇게 생각하는 대표적인 이유는 검찰이 이미 수사결과를 발표했고, 감사원 역시 감사결과를 내놓았기 때문이다. 사건이 발생하였을 때 그 진상을 밝히는 것을 역할로 하는 대표적인 국가기관들이 세월호 참사에 대한 진상규명 작업을 마쳤기에 더 이상의 진상규명은 있기 어렵다는 것이다. 그러나 검찰의 수사결과나 감사원의 감사결과를 놓고 보더라도 세월호 참사에 대한 진상이 모두 규명되었다고 보기는 어렵다.

미비한 검찰 수사결과

먼저 검찰 수사결과의 미비점에 대해 이야기해보겠다. 검찰은 세월호의 침몰 원인을 "무리한 톤수 증가와 과적으로 인해 복원성이 악화된 상태에서 조타수의 조타 미숙으로 대각도 변침(항로변경)을 시도하였고, 이로 인해 횡경사가 발생하여 묶이지 않은 화물이 좌측으로 쏠려 복원성을 잃은 것"

110

이라고 발표했다. 어찌 보면 합리적인 시나리오인 것 같다.

그러나 대각도 변침을 하기 전 세월호가 어떻게 운항하고 있었는지를 알 수 있는 AIS(선박자동식별장치) 항적기록이 해수부는 35초간, 해경(진도 VTS)은 29초간 누락되어 있고, 심지어는 해경이 가지고 있는 AIS 항적기록이 두 가지 버전이었다. 따라서 정확히 대각도 변침이 일어난 것인지, 그것은 조타수의 실수에 의한 것인지 아니면 고의에 의한 것인지 모두 불분명하다.

또 복원성 약화에 관해서도 불분명한 부분이 많다. 복원성을 산정하기 위해 필수적으로 고려해야 하는 평형수 양의 경우 검찰이 참사 이후 현재까지 총 세 번 발표하였는데, 가장 적었을 때와 가장 많았을 때가 무려 120톤 이상 차이가 난다는 것이다. 또한 복원성을 측정하는 데 필요한 청수(맑은 물), 연료, 식료품의 무게도 추정치에 불과하고, 무엇보다도 과적되었다는 화물의 무게 역시 어림잡은 추산치에 불과하다. 따라서 복원성이 얼마나 약화되어 있었는지에 대해서도 검찰은 추측만 하고 있는 상태다.

또한 검찰은 세월호 참사 이후 승객구조 과정에서 보여주었던 국가의 무능에 대한 모든 책임을 현장에 출동했던 123정 정장에게만 지웠다. 참사 초기 턱없이 부족한 인원과 장비를 투입하고, 미군의 협조도 거부하고, 소방본부와 해군의 투입을 막은 것은 현장 책임자인 123정장이 아니었다. 그럼에도 지휘라인에 있었던 누구도 문제 삼지 않고 오직 123정장에게만 책임을 물었다. 이는 감사원의 감사결과와도 매우 다른 것이다. 감사원의 경우 목포해양경찰서장은 현장 지휘 태만으로 해임, 서해지방경찰청장은 사전구호조치 소홀 등으로 강등을 권고하는 등 그 책임이 크다고 판단한 바 있다.

국정원 지적사항에 대해서도, 검찰은 100여 가지의 지적사항 중 네 가지만 지적했다는 국정원의 주장을 그대로 받아들였다. 그러나 국가보호장비로 지정된 1,000톤 이상의 여객선 중 세월호만 유일하게 국정원에 대한 직접 보고의무를 가지고 있다는 점과 정홍원 국무총리가 국회에서 세월호 선원으로부터 국정원이 직접 참사에 대한 보고를 받았다고 보고한 점에 대해서는 아무런 조사도 없었다. 국정원 지적사항에 대한 의문은 여전히 남아 있는 것이다.

유병언의 정·관계 로비 의혹 역시 말끔히 해소되지 않았다. 유병언이 골프채로 로비를 했다는 의혹만을 조사하여 그러한 의혹이 사실이 아니라는 이유로 곧바로 정·관계 로비가 없었다고 판단한 것이다. 골프채를 이용하지 않은 다른 로비가 있을 수 있다는 의심을 잠재우기에는 턱없이 부족한 해명이다.

세월호 선내 CCTV 영상 저장장치가 세월호 침몰 당시 갑자기 꺼진 것에 대해 가족들은 로그데이터 분석을 통해 정상적으로 종료된 것도 아니고 정전에 의한 것도 아니라는 것을 알아냈다. 그렇다면 코드가 뽑혔다는 이야기이므로 가족들은 바로 이 지점, 즉 코드가 자연적으로 뽑힌 것인지 혹은 인위적으로 뽑힌 것인지를 밝혀달라고 요구하였다. 그런데 검찰은 실제 시간과 CCTV 영상에 표시된 시간이 약 18분 차이가 난다는, 이미 가족들이 다 알고 있는 사실만을 밝히면서 이 모든 의혹과 궁금증이 해소되었다고 하였다.

부실한 감사원의 감사결과

감사원의 감사결과에 대해서 이야기하겠다. 감사원은 감사결과를 발표하면서 국방부에 대해 실지조사를 했다고 밝혔다. 그러나 국정감사를 통해 감사원이 국방부를 실지조사한 사실이 없다는 것이 드러났다. 국방부는 주요 감사 대상기관이었음에도 조사가 되지 않은 것이다. 그리고 감사원은 청와대에 대해 자료를 요구하였으나 전혀 자료를 받지 못하였고, A4용지 두 장 분량의 확인서만을 받았을 뿐이다. 그럼에도 이 확인서의 내용을 감사보고서에 기재하지 않고 심지어 법이 정한 시한을 지키지 않고 서둘러 파쇄하려 했다. 이런 감사원이 제대로 감사를 했다고는 보기 어렵다.

이렇게 검찰의 수사결과 발표와 감사원의 감사결과 발표에도 의혹들은 여전하다. 이와 같은 발표 이후 오히려 의혹들이 늘어가고 있다. 청해진이 세월호를 구입하는 과정에서 산업은행이 부당하게 대출을 해주었다는 의혹도 제기되었고, 사고 당시 청와대는 소위 문고리 3인방 등이 권력다툼을 하느라 정신이 없었을 것이라는 의혹도 제기되었다. 이런 의혹들을 낱낱이 해소하는 것이 우리 사회를 좀 더 안전하게 만드는 일이며 국민들의 화합에 이바지하는 일이라는 것은 너무나 자명하다.

정봉주 오늘은 여전히 미궁 속인 세월호 이야기를 하겠습니다. 세월호 4·16 가족협의회 법률대리인 박주민 변호사 자리하셨습니다. 그리고 세월호 4·16 가족협의회 인양분과위원장 정성욱 위원장도 자리했습니다. 2학년 7반 정동수의 아빠입니다. 세월호 82대 과제 중에 가장 중요한 게 뭘까요? 아무래도 진상규명이죠?

박주민 진상규명 과제도 중요하고, 인양도 중요하죠.

정봉주 오늘은 진상규명 과제, 11개 분야 33개 과제를 중심으로 이야기하겠습니다. 주로 어떤 내용이 있는지, 진상규명을 위해서 어떤 활동을 하고 있는지 들여다보고요. 그리고 인양에 따른, 가족들이 제기하고 있는 문제점에 대해서 얘기를 나눠보겠습니다.

박주민 사실은 이번에 82대 과제를 꼽으면서 진상규명 과제는 11개 분야 33개 과제였으니까 82대 과제 중 33개를 진상규명 과제가 차지했는데요. 그중에서도 '과연 구조 실패를 어느 선까지 책임져야 하느냐에 맞춰서 지금 저희가 얘기하는 건, 사실 청와대까지도 책임을 져야 하는 것 아니냐 하는 것입니다. 현재는 구조 실패 책임에 대해 당시 현장에 출동했던 123정 정장만 재판을 받고 있거든요. 그래서 그 사람에게 모든 책임을 지우는 형식이 되고 있는데 '그 위로 더 책임을 져야 할 사람들이 있는 것 아니냐. 그런데 수사나 감사, 또는 조사가 제대로 안 되고 있다' 이런 이야기입니다.

풀리지 않은 82대 진상규명 과제
구조 실패 책임자는 누구인가

박주민 대표적으로 청와대가 컨트롤타워냐 아니냐에 대해서는 당시부터도 논란이 좀 있었거든요. 예를 들어서 김기춘 전 비서실장 같은 경우에는 재난및안전관리기본법을 거론하면서 그 법에 따른 법적 책임은 —사실상 안행부 장관이 책임을 지는— 중앙재난안전대책본부가 지는 것이지 실제로 컨트롤타워로서의 역할을 청와대가 하는 건 아니다. 그래서 청와대는 도의적이며 정치적인 책임만 지면 된다고 얘기했죠. 근데 그 이후에 여러 가지 자료가 나왔어요. 예를 들어서 국가위기관리 기본지침이라고 하는 대통령 훈령 318호를 보면, 대외비 자료인데, 국가재난 대응 체계도에서 대통령과 국가안보실이 거기에 명백히 거명이 되어 있어요.

최강욱 아, 아직도 그게 있구나, 그대로.

박주민 그 무렵에는 이게 있었던 것이죠. 그리고 해양수산부가 당시 가지고 있었던 재난유형별 위기대응 매뉴얼, 특히 그중에 선박 사고의 매뉴얼에도 보면 역시 대통령과 국가안보실이 표시되어 있습니다. 그리고 김기춘 전 비서실장이 거론했던 재난및안전관리기본법은

2013년에 한 번 개정을 하는데요. 개정 때 제출됐던 심사 자료를 보니까 거기에도 위기 대응 체계도가 첨부돼 있었는데, 역시 마찬가지로 대통령과 국가안보실이 최종적인 컨트롤타워로 명기가 돼 있어요. 그래서 여러 가지 관련된 자료나 규정을 봐도 '청와대가 컨트롤타워로서의 책임을 지는 것이 맞다'라는 얘기가 계속 나오고 있습니다.

정봉주 그런데 이런 것들이 왜 대외비 자료로 돼 있죠?

최강욱 그러게 말입니다. 위기관리 시스템이라고 하는 것은 오히려 공개되어서 그게 제대로 작동할 수 있도록 국민적인 시선을 받아야 하는데….

정봉주 국민안전의 가장 기본적인 것인데 이걸 대외비로 가리는 것도 그렇고요. 이걸 마치 없는 것처럼 해서 청와대는 책임이 없다고 주장하는 것도 문제네요. 이건 재판이 진행되는 와중에 좀 뒤늦게 발견됐을 거 아녜요.

박주민 국정조사 하는 가운데 나왔던 자료로 알고 있습니다.

정봉주 받은 자료 중에서 튀어나온 거네요.

박주민 그리고 실제로도 보면 그날, 그러니까 참사 당일에 민경욱 대변인이 '국가안보실장이 지금 모든 정보를 파악하고 있고 대통령께 보고하고 있고, 조치를 하고 있다'라는 취지로 브리핑을 합니다. 그건 국가안보실장이 사실상 최종적인 컨트롤타워라는 것을 스스로 인정한 거죠. 그리고 실제로도 그날 해양경찰청 상황실에 핫라인 녹취록을 보면 BH, 즉 청와대가 지시도 합니다. 컨트롤타워가 아니라면 지시를 할 필요가 없는데, 여러 가지 지시를 해요. 그래서 방금 말씀드렸던 관련된 자료나 지침, 규정뿐만 아니라 실제로 청와대가 움직였던 모습들을 보면 컨트롤타워가 아니라고 하기에는 말이 안 되는 부분들이 굉장히 많다는 것이죠.

정봉주 엄밀히 따지면 4월 16일에 사고가 나고 4월 17일 현장에 대통령이 나타나잖아요. 이건 대통령이 책임을 지는 구조 속에서 나온 거죠. 안 그러면 그때도 청와대에 앉아서 '이건 우리 책임 아니니까요, 그냥 행정자치부에서 하든 해경에서 하든 해야 할 일이에요'라고 했겠죠.

박주민 그렇죠. 하여튼 드러나는 여러 가지 모습에서 실질적으로 법적인 책임을 져야 한다는 것이 드러난다는 얘기였습니다.

정봉주 그때 세월호 사고 나서 국민들, 가족들이 주장했던 게 '대통령이 책임져야 한다'는 거였죠. 그리고 국가의 기본적인 조직 자체가 여긴데….

박주민 결국 행정적인 책임은 대통령이 지는 게 맞죠. 그리고 어떤 난맥이 있으면 대통령이 그런 걸 뚫어줘야 하는 것이고요. 근데 사실은 그런 역할을 제대로 못한 것 아니냐는 얘기죠. 아시다시피 김기춘 전 비서실장의 발언으로 최초로 알려지게 된 거지만, 6시간 45분 동안 회의도 없었고 대면보고도 없었던 게 사실이고요. 그래서 전반적으로 청와대가 자신의 역할을 제대로 못한 것이죠. 이게 실질적으로 자료로 확인되지는 않았죠.

최강욱 주장만 있을 뿐이고….

박주민 아시다시피 검찰은 수사를 아예 안 한 거고요. 감사원은 감사를 했지만 A4용지 두 장 분량의 확인서만을 받았을 뿐이기 때문에 수십 차례 진짜 보고가 있었는지가 아직 자료로 확인되지 않고 있어요.

정봉주 문서로 보고를 했으면 '우리 이렇게 보고했다'라고 하면 되잖아요.

박주민 그러면 컨트롤타워로서의 책임을 져야 하는데 공백이 있었고, 여러 가지 제대로 된 역할을 하지 못했다고 얘기할 수 있는데 말이죠. 좀 더 재밌는 사실이 하나 있어요. 뭐냐면, 이번(2015년 7월 13일)에 123정장에 대한 항소심판결에서 123정장의 형량을 낮춰줍니다, 항소심 재판부가.

최강욱 분명히 그랬죠.

박주민 현장 지휘 책임관으로서 현장에 도착해서 구조에 전력을 다해야 하는데 해경 상황실 쪽에서, 즉 지휘라인에서 휴대폰으로 전화를 걸어서 2분 20초간 통화를 합니다. 그리고 스무 차례 가깝게 보고를 계속하라고 강요를 해요. 그것에 대해 판사가 '구조를 하기 위해서 전념해야 하는 상황인데 휴대폰을 2분 20초 동안 계속 붙잡고 통화를 하도록 만들고, 그다음에 TRS무전기로 수시로 계속 보고를 하라고 그러니까 구조에 전념할 수가 없었을 것이다. 그런 상황을 봤을 때는 오히려 지휘라인 쪽에 책임을 물어야 하기 때문에 그만큼은 내가 형량을 줄여주겠다'라고 하면서 감형을 해줘요.

정봉주 감형을 해주고.

박주민 근데 BH가 그 무렵에, 아까 지시했다고 그랬지 않습니까? 해경 상황실을 통해서 지시를 하죠. 스무 차례 넘게 계속 지시를 하는데 그중에 여섯 차례 정도가 현장 동영상이나 사진을 빨리 보내라는 것입니다. 그리고 영상을 전송할 수 있는 시스템이 현장에 도착하면 다른 거 다 하지 말고, 영상부터 보내라고 합니다. 그 녹취록이 공개

됐었죠. 현장에서 구조를 해야 하는데 '영상 보내, 사진 보내'라고 여섯 번 이상 시키고, '영상 시스템이 도착하면 딴 거 하지 말고 영상부터 보내'라고 지시한 청와대가 뭐냐 이거죠. 아까, 123정장의 책임을 경감해주면서 지휘라인의 책임이 있다고 했던 판결도 있었잖아요. 거기 비추어보면….

최강욱 지시는 했는데 지휘라인은 아니다? 구조작업조차 방해한 셈인데. 그래놓고 책임이 없다 그러는 거지.

정봉주 아니, 그럼 판사가 경감해준 만큼을 누군가가 가져가야 할 거 아냐.

박주민 종합해서 말씀드리면 실질적인 매뉴얼상, 또는 규정상 청와대가 법적인 책임을 지는 것으로 보이고 실질적으로도 지시를 했습니다. 그런데 그 지시 내용이 구조할 수 있도록 하는 지시가 아니라 —123정장의 판결문에 비추어보면—오히려 구조를 방해하는 지시를 했다, 청와대도 책임을 져야 하는 것 아니냐, 이런 얘기입니다.

정봉주 법적으로 책임이 있을 뿐만 아니라 현장의 구조를 방해한 책임까지 또 져야 하네요.

최강욱 당연한 거죠. 애초에 현장에서 제대로 구조작업을 할 수 있도록 지원하고 지휘해야 할 책임도 안 지고, 그나마 해야 할 일을 하고 있는 사람한테 자꾸 중간에 전화로 딴 일을 시켜서 방해하고. 그 두 가지인 거죠.

정봉주 그러면 청와대가 책임져야 한다고 하는 건 이후에 법적 절차를 어떻게 밟아야 하는 거예요? 저런 근거가 다 나왔는데….

박주민 일단은 대통령은 형사상 소추를 받지 않을 헌법상 특권이 있어서 안 되겠지만요.

정봉주 퇴임 이후는 받잖아요.

박주민 퇴임 이후에는 받죠. 그런데 그렇다 하더라도 일단 국가안보실장을 정점으로 한 그쪽 부분이 제대로 된 역할을 했는지도 수사가 돼야 하고, 안 되면 조사라도 이루어져야 한다는 게 저희 주장입니다. 특히 저희가 일면적으로 당시 청와대 상황을 엿볼 수 있는 정황이 좀 있는데요. 아시다시피 사고 당시에 문고리 3인방 논란이 있었잖습니까. 그 무렵에 나왔던 이야기 중에 조응천 전 공직기강비서관이 4월 15일에 민정수석이 자기를 불러서 '누군가로부터 전화를 받았다, 그 사람은 네가 그만두길 바란다'라는 얘기를 하잖습니까? 물론 조응천 비서관의 증언에 불과하기 때문에 더 입증은 돼야 하겠지만. 4월 15일은 참사 하루 전날입니다. 그러니까 당시에 청와대가 여러 진영으로 나뉘어서 서로 너 죽고 나 살자….

정봉주 권력투쟁의 와중에 있었다는 얘기네요.

박주민 그 와중에 있었던 것 아니냐. 그래서 전반적으로 세월호 참사가 벌어졌다는 보고를 듣고도 제대로 보고가 안 되고 조치가 안 됐던 것 아닌가 하는 의심도 해볼 수 있죠, 그런 상황과 맞물려서 본다면. 그래서 저는 컨트롤타워로서 청와대가 제대로 역할을 했는지 그런 부분은 철저히 조사될 필요가 있다고 생각합니다.

최강욱 만약에 최소한 국가배상청구가 이루어진다면, 거기서는 규명돼야 할 문제죠.

박주민 예. 그렇죠.

최강욱 하여튼 그 사람들이 무슨 일을 했고 어떻게 관여했고, 공무원으로서 무슨 책임이 있는지 그건 밝혀져야 하는 거죠.

'검사가 그런 지시를 안 한 것으로 알고 있다'
지시는 받았지만 지시한 사람은 없다?

박주민 그리고 좀 더 말씀드릴 것은 최근에도 보면 그런 장면들이 나오지 않습니까. 국정원 임 모 씨가 자살했을 때 보면, 정청래 의원이 당시 신고했던 게 녹음된 걸 공개하면서 의혹을 제기하죠. 거기서 소방대원이 거미줄을 자꾸 치지 않습니까.

최강욱 그렇죠. 중요한 얘기 물어보면 자꾸 '거미줄 친다'고 하죠.

박주민 거미줄을 친다는 건 녹음이 되거나 증거로 남을 수 있는 대화를 휴대폰으로 전환해서 하자는 것이죠.

최강욱 그러니까 공영 무전기로 치면 기록이 다 남으니까 휴대폰으로 하자고….

정봉주 기록이 다 남죠. 녹음이 되고.

박주민 정청래 의원이 말하길, 뭐 물어보면 '거미줄 치겠습니다'라고 하고 휴대폰으로 통화를 한다는 거예요.

정봉주 그러면 해경 123장이 휴대폰으로 계속 통화를 시도한 게 거미줄을 친 거네, 그때도.

박주민 네. 사실은 현장에 도착한 시간부터 약 10분간 휴대폰으로 통화를 했거든요.

정봉주 무전으로 하는 것이 기본 규정일 거 아녜요.

박주민 네. 무전으로 해야 하는 게 기본이고, 상식적으로도 바다 한가운데서는 휴대폰이 터질지 안 터질지 불확실하죠.

최강욱 그렇지.

박주민 그런데 휴대폰으로 통화를 합니다.

최강욱 누구하고?

박주민 누군지는 저희가 사실….

최강욱 그것도 안 나왔어요?

박주민 아마 수사기관에서는 가지고 있을 것 같은데….

최강욱 그러니까요.

박주민 근데 그사이에 많은 분들이 분노하셨던 그런 장면이 벌어지죠. 고무단정을 123정에서 내려서 귀신같이 선원 다섯 명을 제일 먼저 구해내죠. 그러고 나서 123정 본선이 조타실에 접안해서 조타실에서 내려오는 선장과 선원을 구해냅니다. 123정장은 분명 출동할 때 세월호 잘 모른다 ─배가 어떻게 생겼는지─ 그랬고, 다만 여객선이고 400명 가까운 사람들이 타고 있다 정도만 듣고 갔을 뿐이라고 해요. 그런데 우연의 일치라기엔 너무 신기할 정도로 선원들만 딱딱 먼저 구해낸다는 거죠.

정봉주 그래서 저희가 추정을 한 거 아녜요. 가면서 어딘가로부터 지시를 받아서 어디에 대고 선원을 구해내라고 하는 뭔가 통화가 있었다고요. 그때 통화 기록을 공개하면 누구하고 통화했는지 나올 것 아니냐, 이런 얘기를 했잖아요.

박주민 그렇죠. 조사가 돼야죠. 또 이런 부분들도 황당한데요. 그날 밤에 아시다시피 선장은 해경 집에서 자고, 선원들은 모텔에서 같이 모여 투숙했다는 거죠. 그런 식으로 사람들을 구해내는…. 그리고 나서 국정조사 때 선장을 집에 재운 해경한테 누구 지시로 그렇게 했냐고 하니 '검사의 지시를 받았다'라고 하는데요. 나중에 황교안 법무부 장관에게 질문했을 때는 '검사가 그런 지시를 안 한 것으로 알고 있다'는 답변을 하죠.

정봉주 지시한 검사는 없다?

박주민 '검사의 지시는 그런 것이 아닌 것으로 알고 있다'라는 식으로 답변을 하죠. 전반적으로 그런 부분들이 여전히 미지의 영역으로 남아 있습니다. 그래서 이번 과제에는 그런 부분도 조사가 돼야 한다는 내용도 담겨 있습니다.

정봉주 어쨌든 사고가 난 현장에서 거미줄을 친 건 분명히 드러난 거네요.

최강욱 그렇죠.

정봉주 불법적인 작전 지시나 이런 걸 했을 가능성이 있네요.

박주민 저희는 그런 의혹이 있는 거죠. 그런 내용도 담겨 있고. 전반적으로 참사의 구조적인 원인, 참사의 직접적인 원인, 참사 이후에 인권을 침해했던 부분 등을 정리한 것입니다.

정봉주 어디 한군데에서 차분히 정리할 필요가 있었던 거네요. 그리고 어쨌든 이건 기록 싸움인데 그 이후에 나온 자료들도 조금씩 보완이 되면…. 처음에 제기했던 의혹들이 결국은 하나도 궤가 빗나간 것은 없었고…. 이 모든 의혹이 사실은, 기본적으로 가족들이 제기했던 거 아녜요. 그리고 국정원 문제는 꼭 짚고 넘어가야 하잖아요.

박주민 네. 국정원에 대한 부분도 예전에 제기했던 그 의혹이 여전합니다. 그러니까 국정원의 보고를 받았느냐 하는 부분에서 정홍원 국무총리가 '받은 것으로 알고 있다'고 얘기한 부분이라든지, 또 사고 발생 시 보고계통도에 국정원이 왜 있었는지 이런 부분이 여전히 해명이 제대로 안 되고 있어요.

정봉주 그리고 노트북에서 나온 국정원 지적사항은 도대체 누가, 어떤 경위로, 왜 만든 건지?

박주민 그것도 여전히 제대로 해명이 안 되고 있어요.

최강욱 제가 당시 수사팀에 있던 검사를 개인적으로 만나서 물어본 적이 있었거든요. '국정원은 왜 나오는가? 조사했냐?' 그랬더니 자기들이 불러다 물어봤다 그러더라고요. 그쪽에서 한 말이 '국가비상 사태에 대비해서 큰 규모의 여객선들은 혹시 군수물자로 징발할 수도 있고, 유사시에 배를 써먹어야 하기 때문에 꼭 그 배만이 아니더라도 국정원이 관리를 한다. 그런 차원에서 있었다'였다고 해요.

청와대의 책임 문제, 국정원의 역할 무엇 하나 분명히 밝혀진 게 없다

정성욱 그런데 휴대폰은 거의 다 왔는데 카메라가 유독 안 온 게 많아요, 애들 카메라가.

최강욱 아직도?

정성욱 카메라는 나온 게 별로 없어요. 아니, 분명히 카메라도 나왔을 건데 현재로썬 그 카메라들이 어디로 갔는지를 모르겠다는 거죠. 찾아야 하는데 못 찾고 있어요.

정봉주 그러니까 이런 거거든요. 휴대폰에는 사진 찍은 근거도 있고 카톡으로 대화한 근거도 있어요. 근데 카메라 같은 경우는 현장 순간 순간을 사진으로 담아놓은 거 아녜요? 그럼 이 카메라에 담아놓은 게 자기들이 이 카메라를 돌려주지 않을 만한 뭔가 근거가 있다는 게 아닐까요?

정성욱 그러니까 이런 게 있어요. 분명히 트렁크에 카메라가 있었다고 얘기하는데, 트렁크는 왔는데 유독 카메라만 없는 거예요.

하어영 근데 그 카메라가 없다는 것에 대해서 문제제기를 하면 그것에 대해서는 '모른다'라거나 답이 없는 거죠?

정성욱 그리고 중반에 가서 뻘 때문에 양수기를 돌려요.

정봉주 양수기요?

정성욱 네. 뻘을 빼내느라고. 그때 휴대폰이 많이 나왔어요. 양수기로 빨아들이니까.

최강욱 아, 빨려 나왔구나.

정성욱 당시가 휴대폰이 가장 많이 나온 시기고요. 그때는 그걸 알고 있었고 가족들이 항상 상주해 있기 때문에 휴대폰은 바로바로 올라 왔었어요. 그 외에는 휴대폰도 마찬가지로 거의 한 번씩 넘어갔다가 왔죠.

최강욱 아니, 그러니까 국정원을 조사해야죠. 이런 의혹들 조사하라 고 특위를 만들어놓은 건데 그걸 그렇게 방해하는 거 아녜요.

하어영 저희가 제시하고 있는 의혹들 곳곳에 등장하고 있으니까 국정 원은 반드시 조사가 돼야죠.

정성욱 아마 사고 초기 때부터 국정원의 감시가 들어갔을 거예요, 가족들부터. 초기에 저희가 대표단을 구성할 때부터요.

박주민 국정원 관련해서 제가 개인적으로 재미있다고 느꼈던 건요. 국정원 지적사항이라는 문건이 법원에서 증거보전 절차에서 증거조사 하면서 나왔어요. 그래서 저희가 법원에서 5시에 긴급하게 기자회견해서 알렸어요. 근데 아시다시피 그날 유대균이 검거되잖아요. 유대균이 검거된 게 그날 오후 7시였는데요. 그러면 5시에 터뜨린 저희 게 좀 보도가 되어야 하는데….

최강욱 묻혔구나.

박주민 7시에 검거가 되는데 7시 15분에 〈조선일보〉에서 유대균이 검거됐다고 1보를 때립니다. 15분 만에. 15분에 기사가 났다는 것은 그 얘기를 언제 들었다는 얘깁니까? 7시에 체포되고 7시 15분에 기사가 났다면?

최강욱 검거와 동시에 쓰기 시작한 거네.

박주민 검거와 동시에 사실을 알아야, 쓰기 시작해서 기사를 올릴 수 있다는 거잖아요. 그러면 거의 검거와 동시에 얘길 듣게 되고 바로 기사를 썼다는 거잖아요. 이런 게 좀 이상한 거죠. 그래서 그때 증거보전 해서 이를 기자회견 했던 변호사들 사이에서는 '좀 참고 그다음 주 월요일 정도에 발표했으면 유대균이 그때 검거되는 건 아니었나. 며칠이라도 좀 더 자유 생활을 만끽하게 해줬어야 하는데' 이런 농담을 할 정도였어요.

정봉주 그런데 그때, 우리가 지나서 생각해보면 이런 얘기들이 기자들 사이에서도 돌았고 세월호 주위에 있는 사람들한테도 돌았잖아

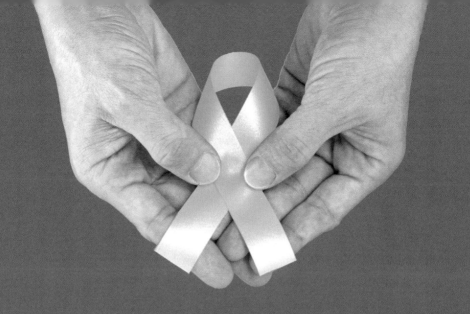

세월호 참사 앞에 국가는 없었다.

2014년 4월 16일, 참사 후 1년 반이 지난

지금 이 순간에도 국가는 없다.

책임자는 없고, 진실은 덮으려고만 한다.

세월호 안에 무슨 비밀이 있는지는

그 비밀을 감춘 사람들만이 알고 있다.

아무것도 해결되지 않은 세월호.

세월호의 진실을 밝혀낼 때까지

세월호를, 아이들을 떠나보낼 수 없다.

요. '조만간에 유대균이 검거될 것이다, 조만간에 유병언이 검거될 것이다.' 그러니까 마치 상황을 다 준비해놓고, 이쪽에서 자기들한테 불리한 증거가 나오거나 자기들이 코너에 몰릴 때 상황을 만들어가려고 한다는 암시 같은 거였죠. 그냥 우리가 추정하듯이 얘기했든지 아니면 어디서 흘러들었든지. 가족들이 현장에 있을 때 그런 얘기도 나왔잖아요. 아이들 시신을 새벽에 건져 올릴 것이다, 그다음에 윗사람들이 오면 한두 구씩 건져 올릴 것이다. 이런 등등의 얘기가 그냥 도는 헛소문인 줄 알았더니 똑같이 그렇게 실행들이 됐잖아요.

정성욱 네. 맞습니다. 똑같이 실행됐고요. 제가 거기 있으면서 애들 올라오는 걸 이상하다고 생각해서 분석을 한번 해봤어요.

정봉주 전체 상황을?

정성욱 그러니까 일주일 단위, 10일 단위 이렇게 계산을 끊어봤어요. 그랬더니 남자, 여자 구분이 똑같이 올라와요. 해군이나 해경에서는 들어가면 앞이 안 보인다고 분명히 그랬거든요.

최강욱 그랬었죠.

정성욱 그런데 어떻게 그렇게 애들 숫자를 비슷하게 꺼냈을까 하는 의혹이 아직도 남아 있습니다.

박주민 여기에도 정리가 되어 있는데요. 해경 메신저죠. 상황정보문자 시스템을 보면 이런 게 있어요. '지금 시신 3구가 추가로 인양됐다고 속보로 보도되고 있는데, 한꺼번에 보고하는 것도 중요하지만 단계별로 나눠서 중요한 것을 고려해라.'

정봉주 상황을 맞춰서 적절한 시기에 적절한 시점으로 보고하고 올려라, 이런 거로 들리네요.

박주민 네. 그런 지시도 나오고, '지금 선체 부근에서 표류하는 사체를 발견했다고 하는데 이걸 어떻게 보고할까요?' 하니까 '선내에서 찾은 것으로 보고해' 이런 취지의 문자시스템도 오갑니다. 그러니까 시신을 발견하고 수습하고 보고하는 이 전체를, 혹시나 이걸 전체적으로 누군가가 컨트롤하지 않았을까…

정봉주 그리고 그런 것은 지금 우리가 추정하고 추적하는 거에 비추어보면 국정원이라고 하는 것을 피해 가기가 좀 어려울 것이다….

최강욱 국정원 아니면 청와대죠. 그런 걸 할 수 있는 데가 어디 있어요?

박주민 근데 지금도 뚜렷하게 국정원 실소유주 논란에 대한 자료 같은 거나 이런 건 못 내놓고 있지 않습니까?

정봉주 이런 의혹들에 대해서 다른 데는 어쩌고저쩌고 해명이라도 하려고 노력을 하는데, 국정원은 그냥 입 닫아버리는 거 아녜요. 선내 CCTV 설치도 국정원이 했다는 얘기가 중간에 한 번 나왔잖아요.

박주민 청해진 선사에서 일하던 사람이 진술한 부분에 보면 약간 그런 취지로 얘기했죠. 다 설치된 CCTV에 대해서 일부 작동이 제대로 안 돼서 그걸 손보라고 지시를 한 게 아니라….

정봉주 전체를 다?

박주민 아예 설치 자체를 지시에 의해서 한 것처럼 진술한 부분이 있다, 이렇게 돼 있었죠.

정봉주 그러니까 국정원은 문제제기나 의혹이 나왔을 때 그 부분에 대해서 어떤 것 하나 해명을 안 한 거 아녜요.

박주민 그렇죠.

정봉주　전체 진상규명의 핵심에는 청와대의 책임 문제, 33가지 과제 등이 있죠. 그런데 그중에서도 국민들의 의혹과 공분을 가장 깊이 사고 있는 건 청와대 책임의 문제, 그다음에 국정원이 도대체 무슨 위치로 어떠한 역할을 하고 있었는지 하는 것이죠. 그리고 실질적으로 이 배의 소유주는 국정원이 아니냐, 하는 의혹까지도 있는데 이 부분에 대해서 해명을 해라.

박주민　여하튼 조사가 많이 이루어져야 하는 상황이다, 많은 것이 밝혀진 상황이 아니라는 거죠.

진상규명만큼 중요한 인양
업체 선정 번복, 인양의 최대 과제는?

정봉주　사실, 인양 부분에 대해서는 어찌 보면 국민들 관심이 조금 비켜나 있거든요. 그런데 가족들은 이 인양 문제에 대해서도 여전히 계속 문제제기를 하고 계셨죠. 인양이 지금 어떻게 되고 있나요?

정성욱　상하이하고 오션(씨앤)아이하고 해서 계약체결이 된 걸로 발표가 났어요.

최강욱　거기가 지난번에 양쯔 강 전복 사건인가 그때도 입찰한 거잖아요. 그 외에도 경험이 많다고 그랬는데. 중국 업체가 와서 할 정도로 우리나라에는 업체가 없나 보죠?

정성욱　우리나라에도 큰 인양업체가 몇 개 있습니다.

최강욱　해외로 되기를 바랐던 것 같아요?

정성욱 2014년 6월부터 영국 TMC라는 회사가 와서 컨설팅을 하기 시작합니다. 그러다 보니까 외국 업체 쪽으로 많이 기울었던 거죠. 국내 업체들도 큰 회사는 몇 군데 있습니다. 그래서 그 업체하고도 얘기를 해봤어요. 국내 업체로도 충분히 인양이 가능하다 그러는데 굳이 정부에서는 외국 업체를 끼워야 한다고 하니까….

제 생각에는, 한마디로 외국 업체가 끼면 면피용이 될 수가 있거든요. 큰 회사이고 유명한 회사이고 인양을 잘하는 회사인데, 만약에 하나라도 실수했을 경우에는 빠져나갈 수 있는 구멍이 생기지 않을까….

정봉주 저희가 확실한 근거가 없어서 지난번 방송할 때 얘기를 안 했는데요. 인양 컨소시엄에 참여하고 있는 한 기술팀한테 연락이 왔는데 국내 업체들은 안 들어가려고 하는 분위기라는 거예요. 그래서 그 이유가 뭐냐고 했더니, 이에 대한 책임이 너무 과중하기 때문에, 그리고 알 듯 모를 듯한 얘기를 하는 거예요. '이게 정부의 입맛에 맞게 가야 하는데 어디까지 요구하는지도 잘 모르겠고'라고요. 어쨌든 국내 업체들을 좀 부담스러워하는 건 사실 아닌가요?

정성욱 국내 업체만 해도 충분히 가능하다고 얘기를 다 했어요.

최강욱 근데 그 와중에 그것도 거짓말한 거잖아요. 다 된다는데, 이 놈들은 굉장히 어려워서 안 될 것처럼 계속 분위기 몰고 가고….

박주민 분위기를 조성했죠.

정봉주 근데 왜 그렇게 인양을 안 하려고 해요?

정성욱 그건 잘 모르겠어요. 근데 당시 11월 12일에 수색이 종료되면서 선체처리기술(검토) TF팀이라는 게 생기지 않습니까? 거기에서 당시 한마디 한 게 있어요. 중국에서는 상하이가 하는 방식이 공기부양 방식이지 않습니까? 근데 그 팀에서 저희한테 "공기부양 방식은 가장 위험한 방식이므로 저희는 생각을 안 하고 있습니다"라고 얘기해요. 근데 해수부는 정작 그 방식을 선택해요.

정봉주 공기부양 방식을?

정성욱 네. 거기서도 의문이 생기는 거죠. 왜 자기네들이 말했던 것을 번복할까?

최강욱 둘 중 하나잖아요. 그게 위험한 방식인데도 그걸 선택했다면, 일부러 위험한 걸 선택해서 건져내지 않게 하려고 하는 꼼수일 수도 있고. 만약에 위험하지 않고 그게 제대로 된 건데 그걸 위험한 거라고 얘기를 했다면, 그런 식으로 빨리 건져내지 않기를 바라니까 또 그랬을 수 있는 거고.

정성욱 그렇다고 볼 수도 있겠죠.

정봉주 그게 심증적으로는 제일 가까이 간….

정성욱 현재로써는 가장 큰 이유일 것 같습니다. 그리고 덧붙여서 유실방지 쪽을 얘기해보면요. 선체 유실을 방지하겠다고 정부에서 발표를 하지 않았습니까? 창문을 깨고 선체를 절단해서 들어가 수색을 했으니까요. 6월에 해수부에서 뭐라고 발표했냐면, '그물망하고 철봉을 이용해서 유실방지 설치를 하겠다'라고 했어요. 2014년 6월에 그런 식으로 얘기했죠. 가족들한테, 방송사에, 언론 쪽에 다 그렇게 얘기를 합니다. 정부에선 6월에 반짝 시행을 하고요.

그러고 나서 7월부터 가면 갈수록…. 비공개 문서에 그게 나와 있더라고요. 저희는 계속 그걸로 하는 줄 알았어요. 그런데 비공개 문서에 나오는 게, C-클램프라고 하는 것을 사용해서 창문을 끈으로 묶었다는 거예요. 82대 과제 할 때 제가 그 영상을 공개했는데, 보시면 아시겠지만 창문에다가 C-클램프로 해서 얼기설기 엮어놓기만 했어요. 그렇게 하면 100퍼센트 유실이 됩니다.

박주민 밀봉한다고까지 표현했던 것으로 기억하는데요.

정성욱 11월에 수색을 종료할 때도 마찬가지로 완전히 밀봉하겠다는 식으로 얘기를 합니다. 그런데 해수부는 그렇게 하지를 않았더라고요.

정성욱 당시 72시간인가 한 걸로 돼 있는데….

정봉주 뭐가 72시간이에요?

정성욱 유실방지 대책을요. 근데 유실방지 대책을 72시간 만에 다 못 하거든요. 창문이랑 다 막아야 하는데…. 그 안에 들어가서 그렇게 한다? 제 생각으로는 불가능하거든요.

박주민 그래서 가족분들이 최근에 선체 인양 전에 선체의 촬영을 하겠다고 말씀하신 거예요.

정봉주 직접 들어가서 촬영을 하겠다고 그랬잖아요.

박주민 왜냐하면 유실방지 대책이 제대로 됐는지 확인해야 하고, 인양 과정에서 선체가 훼손된다면 비교할 만한 자료가 있어야 하잖아요.

정봉주 그렇죠.

박주민 그래서 직접 촬영을 하겠다고 했는데 해수부는 특별한 이유 없이 이미 두 차례나 불허한 상태입니다.

정봉주 가족들이 최고의 전문가가 된 거예요. '배를 종단으로 촬영하는 거야, 한 1미터 간격으로. 그래서 그 자료를 가지고 있으면….' 그렇게 준비를 했던 거죠, 가족들이.

정성욱 저희가 ROV(원격조정 수중탐색장비)부터 시작해서 기존에 들어갔던 사람들, 그다음에 수중카메라만 전문적으로 하시는 분들로 해서 다 알아본 결과 한 팀을 선정했어요. 한 1억 가까이 예산을 투입해서, 어차피 그것도 진상규명 과제니까 진상규명을 하라고 저희한테 들어온 게 있기 때문에 그걸 활용해서 하려고 했죠. 그런데 해수부에서 답변이 오기를 '어차피 인양업체가 결정되면 인양업체가 들어가서 수중 촬영을 할 건데, 뭐하러 생돈을 들여가면서 그 짓을 하냐'는 식으로 얘기한 거예요.

정봉주 처음에는 안전상의 이유로 반대하지 않았었나요?

정성욱 처음에는 그랬는데 '우리가 안전 다 책임지고 들어가겠다'라고 하니까 나중에는 말을 바꾼 거죠. '어차피 인양업체 들어오면 그걸 할 건데 뭐하러 돈 들여가면서 하냐'라는 식으로요. 그래서 저희가 '그러면 우리 만나서 얘기하자'고 했어요.

최강욱 어떻게 할 건지?

정성욱 수차례 공문도 보내고 전화통화도 하고 그랬는데 결론은 '지금 인양업체 선정 과정 때문에 바빠서 못 만난다'예요.

정봉주 저는 이 촬영 문제가 무척 중요하다고 봐요. 조사위원회하고 협의를 해서, 조사위원회 동의를 얻어서 들어가 촬영할 수 있는 쪽으로 하는 게 낫지 않아요?

박주민 조사위원회에 예산을 안 줬죠.

정봉주 가족들이 '우리가 할 테니까 조사위원회에서는 우리가 하는 활동을 동의만 해줘라' 이렇게 해야 하는 거죠. 가족들 어차피 모금한 걸로 이 활동할 수 있으니까 '우리가 할 테니까 조사위 예산으로 하지 마라'라고요. 처음에 우리 예산으로 하려고 했던 거 아녜요? 그러니까 '우리가 이걸 할 테니 다만 해수부가 저렇게 동의해주지 않고 있으니까 조사위가, 특조가 해수부 설득을 하든지 해서 들어가서 촬영만 할 수 있게끔 해줘라.' 왜냐하면 지금 비교할 만한 근거가 진짜 하나도 없어요.

최강욱 해경하고 해수부가 어떻게든 방해를 하겠죠. 조사위하고 아무리 협의가 된다고 하더라도, '우리가 주무부서니까 그렇게 한다'라고 하겠죠.

정성욱 해수부 장관이 취임하면서 이런 얘기를 했습니다. '인양 문제에 있어서는 가족들과 무조건 협상을 하고 협의를 해서 인양을 결정하겠다'라고요. 분명히 공식적으로 얘기를 했는데, 그게 말뿐이었죠. 그 밑에 정책실장이 총괄하고 있는데, 저희하고 소통이 하나도 안 되고….

정봉주 가족들과 협의하는 건 기본 중의 기본 아니에요? 근데 가족들은 전혀 모르고. 아니 오히려 '우리 이거 협상하고 이렇게 설명을 해줄 테니까 가족들 나와라' 그러면, 나중에 가족들이 지겨워서 '당신들 믿을 테니까 그냥 알아서 좀 하세요' 이렇게 할 정도로 해도 시원찮을 판인데….

박주민 그러게 말입니다.

최강욱 공무원들이 속성상 그래요. 공무원들은 말입니다, 나중에 좀 지나서라도 자기한테 책임이 돌아올 일 같으면 절대 안 합니다. 왜냐하면 그 철밥통을 지키는 게 가장 중요하니까요. 그런데 지금 상황에서 가족분들을 무시하고 대놓고 거짓말하고 뒷구멍으로 딴짓하는 이유는, 위에서 개들이 저항할 수 없는 힘을 가진 사람이 시키기 때문에 그러는 거예요. 그거 말고는 이유가 없어, 그놈들은. 그러니까 '너희가 이걸 내가 시키는 대로 하면 승진을 시켜주고 공무원 생활을 앞으로 따뜻하게 할 수 있도록 해줄 것이고, 만약에 내가 시키는 대로 안 하면 너희는 죽는다. 다 좌천시키고 잘라버릴 거야' 이렇게 하기 때문에 그러는 거거든요.

정봉주 그러니까 이런 데서 추론해볼 수 있는 게 온전하게 유실되지 않고 인양됐을 때, 진상을 알게 됐을 때 자기들에게 뭔가 심각한, 위험한 결과가 올 것이라고 하는 그 누군가의 보이지 않는 손이 작용하고 있는 거다. 그렇게 의심을 계속할 수밖에 없는 거 아녜요. 아니, 그대로 인양하면 뭐가 문제가 될까?

정성욱 그 의심이 들기 시작한 게 이때예요. 선체처리기술(검토) TF팀이 생기고 반년이 지났을 때죠. 근 6개월 동안 회의하고 자료도 수집하고 했을 거 아닙니까. 그래서 저희가 회의 자료를 공개해달라고 얘기를 했어요. 어떻게 진행되는지 잠깐만 자료를 공유하자고요. 그랬더니 그쪽에서 '저희는 회의록을 작성하지 않습니다'라고 대답하더라고요.

최강욱 그걸로 처벌해야겠네. 회의록을 작성하지 않은 죄로.

정성욱 아니, 어떻게 선체처리기술 TF팀이라는 데가 — 공무원이지 않습니까, 지금 현재는 — 회의록을 작성 안 한다니….

최강욱 그러니까요. 대한민국에서 아주 도덕성이 없고 저열하고 제 자식 생각도 안 하는 놈들이 공무원 되는 게 아니에요. 또 공무원 중에서도 특히 인정머리 없고 나쁜 놈들이 해수부 공무원 하는 게 아니에요.

세월호 안에 담긴 진실을 밝혀낼 때까지
세월호를 떠나보낼 수 없다

정성욱 지금 중국 상하이가 선체 유실방지를 하겠다고 약속을 하고 들어와 있잖아요. 그런데 정부가 이런 식으로 했는데 과연 상하이라고 해서 더 특별나게 잘할까요, 외국 업체가?

최강욱 그런 건 필요할 것 같아요. 이 사람들하고 어차피 계약을 맺어야 하니까, 계약 조항 중에 '사전에 확실하게 현장 사진을 찍고 유실방지 대책에 대해서 확인을 하고, 그걸 제대로 이행하지 않으면 예를 들어 위약벌로 얼마를 매긴다' 이런 게 들어가지 않으면….

정봉주 그렇게 조건을 걸 필요가 있겠네요.

최강욱 정식 요구를 해야죠.

정성욱 저희도 그걸 요구하고 싶은데 만나주질 않으니까 더 이상 할 수 있는 방법이 없더라고요. 그리고 상하이에서도 지금 그런 식으로 모든 구멍을 막겠다라고 공식적인 얘기는 돼 있어요.

정봉주 지금까지 한 걸 보면 어디까지 믿을 만할까요?

정성욱 분명히 수중촬영을 해서 찍을 거란 말이죠. 정부에서 찍어서 저희한테 보내준 것도 있는데, 초기에 그러니까 6월이나 4월에 보내준 영상을 보면 잘돼 있어요. 계속 그 영상만 찍어서 보내주는 거예요.

최강욱 잘된 것만요?

정성욱 네. 안 돼 있는 건 아예 보여주지도 않고, 잘돼 있는 것만 찍어서 '지금 이렇게 돼 있습니다'라고 보여주죠. 그러면 가족들이 다 믿죠. 지금 인양하는 업체들도 마찬가지예요. 전체적으로 64개소라고 비공식 문서에는 나와 있거든요? 근데 그걸 다 그렇게 전반적으로 막을 수 있을까, 그것도 의문이고요. 그다음에 위에는 괜찮은데—그렇게 다 막는다 치더라도—아랫부분을 과연 어떻게 막을까….

정봉주　뻘에 박혀 있는 부분….

정성욱　네. 과연 어떻게 막을까?

하어영　그리고 어떤 손상이 어떻게 가 있는지도 지금 모르는 상태거든요.

정성욱　아무도 모르거든요. 또 거기다가 철 빔을 해서 인양한다 그러지 않습니까, 배를?

박주민　배를 살짝 들어서 철제 빔을 밑에 깔고 그 빔을 잡아서 들어 올린다는 거죠.

정봉주　철제 빔을 그렇게 잡아서 들어 올리는데, 이게 들어 올리다가 부서졌는지 아니면 자기들이 미리 들어가서 쪼갰는지….

정성욱　제가 잠깐 말씀드릴게요. 부력제를 이용해서 5도 정도를 든다고 했어요. 그러니까 뒤에는 안 들고 앞 뱃머리만 5도 정도 든다고 했거든요. 그런 다음 밀어 넣어서 작업을 한다고 했는데요. 세월호가 딱 평형으로 돼 있는 게 아니거든요. 선실 부분이 더 밑으로 돼 있어요. 근데 5도를 들어서 철 빔을 넣을 때 과연 그 선실이 무사할까, 그런 의문도 현재 들고 있습니다.

최강욱　오히려 삐그러져버리겠네, 진짜.

정성욱　한 번 잘못 건드리면 와르르 무너질 수가 있거든요. 과연 거기에 대해서 어떤 대책을 가지고 있는지, 그런 것도 의문이 들죠.

정봉주　결국은 아작내서 끄집어내겠네.

박주민 그럴 수 있겠죠.

최강욱 국내 기업 같으면 여러 가지 수단으로 압박하고 앞세워서 거짓말시키고 이런 것들도 하기가 더 쉬울 텐데, 중국 업체는 그래도 좀 어렵지 않을까요? 말도 잘 안 통할 거고.

정성욱 이번에 또 발표한 게, 오늘 기사를 보니까요. 유실방지 대책을 따로 해서 60억을 다시 책정했더라고요.

최강욱 돈을?

정성욱 네. 그러니까 업체에서 851억에 계약을 했잖습니까? 그 외에 또 60억을 따로 책정했더라고요. 그러면 뭐, 그 돈을 또 내게 되는 거죠. 그다음에 그 업체에서는 1만 톤짜리 크레인을 사용한다고 하는데, 그 크레인이 과연 그 날짜에 쓸 수 있을까, 그것도 현재로써는 의문이고요.

정봉주 가족들이 직접 들어가서 이 상황을 촬영해놓고 이후의 상황과 비교하겠다고… 이런 상황이 비극 중의 비극이죠. 이게 국가입니까, 진짜.

최강욱 정부가 없으니까 이렇게 되는 거죠.

하어영 그리고 제가 한 가지 예를 들면, 저도 천안함 때 직접 백령도 가서 취재를 했는데 당시에 최문순 의원이 직접 업체 사람들하고 같이 들어가서 그 현장에서 조사도 하고 당시 취재하는 걸 지원도 하고 그랬거든요. 저는 그런 생각은 좀 들어요. 뭐냐 하면 새정치민주연합이…

정봉주 무조건 현장에 가야죠.

하어영 무조건 현장에 가서 지금 인양하시는 이런 노력을 함께하는 것이, 그게 마음을 움직이고 마음을 통하게 하는 것인데 그걸 아무도 하고 있지 않다는 것이….

정봉주 아니, 그런 말이 있잖아요. '현장에 답이 있다'고. 국회의원들도 열심히 활동하는 사람들이 늘 얘기하는 게 '현장에 답이 있다'예요.

정성욱 세월호가 정치적으로만 이용이 안 되면 쉽게 올라오는 건데, 지금 정치적으로 많이 이용되다 보니까 쉽지가 않다고 생각하고 있습니다.

정봉주 그리고 가장 중요한 건 세월호 올라오길 원치 않는 공고한 세력이 있는 거죠.

최강욱 그렇죠. 구린 게 많으니까 일부러 이걸 정치적으로 자꾸 몰고 가는 거죠.

정봉주 세월호 안에 뭐가 있을지, 그 안에 무슨 비밀이 있을지 그 비밀을 감춘 사람들은 알고 있는 거 아닙니까? 처음에 저희가 제기했던 문제점들, 그것들이 좀 더 구체화되고 좀 더 정교화됐을 뿐 해결된 것은 하나도 없습니다. 그리고 가장 기본적인 선체 인양 문제에 대해서도 가족들이 직접 이 상황을 해결하려고 동분서주 백방으로 뛰고 있습니다. 첫 세월호 방송 할 때 저희가 말씀드렸듯이, 세월호 참사 앞에 국가는 없었습니다. 1년 반이 지난 지금 이 순간에도 국가는 없을 뿐만 아니라, 그나마 존재하는 국가는 진상을 가리려고 하는 듯한 모습으로만 보입니다. 아무것도 해결되어 있지 않은 세월호 참사, 세월호의 진실을 잊지 말아 주시기 바랍니다.

—
쌍용자동차, 무엇을 위해 2,002일을 싸웠는가?

— 2,002일의 싸움 끝, 다시 시작이다

이창근 기획실장
김태욱 변호사

쌍용차 복직싸움, 다시 시작!

_ 김태욱

2009년 1월 기업회생절차 신청을 한 쌍용자동차 주식회사는 2009년 3월 31일 무려 2,646명(전 직원의 37%, 생산직의 45.5%)을 구조조정하겠다는 계획을 법원에 제출했다. 이후 노동자들에게 희망퇴직을 강요하고, 2009년 6월 8일에는 희망퇴직을 하지 않고 남은 980명에 대한 정리해고를 실시했다. 서울고등법원은 2014년 2월 7일 위 정리해고가 무효라고 판단하였으나, 불과 9개월 후인 2014년 11월 13일 대법원은 이를 파기한다. 이러한 대법원 판결에도 쌍용차 사건은 법률적으로나 사회적으로 여전히 현재 진행형이다.

쌍용차 정리해고 대법원 판결의 숨은 뜻

대법원은 쌍용차가 2009년 6월 8일에 한 정리해고에 대하여 긴박한 경영상의 필요성이 인정되고 해고회피 노력을 다한 것으로 볼 수 있다는 취지로 판시하였다. 구체적으로는 다음 다섯 가지다. 첫째, 당시 부동산을 담보로 제공하고 신규대출을 받는 것이 사실상 불가능했던 점 등 유동성위기가 인정된다는 것이다. 둘째, 예상 매출 수량 추정이 현저히 합리성을 결하지 않았고 전체적으로 사용가치가 과소평가된 것이 아니므로 유형자산 손상차손도 과다계상되었다고 보기 어렵다는 것이다. 셋째, 쌍용차의 경영 위기는 상당 기간 신규설비 및 기술 개발에 대한 투자가 이루어지지 않은 데서 비롯한 계속적·구조적 위기라고 보았다. 넷째, 나아가 인력 구조조정 규모는 경영판단의 문제로서 특별한 사정이 없는 한 경영자의 판단을 존중하여야 하는데, 모답스 기법 등을 활용하여 적정한 인력 규모를 산출하였고(사무직은 경쟁사와 비교), 각종 생산성 지표도 상당히 악화되었다고 보았다. 다섯째, 2009년 8월 6일 무급휴직은 극심한 노사 대립 상황에서 최악의 상황을 막기 위한 고육지책에 불과하고, 부분휴업, 임금동결, 순환휴직, 사내 협력업체 인원축소, 복지중단, 희망퇴직 등 해고회피 노력도 다하였다고 보았다.

대법원 판결의 부당성

첫째, 유동성위기 관련한 부당성이다.

대법원은 당시 쌍용차가 담보를 활용하여 금융권으로부터 신규자금을 대출받는 것은 사실상 불가능한 상황이었다고 하면서 그 근거로 산업은행의 대출 거절을 들고 있다. 그러나 쌍용차는 국책금융기관인 산업은행이 아닌 다른 금융기관으로부터의 대출이나 사채 및 기업어음발행, 자산매각 후 리스 등 민간자본 시장으로부터 자금을 조달하는 방안을 전혀 고려하지 않았다. 또한 2008년 12월 31일 당시 곧바로 현금화가 가능한 영업 관련 유동자산이 지급하여야 할 영업 관련 유동부채보다 1,000억 원 이상 많았다는 것은 쌍용차의 재무제표상 명백한 사실이다. 결국 대법원은 이러한 점을 제대로 심리하지도 않은 채 너무나 간단히 쌍용차의 유동성위기를 인정했고 이를 완화할 수단이 없었다고 판단했다.

둘째, 유형자산손상차손과 재무건전성 위기 관련 부당성이다.

대법원은 쌍용차가 2008년 유형자산손상차손을 인식하기 전에도 이미 1,861억 원의 당기순손실을 기록하는 등의 사정을 들어 재무적인 위기 상황에 처했다고 보았다. 그러나 당시 신차였던 C200(코란도C)의 경우 거의 개발이 완료되어 출시를 앞두고 있는 상황이었으므로 최소한 이와 관련한 매출 수량은 반드시 추정되었어야 한다. 또한 안진회계법인의 감사조서에 의하더라도 기존 차종의 경우 모두 공헌이익이 플러스(+)였으므로 계속 생산되어 판매되기만 한다면 반드시 미래현금흐름 증가로 이어진다. 아울러 원심판결에서도 지적하였듯이, 신차종 개발이 이루어지지 않는다는 전제하에 구차종의 계속판매도 이루어지지 않는다는 것은 계속기업의 가정에 위배되는 것이다. 또한 재무건전성과 관련하여 유형자산손상차손을 인식하지 않는다면 부채비율이 561%에서 187%로 떨어지게 되고, 2007년을 제외하고는 2009년 전반기까지 계속 플러스(+)의 영업현금흐름을 유지하였으므로 영업만으로도 이자비용 등을 감당하며 지속적으로 현금을 창출할 능력이 있었다. 대법원은 이러한 사실을 애써 외면한 채 막연히 쌍용차의 재무건전성 위기를 인정한 것이다.

셋째, 쌍용자동차 경영위기의 성격과 관련한 부당성이다.

위와 같은 이유로 대법원은 쌍용차가 유동성위기를 자체적으로 해결할 수 없는 위기 상황에 있다고 보았고, 이는 상당 기간 신규설비 및 기술 개발에 대한 투자가 이루어지지 않은 데서 비롯한 계속적·구조적 위기라고 보았다. 그러나 쌍용차는 2008년 이전 상당한 경쟁력을 유지하고 있었다. 2001년부터 2008년까지 2005년과 2008년을 제외하고는 영업이익을 달성하고 있었고, 신차종 개발도 예정되어 있었다. 2008년 들어서 국제 금융위기, 경유 가격 인상, 유럽 환경 규제 등이 중복적으로 작용하여 일시적인 어려움에 처했을 뿐이다. 그러나 정리해고가 있었던 2009년 6월 이후에는 문제의 원인(금융위기, 유럽 환경 규제, 경유 가격 인상)들도 개선되기 시작하여 매출 회복이 기대되었다. 특히, 2009년 중반에는 한국을 포함한 주요 수출 시장에서 자동차 판매 확대 지원책이 시행되었던 점을 보면 더욱 기대할 만했다. 쌍용차가 근거 없이 정리해고를 하면서 발생한 갈등(예: 점거파업 등)으로 그 기회를 잘 활용하지 못했을 뿐이다.

넷째, 인력 구조조정 규모 산정에서의 부당성이다.

대법원은 인력 구조조정 규모도 모답스 기법 등을 활용하여 적정하게 산정되었다고 보았다. 그러나 모답스 기법 등을 활용하여 어떻게 구조조정 규모를 산정했는지에 대한 설명은 물론 레이아웃을 검증했다는 증거조차 전혀 없었음에도 위와 같이 인정한 것이다. 원심법원에서 모답스 기법 등을 활용하여 구조조정 규모를 어떻게 산출한 것인지 알 수 없다고 한 것을 별다른 근거도 없이 대법원이 반대로 인정한 것이다. 한편, 대법원 쟁송 과정에서 쌍용차는 그 주장을 스스로 변경하여 교대조 감축(2교대에서 1교대로)이 인력 구조조정 규모의 가장 큰 원인이었다고 인정했음에도 대법원은 이에 대하여 전혀 판단하지 않았다.

다섯째, 해고회피 노력에서 드러난 부당성이다.

대법원은 정리해고 이후 이루어진 무급휴직 조치들은 최악의 상황을 막기 위한 고육지책에 불과하며 부분휴업, 임금 동결 등의 조치가 이루어졌으므로 해고회피 노력도 다했다고 보았다. 그러나 해고회피 노력을 다하였는지 아닌지는 정리해고 이후인 8월 6일 노사 합의로 무급휴직을 실시할 당시 쌍용차가 어떠한 고려를 하였는가라는 주관적 사정이 아니라, 이 사건 정리해고 당시인 6월 8일을 기준으로 무급휴직조치가 정리해고를 회피할 수 있는 조치였는지 객관적으로 판단되어야 함에도 대법원은 이를 간과했다. 또한 정리해고의 근거가 된 보고서(삼정KPMG 및 삼일)도 정리해고 후 1~2년 후부터 상당수의 신규채용을 전제로 하고 있었으므로 근로시간 단축을 통한 일자리 나누기로 정리해고 없이 버틸 수 있었다. 실제로 쌍용차 지부가 이를 제안(5+5)했음에도 쌍용차는 전혀 응하지 않았다. 2009년경 정부가 근로시간 단축을 통한 일자리 나누기를 적극 제안했다는 점에서도 쌍용차의 이러한 태도는 위법성이 크다.

정리해고는 무효다

환송받은 법원은 변론을 거쳐 새로운 혹은 보강된 증거에 의하여 본안의 쟁점에 대하여 새로운 사실인정을 할 수 있고, 쟁점이 되지 않았던 주장도 새로 할 수 있다. 쌍용차는 2004년부터 2008년까지 무려 5회에 걸쳐 전 조합원의 고용을 보장한다는 고용안정협약을 체결하였다. 쌍용차의 정리해고는 이러한 고용안정협약을 위반한 것으로서 무효다. 더군다나 정리해고의 근거가 된 각종 보고서도 1~2년 후 신규채용을 전제로 하고 있었으므로 근로시간 단축을 통한 일자리

나누기가 가능한 상황이었고, 쌍용차지부도 이를 적극 제안했다. 그
럼에도 쌍용차는 오히려 이에 반대되는 조치(교대조 감축)를 하였다. 이
는 이번 대법원 판결에서 판단하지 않은 사항으로서 파기환송심에서
이를 적극적으로 주장하여 쌍용차 정리해고가 무효라는 판단을 다
시 받아낼 것이다.

정봉주 2014년 11월 13일 청천벽력과 같은 판결을 받은 쌍용자동차 해고 근로자 쌍용차 금속노조 쌍용차지부 이창근 기획실장, 쌍용차 소송대리인 주심변호사를 맡고 계신 전국금속노동조합 법률원 소속 김태욱 변호사 자리하셨습니다.

11월 13일, 대법원 3부 주심 박보영 대법관은 쌍용자동차 해고근로자 153명이 회사를 상대로 낸 해고무효확인소송에서 근로자 측에 승소 판결을 냈던 2심을 파기하고 서울고법으로 돌려보냈습니다. 해고무효확인소송, 그러니까 '해고한 게 무효 맞다'라고 하는 2심판결이 잘못됐으니 '해고 맞다, 무효 아니다'라는 취지로 다시 판결을 하라면서 고법에 내려보낸 거죠.

이창근 2009년부터 6년 정도 끌어왔던 사건이고 저희가 파업 들어간 지 날수로 따지니까 그날이 2,002일 되는 날이었거든요. 사실 끝날 줄 알았어요. 사회적으로는 이미 쌍용자동차 문제와 관련해서는 끝난 거거든요. 끝난 거다 그랬는데 대법이 상식 이하의 판결을 내리면서 다시 고법으로 돌려보냈어요. 사실 가족들은 돌아갈 곳이 없습니다. 2,002일 동안 많은 사람이 죽어나갔고, 아픈 사람도 많기 때문에 지금 다치고 힘든 분들에 대한 치료라든지 이런 것들도 시급할 것 같고요. 지금 낙담할 겨를이 없는 상황이고, 특히 아내들의 충격이 좀 큽니다.

정봉주 세월호 가족들도 지난 11월 15일 광화문 집회 때 '세월호 연장전'이란 표현을 썼는데, 우리 쌍용차 가족들도 다시 연장전에 돌입하는 이런 비극적 상황이 됐습니다.

이번 건은 우리 사회의 근로자들, 노동자들에 대해 대단히 심각한 판결을 내린 거거든요. 대법원 판결의 의미와 그 이후의 상황, 간단하게 정리해주실 필요가 있을 것 같은데요.

김태욱 예. 법률적으로 의미 있는 사실관계 위주로 잠깐 말씀을 드리겠습니다. 쌍용차는 1998년도에 대우그룹에 인수가 됐다가 2004년도 10월에 상하이차에 인수됐습니다. 이때부터 참 여러 가지 문제가 발생하기 시작했는데요. 당시 인수 과정에서부터 '분명히 기술만 빼가고 먹튀를 할 것이다'라는 문제제기가 굉장히 많았습니다. 그래서 심지어 〈삼성경제연구소 보고서〉 같은 데에서도 '기술유출 위험이 있다'는 분석을 내놓기도 했어요. 그래서 노동조합에서는 불안해서 여러 가지 확약을 요구했죠. 투자도 계속하고 기술 개발도 하고 신차도 개발하고 고용도 보장하라고요. 상하이차랑 쌍용차는 그때마다 계속 약속을 했습니다. 그런데 실제로 일어난 일은 그런 합의들을 완전히 헌신짝처럼 내팽개치고, 기술만 쏙 빼먹고 그야말로 먹튀를 한 겁니다. 그 과정에서 2009년도에 쌍용차가 기업회생절차 개시신청을 했고, 그러면서 회사가 어려우니까 '정리해고를 하겠다' 이렇게 밝혔죠.

정봉주 상하이차는 인수를 한 후 기술 빼내는 데만 관심이 있었고 회사를 정상화하거나 잘 운영하는 데는 별로 관심이 없었죠. 그러다 보니까 점점 더 경영상의 어려움을 겪기 시작했죠.

하루 아침에 37퍼센트에 달하는 2,646명 해고 통보 77일의 파업이 2,002일의 긴 싸움이 되기까지

김태욱 물론 기존까지 소송에서 저희 주장은 상하이차가 그런 여러 가지 기술 개발을 소홀히 하고 신차 개발도 안 하는 식의 문제점은 있었지만, 그것이 경영 악화의 중요한 원인은 아니었고 2008년도에 있었던 금융위기, 이것이 결정적인 원인이었다는 것입니다. 그런데 대법원은 그렇게 보지 않았고 '옛날부터 위기가 내재돼왔다' 이렇게 봤습니다. 회사는 2009년도 1월에 기업회생절차 신청을 하면서 '회사가 어려우니까 정리해고를 해야겠다'라고 발표를 합니다. 그 근거가 된 보고서가 〈삼정KPMG 보고서〉이고, 이 보고서가 논란의 핵심입니다. 그런데 그 보고서의 전제가 된 보고서가 또 있습니다. 외부감사인인 안진회계법인이 작성한 감사보고서입니다. 5,177억의 유형자산손상차손을 계상한 쌍용차의 재무제표가 문제가 없다고 작성한 보고서죠. 언론에는 회계부정, 회계조작 이렇게 알려졌습니다.

최강욱 '실제로 손해가 많이 났기 때문에 이 회사는 지금 정리해고를 해야 한다'라고 뒷받침을 하는 거죠.

김태욱 그렇습니다. 〈삼정KPMG 보고서〉에서 '2,646명을 정리해고해야 한다' 이렇게 밝히는데….

정봉주 2,646명.

김태욱 그 규모는 전체, 사무직까지 포함한 인원 기준으로 하면 37퍼센트에 해당하고요. 생산직은 2,099명이었는데 전체 생산직의 44퍼센트에 달하는 규모입니다. 그야말로 절반 정도를 그냥 해고하겠다, 이렇게 밝힌 겁니다. 그러는 과정에서 문제점이 굉장히 많았습니다. 이렇게 많은 수를 해고하면서 규모도 잘 알려주지 않았고, 대외적으로 발표하는 날 아침에 종이 한 장 딱 보내서 노조에 통보했죠. 그래서 이러한 정리해고 방침에 대해서 노조가 파업을 하게 됐고, 그게 77일간의 점거파업으로 이어졌습니다. 근데 이 점거파업 과정에서는 저희가 미처 발견하지 못했는데, 나중에 법적 다툼 과정에서 아까 말씀드린 안진회계법인의 감사보고서를 보게 되었죠. 그래서 회사가 작성한 재무제표에는 5,177억 원의 손상차손이 과다 계상됐다는 문제점을 발견한 겁니다. 그렇다면 안진 보고서에 기초를 두고 있는 〈삼정 KPMG 보고서〉도 문제가 있는 거 아니냐, 그런 문제를 제기하게 됐습니다.

최강욱 그러니까 5,177억 원의 손해가 있었다는 게 전제가 돼야지 2,646명을 해고한다는 것도 성립되는데, 앞의 게 그렇지 않으니까 정리해고의 필요성도 그만큼 줄어들 수밖에 없는 거죠.

김태욱 유형자산손상차손이라는 게 회사 내에 있는 여러 가지 유형자산, 즉 건물이나 기계장치 이런 것들이 한마디로 쓸모가 없게 됐다는 뜻이거든요. 그러니까 현재 가치보다 5,177억 정도 더 가치가 떨어져 있다고 평가를 한 겁니다. 근데 그렇게 되면 부채비율이 187퍼센트에서 561퍼센트로 늘어나고, 그러면 굉장히 안 좋은 회사가 되는 거거든요. 재무건전성이 굉장히 안 좋아지고요. 이것이 결국 정리해고의 근거가 된 겁니다.

정봉주 정리 한번 해볼까요? 회사가 만든 재무제표를 안진이 그대로 감사보고서에서 승인했죠. 안진의 감사보고서에 따르면 '5,000여억 원의 손상이 있는데 이게 과다 계상된 거 아니냐'라는 점이 재판하면서 밝혀진 거고요. 그러면 그 감사보고서를 기초로 한 삼정KPMG의 보고서도 문제가 있다는 거죠. 삼정KPMG의 보고서는 2,646명을 해고해야 한다는 근거가 된 거죠. 이것이 전체 다툼의 쟁점입니다.

김태욱 그 5,177억 손상차손을 한 게 안진이 권고한 거거든요. 근데 그 권고의 근거가 신차종 매출을 반영하지 않으면서도 구차종 일곱 개 중에서 네 개만 반영한 겁니다.

최강욱 안 팔리는 모델.

김태욱 그러니까 한마디로 '앞으로 새로운 차도 만들지 않고 지금 팔고 있는 차도 한 절반 정도만 팔겠다' 이렇게 본 거죠. 그렇게 평가하면 당연히 회사는 청산에 준하는 상태로 가게 되죠. 그러면 당연히 현재의 유형자산들은 가치가 떨어질 수밖에 없고, 재무구조도 당연히 안 좋은 걸로 평가할 수밖에 없죠. 그래서 2심에서는 그런 게 합리적이지 않다고 본 겁니다.

정봉주 그러니까 2심에서는 노조 측하고 법률대리인들이 주장한 게 받아들여진 거네요.

이창근 2심 재판부가 회사에 얘기한 게 이거였어요. '너희가 얘기하는 기업을 계속한다고 하는 전제가 뭐냐? 사람을 이렇게 자르고. 너희가 주장하는 손상차손은 과다 계상이라고 나와 있지 않냐. 신차종, 구차종 말도 다 안 맞고. 이거 회사 한다는 거 맞냐. 이거면 회사가 계속 유지될 수가 없다. 상식에 벗어난 거다. 사람 자를 때는 이 자료 들이대고, 회사 살린다고는 이 자료 들이대고. 이런 게 어딨냐. 일관성도 없고 타당하지도 않다.' 그런데 그것을 대법원이 뒤집은 거죠.

최강욱 그것보다 더 심각한 게 이거죠. 그러니까 정리해고는 회사가 노동자의 숫자를 줄이고 앞으로 열심히 경영하면 살아날 수 있다고 해서 하는 거잖아요. '그런데 너희가 낸 자료만 놓고 보면 이게 망하는 회사지, 살아날 수 있는 회사가 아니다. 그러니까 그 자료는 믿을 수가 없는 자료다.'

김태욱 2009년 6월에 980명을 정리해고했어요. 이후 2009년 8월에 노사합의를 다시 했는데 그때 일부는 무급휴직을 받아들이기도 하고 그사이에 또 희망퇴직하신 분도 있고 해서 최종적으로 남은 사람이 165명입니다. 그중 일부가 소송을 제기한 거죠.

정봉주 165명 중 153명이 회사를 상대로 해고무효확인소송을 낸 거죠. 그런데 2심에서는 회사 측이 주장한 게 하나도 안 받아들여졌던 거네요?

이창근 중요한 논거가 깨진 거죠.

정봉주 1심에서는 회사 측 손을 들어줬고.

이창근 그렇죠. 근데 1심과 2심의 차이는 쟁점의 차이였어요, 사실. 회계 문제와 관련해서는 1심에서 쟁점이 못 됐던 부분입니다. 아예 거들떠보지도 않았었죠.

김태욱 1심에서는 회계부정이 굉장히 간단하게 다뤄졌습니다.

이창근 근데 2심에서는 이걸 본격적으로 다뤘거든요. 그래서 2년 가까이 끌었던 거죠. 1심에서는 회계 문제가 쟁점이 아니었다가 2심에서는 이게 매우 중요한 내용이 돼서, 서울대 최종학 교수라고 회계학을 담당하는 교수에게 특별감정을 부탁했습니다. 근데 최종학 교수의 특별감정보고서라고 하는 것이 회사의 것과 그리 다르지 않았어요. 문제는 거기에서도 보면 자료라든지 감사보고서와 감사조서의 차이라든지, 숫자라든지 이런 것들이 대단히, 심하게 표현하면 조작된 느낌이 너무 많아서 그것을 법원이 배척한 거죠.

김태욱 여기서 꼭 말씀드릴 게 있는데 두 가지입니다. 첫 번째는 외부감사인인 안진회계법인하고 감정인, 금융감독원의 결론이 같다는 것입니다. 손상차손 적법하게 됐다 이건데, 전제는 다 다릅니다. 한마디로 엉터리라는 거죠. 일단 안진회계법인은 신차종이 개발되지 않을 걸로 예상해서 신차종 반영을 안 한 상태였습니다. 그러니까 그렇게 손상차손을 계상할 수밖에 없었고요. 그런데 2심에서 했던 감정인은 처음에 감정보고서에서는 '미래에 차량이 어느 정도 판매될지 하는 것은 회계적인 문제가 아니다. 이거는 경영인의 판단을 존중해야 한다.' 그래서 감정보고서에서는 그 부분의 판단을 안 했다'고 돼 있습니다.

최강욱 아예 안 했다.

김태욱 그러니까 안진회계법인하고는 다르죠. 안진회계법인은 '판단을 했는데 못 팔 것 같으니까 그렇게 손상차손 계상했다'는 거고, 감정인은 '그건 내가 판단할 수 있는 영역이 아니고 경영인의 판단을 따라야 한다'는 거였고요. 근데 2심 감정원이 법정에 나와서는 어떻게 얘기했냐면 '신차종 존재 자체를 몰랐다'라고 얘기했습니다. 판단 안 했다는 점에서는 일치하는 거죠.

그리고 나머지 하나, 금감원은 지금까지 계속 안진회계법인이 문제없이 했다고 얘기하고 있습니다. 금감원 내부 자료에서는 신차종을 반영했다고 해요. 저희는 금감원이 문제가 없다고 한 것이 법원에 굉장히 영향을 줄 수 있기 때문에 그 근거를 확인해보기 위해서 금감원 자료를 내라고 신청했습니다. 그러자 금감원이 뭐라고 답변했냐면 일단 첫 번째는 '영업비밀이라서 줄 수가 없다'는 거예요. 그리고 둘째는, 회계조작 관련해서 저희가 고발을 해놓은 게 있는데, '고발 사건에 영향을 미칠 수 있기 때문에 줄 수 없다' 이렇게 두 가지 답변을 했어요.

이게 말이 안 되는 게 검찰고발 사건은 저희 정리해고 사건 결과를 보기 위해서 시한부 기소중지가 돼 있었거든요. 그러니까 민사 사건에서 이 금감원 자료를 달라고 하는 게 형사고발에 영향을 미칠 가능성은 없었던 거죠.

금감원은 정확하게 국가기관은 아니지만 국가기관에 준하는 기관입니다. 그런데 금감원이 무슨 사기업처럼 영업비밀 운운하면서 자료 못 주겠다, 이렇게 하는 게 말이 되는가. 더더군다나 금감원 스스로 제기한 내용 자체가 굉장히 문제가 많은 상황에서 말이죠. 이처럼 금감원하고 안진회계법인하고 감정인이 전제는 다르지만 결론은 같은, 이런 웃긴 상황이 있었어요.

두 번째는 정말로 어이가 없는데, 회사의 주장이 손상차손 말고도 바뀐 게 여러 개 있습니다. 그중 손상차손만 말씀을 드리면—1심에서도 아까의 회계 문제를 다뤘기 때문에—손상차손이 근거가 된 조서가 있습니다, 감사조서. 그거를 내라 그랬습니다. 그래서 냈습니다. 그런데 글씨가 워낙 안 보여서…. 왜냐하면 다 영업비밀이라 웬만한 숫자를 다 지워서 냈다는 거거든요.

정봉주 1심에서요?

김태욱 보시면 아시겠지만 다 새카맣게 돼 있습니다, 자료들이. 그래서 '도저히 알 수가 없다, 좀 보이는 걸로 내봐라'라고 했죠. 2심에서 자료를 다시 냈는데 그때 낸 자료가 1심 자료하고 다른 겁니다. 똑같은 부분을 가려서 낸 게 아니어서 비교할 수 있는 숫자들이 있었어요. 1심에서는 이 부분을 가리고 2심에서는 또 다른 부분 가리고 이렇게 해서 비교를 할 수가 있었는데, 조서 내용이 완전히 다릅니다. 그래서 '1심에서는 도대체 뭘 낸 거냐'라고 물어봤더니 그제야 하는 말이 '1심에서 낸 거는 최종조서가 아니라 중간조서를 냈다'라는 겁니다. 그게 말이 안 되거든요. 재판하는데 누가 중간조서를 냅니까. 당연히 최종조서를 내는 거지.

최강욱 말하자면, 거짓말을 하다 보니까 계속 꼬인 거죠.

김태욱 그리고 더 결정적인 건 이 5,177억 손상차손의 근거가 된 감사조서는 지금까지도 발견할 수가 없다는 겁니다. 저희가 봤을 때 없습니다. 재무제표가 있으면 그리고 손상차손 했으면 손상차손 한 근거 조서가 있어야 하거든요.

정봉주 그러니까 손상차손을 계상하기 위한 원 데이터가 있어야 하는데 없다는 거네요?

김태욱 쉽게 말하면 이거죠. 엑셀식이 다 연결이 돼 있지 않습니까. A, B, C가 있고 D시트가 있으면 D시트는 A, B, C의 합으로 나온 건데 지금 D시트 결과만 있고 그 근거가 되는 A, B, C는 없다는 거죠.

최강욱 아까 일부 냈다는 거는 뭐예요, 그럼?

김태욱 그러니까 그게 다 다릅니다.

최강욱 최종조서를 냈다고 주장했다면서요.

김태욱 근데 그 최종조서도 맞지가 않습니다.

최강욱 그것도 아니다. 결국은 없는 거다?

김태욱 예, 지금까지 발견하지 못했습니다. 아직까지도.

정봉주 그러니까 5,177억이라는 손상차손의 근거가 되는 자료를 1심에서 낸 것과 2심에서 낸 것이 다르다. '왜 다르냐' 그랬더니 '1심에서 낸 것은 최종 보고서가 아니라 중간 보고서다'라고 얘기한 거네요.

김태욱 2심에서는, 어쨌든 입증 책임이 회사한테 있는 거니까.

최강욱 정리해고의 필요성을 입증해야 하는데….

김태욱 그래서 2심에서는 입증이 잘 안 됐다고 본 거죠. 주장도 바뀌고 근거자료도 부실하고.

최강욱 사실은 1심에서 그런 작전으로 성공을 한 거였죠, 쌍용차가. 그렇잖아요. 1심에서는 '아니, 우리 어려워진 거 다 알지 않냐. 회사가 어려워지니까 직원들을 일부 줄여서라도 살아야 할 거 아니냐' 이것만 가지고 그냥 간 거죠. 재판부가 꼼꼼히 들여다보지도 않고. 그랬는데 2심에 가서 '그러면 정리해고를 하기 위한 요건, 경영상의 위기가 있어야 하는데 경영의 위기라는 게 도대체 뭐냐고 하니까 '우리가 이렇게 엄청난 손실을 보고 있었다'라고 얘기했단 말이에요.

정봉주 그렇죠. '근데 손실의 근거는 뭐냐?'

최강욱 없는 거지.

정봉주 '그건 묻지 마. 그냥 우리 손실 보고 있어.'

하어영 게다가 쌍용차는 기존 모델을 단종시키거나 신차종을 안 내놓거나 그러지도 않았죠.

정봉주 회생절차를 졸업한 게 몇 년도예요?

이창근 2012년 11월 정도에 법정관리 완전히 졸업, 이렇게 나와요. 마힌드라가 인수하는 시점이 그때이기 때문에 2012년 정도일 것 같은데요.

5,177억의 손상차손에 대한 대법원의 판결
'다소 보수적으로 됐지만 불합리하다고 볼 수 없다'

정봉주 2심에선 그렇게 판결이 나왔고. 이번에 3심 대법원에서 판결의 요지는 뭡니까.

김태욱 일단 손상차손. 아까 말씀드린 손상차손 관련해서 '다소 보수적으로 됐지만 불합리하다고 볼 수 없다'는 겁니다.

하어영 '보수적'이라는 표현으로, 아주 그냥 한마디로 정리했네요.

김태욱 미래의 예측은 좀 보수적으로 할 수 있는 거 아니냐, 뭐 이런 얘기로 이해가 됩니다.

최강욱 그러니까 그 지점에서 벌써 노동자의 입장을 생각하는 것보다 기업에 유리한 쪽으로 해석을 하고 있다는 게 나오잖아요.

정봉주 법리적으로 따지는 거에 대해서는 신뢰가 있었어요?

이창근 그렇지 못했어요. 아까 말씀하셨던 것처럼 쌍용자동차 문제가 정치의 문제와 떨어질 수 없는 문제거든요. 1심 재판이 진행될 때는 어떤 분위기였냐면 여전히 저희 실장들, 그러니까 파업 당시 지도부가 다 구속된 상태였어요. 한상률 지부장 같은 경우도 3년을 받지 않았습니까. 다 복역 중이었고 그때까지 검찰조사라든지 이런 것들이 끝나지 않았어요. 거의 뭐 공안 분위기였죠.

최강욱 공포 분위기에서….

이창근 공포 분위기였기 때문에 중앙노동위원회가 됐든 지방노동위원회가 됐든 모든 데서 졌죠. 우리가 소송에서 졌다는 기사조차 거의 찾아볼 수가 없어요. 언론의 주목도 없었고, 그런 분위기에서 그냥 쓸려간 거죠.

정봉주 더욱이 대부분이 노조 지도부로 구속된 상태였고요. 그러다가 2심으로 넘어가기 전에 77일간 옥쇄파업 등등 하고 그러면서 사회적으로도 관심이 일어났죠. 이른바 보수 언론 쪽에서 대단히 불리한 쪽으로 분위기를 완전히 몰아갔었죠.

이창근 그렇죠.

정봉주 귀족노조라는 얘기도 그때 나오고….

김태욱 네. 그렇게 된 것이 회사가 회생절차 신청했던 거, 그게 크게 작용했다는 생각이 듭니다. 회생절차라는 게 이 상태로 가면 회사 망하니까 법원의 관리를 받아서 채무조정 등을 하겠다, 이런 거잖아요. 그러니 이런 상황에선 당연히 구조조정을 해야 하는 거 아니냐, 이게 보수 언론들의 논조였죠.

정봉주 그래서 1심에서는 사회적으로 안 좋은 분위기를….

김태욱 회생절차 들어갔다는 것 자체가 큰 영향을 미쳤어요.

정봉주 실질적으로 77일간 파업하면서 사회적 통념도 대단히 부정적이었고. 이런 상황에서 1심 재판부는 거의 법리적 판단을 하지 않고 넘어간 걸로 보이네요.

김태욱 근데 저희가 봤을 때는 회생절차 신청 자체도 되게 고의적으로 한 걸로 생각되거든요. 왜냐면 '유동성에 문제가 있어서 회생절차 신청했다' 이렇게 주장하는데 실제 유동성에 그렇게 큰 문제가 있었던 것도 아니고 더더군다나 노력하면 피할 수가 있었거든요. 대주주인 상하이차가 나섰다면 당연히 해결될 수 있는 문제였어요. 상하이차뿐만 아니라 쌍용차도 별다른 노력을 안 했습니다. 그래서 저희가 봤을 때는 노력도 많이 안 한 상태에서 그냥 회생절차 신청한 걸로 생각되는 거죠. 물론 규정에 보면 그런 경우에 사기회생죄로 처벌하는 규정이 있습니다. 있는데 2009년도만 해도 회생절차가 그렇게 많이 이용되는 상태는 아니었기 때문에 그런 부분을 면밀하게 심리를 안 한 상태에서….

정봉주 회사가 경제적으로 최악의 상황이 아님에도 '우리 회사가 최악의 상황에 들어가서 회생절차를 신청할 정도로 어렵다'라는 사회적 분위기를 조성하기 위해서 했을 가능성이 크다, 이렇게 보는 거죠?

김태욱 그러니까 상하이차가 철수하기 위한 단계로, 과정으로 신청했다고 저희는 보고 있어요. 어쨌든 신청 자체에 좀 문제가 있었다, 그거 하나하고. 두 번째는 어쨌든 신청이 받아들여져서 회생절차 돌입했다고 하더라도…. 회생절차라는 게 보면 다 채권자들 이해관계 조정하는 절차거든요. 누구는 얼마만큼 감축하고, 누구는 몇 년 후에 받고 이런 식으로 채권자들 이해관계를 조정하는 건데, 그런 상황에서 근로자들 정리해고 부당하다 이런 주장이 먹히겠습니까? 도리어 정리해고 더 많이 하면 회생절차의 졸업 가능성이 더 커지는 거겠죠.

정봉주 그렇죠. 그러니까 회생절차 신청한 것 자체가 정리해고의 정당성을 얻기 위한 과정이었다?

김태욱 네.

정봉주 그다음 이제 2심으로 넘어가서는 아까 말씀하셨듯이 꼼꼼히 따진 거죠.

최강욱 사실은 어떤 정부가 오더라도 판사들이 정신 똑바로 차리고 재판 제대로 하겠다고 하면, 그걸 가지고 못 하게 방해할 놈은 없어요. 예전에 한홍구 교수님도 그런 얘기 강연에서 많이 하셨죠. 유신 같이 그럴 때도 판사 잡아다가 자기네 맘에 안 드는 판결하면 두드려 패고 이럴 거 같지만 한 명도 손을 못 댔다고요. 판사한테는 말이죠. 그러니까 제대로 하려고 맘만 먹으면 다 확인할 수 있었던 거예요.

정봉주 2심 재판부가 봤을 때는 1심이 대체로 정치적이거나 아니면 부실하게 했을 가능성이 있는 것으로 보고….

최강욱 그렇죠. 꼼꼼하게 근거를 따져서 한 게 아니라 그냥 분위기 보고서 쓱 한 판결이다라는 느낌이 있었던 거죠.

김태욱 이게 되게 구조적인 문제인데요. 일단 1심 심리 과정 자체도 문제였지만, 현재 우리나라 대법원 판례 법리가 정리해고 정당성을 굉장히 넓게 인정해주고 있어요. 특히 하급심에서는 인정됐는데 대법원에서 파기환송되는 게 굉장히 많습니다. 더군다나 최근 3~4년간 대법원 판례를 보면 '긴박한 경영상의 필요성'을 부정한 판결들이 거의 없거든요. 대부분 인정하고 있습니다.

정봉주 그러니까 1심도 '어차피 대법원 가면 정리해고 다 인정해주는

데 이걸 뭐 굳이 꼼꼼하게 따질 필요 있냐, 당신들 정리해고하는 거 맞아'라고 한 건가요?

김태욱 다 그런 거 아니겠냐, 그런 식으로 생각했던 것 같습니다. 그래서 대상자 선정 기준만 좀 보자, 뭐 이런 식의 생각을 했던 게 아닌가. 기본적으로 회계법인들 그런 보고서가 제출되면 재판부는 '이걸로 입증이 된 거 아니냐' 하는 식이죠.

정봉주 다 인정하고.

김태욱 '반대되는 문제점을 노동자들이 지적해봐라' 이런 태도를 가진 경우가 많은데 그게 문제가 많습니다.

최강욱 항상 그렇죠, 법원의 태도가.

김태욱 우리나라 회계법인들이 대체로 사측에서 뭘 요구하는지 알기 때문에 알아서 기고, 거기 따라서 보고서를 맞춰서 해주거든요.

최강욱 왜냐면 자기들의 주요 고객이 재벌이니까 그 입맛에 맞춰주는 거예요.

김태욱 저희도 이런 회계 문제를 소송하면서 도중에 알았어요. 회계사님이 많이 도와주고 그러셔서. 이게 만약에 정리해고 막 발표했을 때 처음부터 알았더라면 좀 달라지지 않았겠냐, 이런 생각이 많이 들었어요. 실제 프랑스 같은 경우는 대규모 정리해고—여기서 대규모라는 게 쌍용차처럼 몇천 명 하는 게 아니고 열 명 이상을 대규모 정리해고라고 하죠—열 명 이상 해고할 때는 회사비용으로 회계사를 붙여줍니다, 노조에. 그래서 그 노조에서 지정하는 회계사가 회사의 어떤 자료들을 감사할 수 있죠.

정봉주 2심 재판을 하면서는 재판부가 대단히 객관적으로 꼼꼼하게

2009년 6월 8일, 회사 측 정리해고 단행.

2,002일의 기나긴 싸움 끝에

다시 처음으로 돌아가 시작해야 한다.

2014년 2월 7일, 정리해고 무효라고 2심 판단.

하지만 2014년 11월 13일 대법원은 이를 파기한다.

쌍용차 사건은 법률적으로나 사회적으로 여전히 현재 진행형이다.

전진할 것인가? 후퇴할 것인가?

제자리에 머물 것인가? 앉을 것인가?

하지만 다시 싸워야 하는 지금,

그 어떤 판단도 내릴 수 없다.

오로지 이성으로 버텨야 할 때다.

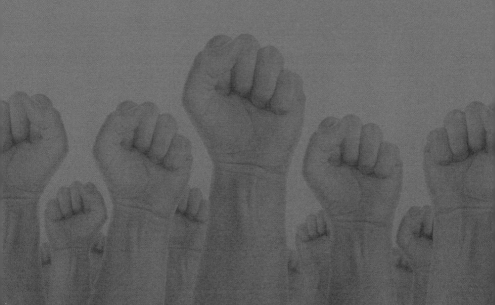

따진 거로 보이는데, 그때 분위기는 좀 어땠습니까?

이창근 재판관들의 태도가 확실히 달랐어요. 예를 들어서 5시에 끝날 재판인데도 해고자들이 이야기하거나 변론을 더 할 때는 시간도 더 많이 주면서 계속 진행했고. 이야기를 들으려고 하는 태도가 있었어요. 사실 오랜 기간 싸우다 보면, 이렇게 질긴 싸움이 있다 보면 희망을 잘 품지 않거든요. 일부러 멀리하려고 해요. 그러다가 닥치면 더 기쁘니까, 아니면 괜히 기대했다가 또 허망해지니까. 근데 들으려고 하는 노력은 꽤 보였습니다.

김태욱 감정인이 법정에 두 번이나 나와서 저희가 감정인 신문을 했는데요. 감정인이 법정에 직접 나오는 경우가 많지가 않습니다. 왜냐하면 감정인은 보통 보고서 내면 그걸로 끝나거든요. 근데 두 번씩이나 재판부가 불렀습니다. 한 번 했는데 의문이 있으니까 한 번 더…

정봉주 그리고 2년 동안 끌어서 결국은 노동자, 근로자 손을 들어준 거네요.

최강욱 사실은 뭔가 특별히 노동자들한테 배려한 것도 아니고 당연히 그렇게 재판해야 하는 거예요. 이게 사회적으로 얼마나 많은 사람에게 상처를 입히고 얼마나 물의를 빚은 사건인가요. 항소심은 사실심의 마지막이기 때문에 여기서 사측이 얘기하는, 노동자 측이 얘기하는 사실관계가 얼마나 맞는 것이냐, 이거를 확실하게 확인해야 할 의무가 있는 거죠. 법에 있는 대로 자기 사명을 제대로 하기만 해도 우리나라는 막 이례적이고 어마어마하게 배려한 법원이 되는 거야. 이게 얼마나 불공평한 나라예요.

정봉주 이건 회사가 자기들 나가는 돈 좀 줄이겠다고 근로자들을 정리해고한 거 아녜요. 근데 이 회사라고 하는 것도 사회학적으로 보면 어디에 독자적으로 존재하는 게 아니라 대한민국이라고 하는 범위 안에 있는 거죠. 이걸 원래 국가에서, 법원이나 이런 데서 바라볼 땐 사회적 손실 비용을 총체적으로 보는 이런 큰 마인드가 필요해요. 이 쌍용차로 인해서 우리 대한민국이라는 국가가 얻은 사회적 손실 비용을 따지면…, 이걸 애당초 하지 않았으면 우리나라가 이 정도 손실 안 입었을 사건이잖아요.

김태욱 말씀하신 대로 2심법원에서는 판결문에 '정리해고는 통상 대규모로 이루어지고 근로자나 가족들에게 미치는 부정적 영향이 크며 국가의 고용정책에도 부담이 되기 때문에 엄격히 해석해야 한다'라고 쓰여 있습니다.

정봉주 제대로, 정상으로 본 거네. 누구 편을 들어준 것도 아니고.

최강욱 단순히 회사의 회계만 놓고 봐도 믿기 어렵지만, 방금 말씀하신 것처럼 사회적 비용 측면에서 봐도 쉽게 넘길 일이 아니라고 본 거겠죠.

정봉주 쟁점은 이거네요. 5,000억에 달하는 손상차손 부분을 과다 계상 했냐 안 했냐. 이걸 따지면 되는 거네요.

최강욱 결국은 그게 핵심이었으니까요. 회사가 손해가 났다는데 사실이냐, 이런 거니까요.

대법원의 권한을 넘어선 월권 행사
다시 처음으로 되돌려놓다

정봉주 이제 대법원 판결로 넘어갑니다. 대법원 판결은 뭘 어떻게 지적해봐야 하는 거예요?

최강욱 일단 그 손해액수와 관련해서는 '아니, 회사 입장에서는 그렇게 볼 수도 있는 거 아니냐'라고 판결한 거죠.

정봉주 그리고 회사는 긴박한 경영상 필요와 해고회피 노력을 했다?

김태욱 그래서 유형자산손상차손 말고도 쟁점 몇 가지가 더 있는데요. 일단 유동성위기 관련해서 2심법원은 '유동성위기가 있긴 했지만 담보설정 가능한 부동산 등도 있었기 때문에 완전히 회피가 불가능한 게 아니었다' 이렇게 봤는데, 대법원은 그냥 '어려웠다.'

정봉주 유동성위기가 있었다?

김태욱 그러니까 회피가 가능했는지 이런 관점에서는 아예 판단을 안 했고요. 어려웠다고, 유동성위기가 있다고 본 거죠.

최강욱 '그때 돈 없었다잖아' 이렇게 한 거지. 담보 잡힐 재산이 충분히 있었는데도 말이에요.

김태욱 노력해보면 더 자금도 확보하고 이럴 수 있었는데 그런 걸 판단 안 한 거죠.

정봉주 그러니까 '회사가 돈 없다는데…'

최강욱 '뭔 말이 많아.'

정봉주 '너흰 거기 들어가 보지도 않았잖아. 회사가 없다 그러잖아. 저 사람들이, 저렇게 훌륭한 경영을 하는 사람들이 거짓말할 리가 있겠냐.' 어딘가 박근혜 대통령이랑 비슷하네요. '아, 내 동생이 아니라 그러잖아요. 아니라는데 왜 자꾸 물어봐요.'

근데 최 변호사님, 2심에서 아까 이렇게 얘기했잖아요. 아주 중요한 얘길 했거든. 사실관계, 이게 사실판단의 끝 아녜요? 근데 대법원이 월권한 거 아녜요, 이렇게 되면?

최강욱 그런 면도 있죠, 사실. 2심에서 그렇게 꼼꼼하게 살펴서 사실관계를 다 보니 얘네가 뻥이었다, 이렇게 얘길 한 거거든요. 그러면 대법원은 2심이 그렇게 판단하는 데 잘못된 증거를 채택해서 본 건지 그런 거만 따져야 하는데 자기들이 끼어들어서 '아니야, 이거 보니까 손해난 거 맞아. 회사가 그렇다잖아' 이런 거잖아요.

정봉주 그러니까. 대법원의 권한을 넘어선 거네, 내가 보기에는.

최강욱 비판하시는 분들도 그런 면을 지적하고 있죠.

이창근 변호사님이 말씀하신 것처럼 대법원은 법률심이죠. 사실심이 아니라 법률심인데, 앞의 거를 엎은 거죠.

최강욱 엎었어요, 지금. '내가 보니까 그게 아니야' 이런 거지.

김태욱 사실인정 관련해서는 이 유형자산손상차손보다 더 심각한 게 있는데, 구조조정 규모 관련해서 나온 부분입니다. 일단 법리적으로 2014년에 동서공업이라는 사업장에 대해서 대법원이 판결한 내용이 '구조조정 규모는 상당한 합리성이 인정되는 한 경영 판단이다'라고 했어요. 그러니까 특별한 사정이 없는 한 정당하다, 이렇게 판결한 거죠. 그 판결을 이번에도 그대로 쓴 거예요.

근데 상당한 합리성이란 건 사실 제가 봤을 때는 그냥 립서비스고 '부당하다는 입증을 노동자 측에서 해봐라' 이거라고 생각되거든요?

근데 이 쌍용차 사건에서 보면 회사가 처음에는 모답스 기법이라고 해서 사람 동작을 초 단위로 분석하는 기법이랑 편성효율이랑 레이아웃을 고려해서 구조조정 규모를 산출했다, 그렇게 해서 2,646명이 나온 거다라고 주장을 했습니다. 근데 근거자료가 없었어요. 근거자료가 아까 말씀드린 〈삼정KPMG 보고서〉에 딱 세 페이지 정도 나오는데요. 2심법원은 '이걸 가지고는 알 수가 없다. 구체적인 내용이 없어서 알 수 없다' 이렇게 인정했거든요. 근데 대법원은 '구체적 내용이 있다'라고 본 겁니다. 저는 그게 진짜 이해가 안 되고요.

그리고 더 큰 문제가 뭐냐면 회사가 소송 도중에 주장을 바꿨다는 거예요. 2심법원에선 구조조정 산정의 어떤 구체적인 자료가 없다고 인정했거든요. 그러니 대법원에서도 새로운 자료가 나온 게 당연히 없습니다. 근데 대법원에서는 '구체적 자료가 있다'고 인정했어요.

정봉주 그 구체적 자료가 회사 측 주장을 말하는 건가요?

김태욱 회사 주장인지 아니면 2심에 제출됐던 그 조그마한 세 페이지짜리 내용인지, 뭐로 판단했는지는 모르겠습니다만 어쨌든 구체적 자료가 있다고 봤어요. 그 부분이 굉장히 큰 문제고. 더더욱 큰 문제는 이거예요. 저희가 '이게 어떻게 2,646명의 산출 근거냐'라고 계속 지적을 했거든요. 그랬더니 회사도 나중에는 자기네 주장이 부족했다고 생각했는지 '사실은 그게 아니고 당시에 교대조가 2교대에서 1교대로 감축이 됐는데 교대조 감축이 핵심이었다' 이렇게 주장했습니다.

정봉주 그건 1심과 2심에서 전혀 나오지 않았던 거잖아요.

김태욱 전혀 안 했을 뿐만 아니라 이거는 완전히 다른 얘기거든요. 아까 말한, 회사가 모답스 기법이라는 복잡한 기법을 사용해서 했다는 거하고 교대조를 두 개에서 하나 줄였다는 얘기는 완전히 다른 겁니다. 그런데 이거에 대해서는 대법원이 또 아무 판단을 하지 않은 거예요.

최강욱 그러니까 좀 쉽게 말씀드리면 이 대법원 사건에서 쌍용차 측을 대리한 변호사들은 그래도 법적 원칙에 맞게, 사실관계에 관한 주장을 노골적으로 못 한 거예요. 대법원은 원래 그런 거 하는 데가 아니니까. 그러니까 이 사람들이 갖다 붙인 말이 '우리가 더 주장하고 싶은 게 있었는데 2심 재판부가 안 물어봐서 안 한 거다'라는 얘기만 한 거예요. 그렇게 해야 재판부가 법을 위반해서 재판을 한 게 되기 때문에 형식적으로 그런 논리를 만들려고 노력한 거죠. 근데 그렇게 하려면 '우리가 사실은 이런 자료를 냈어야 하는데 안 물어보는 바람에 못 냈다'라고 하면서….

정봉주 안 물어보는 바람에 내지 않았다?

최강욱 예. 그러면 그 자료를 내야 할 거 아녜요. 근데 그것도 안 내면서 '안 물어봐서 그랬는데 왜 자료 없다고 하느냐' 이렇게만 얘기하는 거예요. 그러다가 갑자기 '사실은 그게 아니고 다른 게 더 중요한데'라고….

정봉주 2교대에서 1교대로 어쩌고 얘기하면서….

최강욱 원래 2교대, 1교대 뭐 이런 얘기를 하는 건 사실관계에 관한 주장을 대법원에서 새로 한 것이기 때문에 대법원이 판단 안 해버리는 게 맞아요.

정봉주 아, 새로운 주장을 하게 되면?

최강욱 예. 그건 법률 얘기가 아니고 사실 얘기니까. 그건 판단 안 하는 게 맞거든요. 그러면 당연히 논리적으로 그 앞에 2심에서 꼼꼼하게 판단한 사실관계가 있잖아요. 그러면 아까 제가 말했듯이 '그 사실관계를 인정하는 데 증거판단을 제대로 했느냐'만 대법원은 볼 수 있죠. 상식적으로 볼 때 대법원도 '사실관계에 관해서 애들이 자신이 없구나. 입증을 못 하는구나' 이렇게 하고 그냥 무시해버리면 되는 거예요. 근데 자기가 나서서 '아니야, 내가 보니까 구체적인 자료 다 있어. 사실관계는 이게 맞는 거야' 이렇게 한 거예요. 명백히 불법적인 재판을 한 거지, 대법원이.

국가적 차원의 일자리 나누기 문제
쌍용자동차에는 적용되지 않았다

정봉주 불법적인 재판을 했어. 어떻게 할 거예요, 그럼?

김태욱 어쨌든 대법원이 파기환송했기 때문에, 저희는 교대조 감축—이 문제는 대법원 판결문에 아예 언급이 없거든요—에 대해 파기환송심에서 새롭게 다투려고 생각하고 있습니다.

정봉주 실제로 다툴 만한 여지가 있네요.

최강욱 지금 완전히 재판이 끝나버린 게 아니라 2심으로 돌아온 거잖아요. 그래서 이제 새로운 사실관계를 얘기했으니 그거를 쟁점으로 잡아 따져서 다시 대법원 판결을 엎을 수 있는 여지가 법적으로는 있는 거죠.

이창근 해고회피 노력과 관련해서, 정리해고를 하려고 하면 긴박한 경영상의 이유가 있어야 하고 해고회피 노력을 해야 하고 등등의 네

가지가 있잖아요. 근데 문제는 회사가 '다했다'라고 하면 끝이라는 거예요. 이 '다했다'는 게 어떤 거냐면 2009년 법정관리 들어가기 전 2003~2004년부터 희망퇴직 몇 명 나간 거라든지 그다음에 설비 투자가 안 돼서 잘 안 돌아갔다든지 등등의 여러 가지 이유를 들면서 해고회피 노력을 했다고 주장하거든요. 해고회피 노력이라고 하면 긴박한 경영상의 이유가 발생했을 때 이것을 피하기 위해서, 그로부터 발생하는 여러 가지 조치를 말하는 거죠. 그런데도 과거 7~8년 전의 문제까지 들먹인다는 거예요. 회사는 쌍용자동차가 늘 불안했고, 늘 구조적으로 문제였고 등등의 얘기를 한단 말이죠. 저희 주장은 다른 거죠. 어려움은 일시적이었던 것이고 그건 해고회피 노력으로 충분히 극복할 수 있었던 거다, 이렇게 대량의 정리해고가 아닌 방식으로도 충분했다라는 거죠.

정봉주 그러니까 7~8년 동안 회사는 경영상으로 늘 구조적인 문제가 있었다고 주장을 하는 거고, 우리 노조 측에서는 일시적인 현상이었고 충분히 피해 갈 방법이 있었다고 주장하는 거죠?

이창근 2008년도 금융위기가 오긴 하죠. 그런 위기가 일시에 왔는데, 그러면 반 이상을 잘라내는 방식이 아니라 순환 휴직이라든지 교대제라든지 다양한 방식으로 충분히 갈 수 있었어요. 또 문제가 되는 게 회사 측 자료에도 나와 있지만 2010년도부터 또 인원이 늘어나요, 계획상. 2009년도에는 2,646명을 자르고 2010년도에 몇 명을 더 충원해야 하고 2011년에 몇 명을 충원해야 하고 이런 계획들이 있단 말이죠.

정봉주 그러면 안 자르면 되는 거 아냐.

이창근 그렇죠. 해고회피 노력을 구체적으로 해야 하는데 나머지 문제를 가지고 '해고회피 노력을 다했다' 이렇게 얘기하고….

최강욱 이것도 사실은 거짓말하다가 이 사람들이 논리가 꼬인 측면이 있어요. 여기서 놓치지 말아야 할 게 있어요. 회사가 경영상 어려움이 있으면 무조건 정리해고를 할 수 있느냐, 그게 아니라는 거죠. 회사가 그렇게 어려운 상황에도 노동자들의 피해를 최소화하기 위해서 해고를 안 시키려고 최대한 노력을 했다, 그런데도 이만큼은 정말 눈물을 머금고 이분들을 내보내야 한다. 이게 정리해고 요건이란 말이에요, 쉽게 말하면. 그러면 보세요, 논리적으로 회사가 어려우니까 노동자들한테 '자, 회사가 살기 위해서 당신들도 노력을 좀 해라'라고 하면….

정봉주 '우리도 이렇게 손실을 볼 테니 너희도 손실을 좀 봐라.'

최강욱 '졸라맵시다.' 이렇게 제안을 하고 실제로 그렇게 하는 거예요. 그랬는데도 도저히 안 될 수도 있죠. 회사가 돈도 없고 망해가고. 그러면 그때 '조금만 기다려주세요. 우리가 일단 해고했다가 또 채용하겠습니다' 이렇게 해야 하는 거죠.

정봉주 회사에 유동성위기가 있을 때 우리가 돈 모아서 내겠다, 이런 얘기까지 했잖아요.

이창근 저희가 그랬죠, 신차 문제와 관련해서.

최강욱 노측은 이렇게 열심히 노력했고, 그게 다 근거로 있단 말이에요. 근데 사측은 실제로 그렇게 한 게 없어. 그러니까 경영상 위기라고 얘기하는 그 시점이 오기도 전에 했던 거를 막 끌어다가 '우리도 이렇게 했다'고 갖다 붙인 거예요. 바보가 아니면 뻔히 갖다 만들었다는 걸 알 수 있는데 이런 것들이 판사를 하고 있다니까, 지금 우리나라에선.

이창근 2008년, 2009년 즈음해서 사회적으로 가장 많이 나온 단어가 뭐냐 하면 '잡 셰어링'이거든요. 근로시간 단축을 통한 일자리 나누기. 이거 사회적으로 굉장히 유통되고 이명박 전 대통령도 이거 엄청 팔아먹었거든요. 문제는 그렇게 팔아먹었던 일자리 나누기 문제를 쌍용에는 적용하지 않았다는 거죠. 저희가 얘기한 게 이거였거든요. 구체적으로는 '5+5'를 제안했어요. 5시간만 하자고 용역 발주를 했던 거죠, 저희가.

정봉주 노조 측에서?

이창근 그렇죠. 근데 이게 끝맺음을 못 했습니다. 왜냐하면 저희가 2009년 1월 9일 법정관리에 들어갔고 5월 21일 파업을 시작했는데 그 4개월이 넘는 기간 동안 회사와 마주앉아서 대화 교섭을 단 한 차례도 못 했습니다.

정봉주 해고회피를 할 수 있는 노력, 그러니까 회사의 경영상 어려움을 해결할 수 있는 근거를 노조는 이렇게도 해보고 저렇게도 해보고 계속 제안했는데, 그 와중에 회사 측과 무릎을 맞대고 단 한 차례도 이야길 못 나눴다….

최강욱 노조 측 얘기 들어보지도 않고. 그러면서 자기들은 노력했다는 거 아녜요.

정봉주 그냥 무조건 자르려 그랬던 거네.

김태욱 그게 가능한 이유가 있습니다. 대법원의 뒷받침이라고나 할까요. 우리나라 헌법은 정리해고에 대항해서 노동자들이 할 수 있는 방법으로 두 가지를 부여했습니다. 첫 번째는 노조법에 의한 쟁의행위.

물론 대법원은 그렇게 못 한다고 보지만 헌법상으로는 구조조정에 대해서 쟁의행위가 가능합니다. 그리고 근로기준법에 의한 법원을 통한 사법심사. 두 가진데 현재 우리나라 대법원은 구조조정 반대 파업을 불법이라고 하지 않습니까? 그러니까 사용자는, 방금 쌍용차 사례에서 본 것처럼, 정리해고를 하는 데 노동조합이 '이거 가지고 교섭하자' 이러면 굉장히 형식적으로 응하거나 아예 응하지 않습니다.

정봉주 대법원으로 가면 자기들 손을 들어주니까?

김태욱 아니 뭐, 일단 교섭에 응할 의무가 없다고 생각을 하거든요. 교섭에 의해서 노동조합이 힘을 가지는 건 파업을 할 수 있기 때문이거든요. 파업도 할 수 없는데 무슨 힘이 있겠습니까. 근데 '구조조정에 대해서는 파업을 못 한다'라고 대법원이 해석하고 있잖아요. 그렇기 때문에 쌍용차뿐만 아니라 우리나라 모든 사용자는 정리해고 문제에 대해서 노동조합과 교섭할 생각 자체가 없습니다.

정봉주 구조조정은 경영상의 문제이기 때문에 경영 관여로 보고 파업을 할 수 없다, 이렇게 해석하고 있는 거죠.

김태욱 그러면 불법 파업이 되면서 경찰수배 떨어지고 손해배상 해야 하고 이렇게 되는 거죠. 그러니까 사용자들이 애당초 교섭에 응할 생각이 없는 거예요. 그래서 쌍용차도 아까 말씀드린 그런 문제가 발생한 거고. 그렇다면 법원이라도 좀 정리해고를 엄격하게 해석해서 근로기준법에 규정된 대로 통제를 해줘야 하는데, 법원은 갈수록 완화해서 해석하고 있지 않습니까? 그러니까 제가 봤을 때 우리나라 노동자들은 정리해고 문제 닥치면 그냥 앉아서 당하는 거밖에는 방법이 없습니다. 파업도 못 하고 법원 가도 힘들고.

최강욱 아예 헌법과 법률에 그렇게 돼 있다면 대법원의 태도를 이해할 수 있겠지만, 지금 대법원이 헌법을 어기고 있다는 게 제일 큰 문제예요. 노동삼권을 보장한 이유가 가만히 놔두면 정글에서 자본가들이 계속 잡아먹기 때문이잖아요. 그러니까 노동삼권 같은 걸 보장해서 대등하게 싸울 수 있게 해줘야 하는 것이고, 그 싸움에 대해 국가가 공정하게 심판을 해야 하는 거예요. 가장 중요한 심판이 법원이죠. 그리고 노동부가 있고요. 근데 이 사람들은 뭐든지 다 노동자한테 불리하게만 해석해요.

김태욱 만약에 정리해고 반대 파업이 가능했으면 회사가 해고회피 노력을 진지하게 고민했을 겁니다. 하지만 현재는 '어차피 버티면, 노동자 불법 파업이 되니까 떨어져 나갈 거다. 내가 응할 이유가 있겠냐' 이렇게 생각하는 거죠.

정봉주 이제 1심도 이해가 되네. 1심에서도 '야, 이거 정리해고 문젠데 대법 가져가 봐야 너희가 져. 근데 뭘 복잡하게 해'라고 본 거 아닐까요?

최강욱 이 방송 듣는 분들이 꼭 기억해주셔야 할 게 있습니다. 우리나라는 삼권 분립이 돼 있다고 하죠? 행정권을 장악하는 대통령을 선거로 뽑고, 입법권을 가진 국회의원들도 선거로 뽑잖아요. 근데 사법부는 삼권 분립의 한 축인데 선거로 안 뽑아요. 그 이유가 뭐겠어요. 민주주의 원칙을 관철하려면 다 선거로 뽑아야 하는데, 선거로 뽑아서 모든 걸 마음대로 하게 하면 항상 다수자들의 마음대로 된다, 그런 거 아닙니까. 댓글 공작을 하든 돈을 풀든 해서 표만 많이 얻으면 다 제 맘대로 할 수 있는 거 아녜요. 그래서 사법부만큼은 '적어도 소수자의 입장을 배려해라'라는 차원에서 선거로 뽑지 않는 거예요. 사법부의 중요한 사명은 편파적으로 재판하라는 게 아니라 소수자가 지금의 이 법률환경이나 경제환경에서 부당하게 빼앗기고 있는 이익이 없는지를 살펴서 최대한 보장해주는 거예요.

정봉주 그냥 놔두면 자본의 논리, 힘의 논리가 작용하니 법원이라도 최소한 마지막 보루로서 소수자의 권익을 보호할 수 있도록 그 질서를 지켜줘라.

최강욱 아무리 힘이 세고 숫자 많은 놈들이 '이게 맞다'고 우겨도 법원은 정확히 보고 소수자의 이익을 지켜야 한다라는 얘기를 하는 거라고요. 그런데 법원이 오히려 나서서 반대의 길을 가고 있죠. 헌법에는 파업권이 보장돼 있는데 법원이 '그 파업은 불법 파업이야'라고 판결해요. 헌법상 노동삼권이 보장돼 있잖아요. 그런데 업무방해죄라는 걸로 옭아매고 헌법상의 권리를 행사하면 처벌해. 그건 형법에 규정돼 있는, 우리나라에만 있는 아주 이상한 법률이에요. 이렇게 헌법을 위반하는 식의 판결을 계속하고 있어요.

파기환송심에 거는 마지막 희망
지금은 이성으로 버텨야 할 때

정봉주 파기환송심으로 다시 왔단 말이에요. 가능성은 좀 있어요?

김태욱 실제로 많이 힘들기는 할 것 같습니다.

정봉주 그렇죠. 원래 파기환송할 땐 대법원의 뜻에 따라서, 대법원이 판결한 대로 다시 판결하라는 거 아녜요.

김태욱 하지만 파기환송심도 어쨌든 새로운 증거에 의해서 그 대법원 판단에 기초가 되는 사실관계가 달리 인정되면 다른 판단이 가능하니까요. 파기환송심에서 주장하려고 생각하는 것은 일단 첫 번째로 쌍용차가 고용안정협약을 체결했다는 것. 이게 한 번 체결한 게 아니라 저희가 파악한 것만 해도 네 번 정도인데요. '전 조합원 고용 보장하겠다'라는 내용이에요. 쌍용차 2심 선고된 이후에 나온 대법원 판결에 의하면 고용안정협약을 위반한 판결은 원칙적으로 무효라고 했어요. 다만 현저한 사정변경이 있을 때에는 예외로 할 수 있다고 판결했죠. 그전에도 고등법원 판례가 있었다가 이제 대법원 판결이 나온 건데요.

최강욱 새로운 대법원 판례가 하나 생긴 거죠, 그사이에.

김태욱 2심 선고된 이후에요. 저희가 봤을 때는 고용안정협약이 분명히 있었고 그것도 한 번이 아니고 네 번이나 있었기 때문에 현저한 사정변경이 있었는지 이게 문제가 될 거라고 생각해요. 이번 대법원 판결에 의하면 오히려 이건 현저한 사정변경이 아니거든요. 왜냐하면 2006년, 2007년, 2008년도에 체결한 협약이니까.

최강욱 일관되게 어려웠다는 거잖아요.

김태욱 계속 어려웠다는 얘기인 데다, 사정변경이 없었다는 게 오히려 대법원 판결로 확인됐으니까요. 더 중요한 건 아까 이창근 실장님이 말씀하셨던 대로 회사의 구조조정 근거가 된 삼정KPMG 및 회생절차 조사위원인 삼일의 보고서에서도 1~2년 뒤의 신규채용을 예정하고 있었다는 겁니다.

정봉주 아, 신규채용!

김태욱 판매량이 증대될 걸로 예상했기 때문에요. 사실 정리해고 계획에 의하면 근로시간 단축을 통한 일자리 나누기로 일시적으로 버틸 수 있었는데 회사는 오히려 정반대 조치를 취한 거죠. 2교대로 돌아가던 것을 '교대조 하나만 줄이자, 하나로만 운영하겠다'라고 한 거죠.

정봉주 아까 이창근 실장님이 얘기했던 '5+5'가 충분히 가능했던 거네요.

김태욱 그때 정부에서는 독일 폭스바겐이 이렇게 했다 하면서 적극적으로 홍보까지 하고 그랬었거든요. 근로시간 단축을 통한 일자리 나누기요. 근데 쌍용차는 정반대되는 조치를 취했고 노조에서 제안했던 이런 일자리 나누기에 대해서는 '전혀 검토할 수 없다'라고 했어요. 그건 판결문에도 나와 있습니다. 다른 사건 판결문. 그래서 분명히 이거는 문제가 있고, 다툴 여지가 있다고 생각하고 있습니다.

정봉주 가족들이 많은 어려움을 겪고 있을 텐데요. 어떻습니까, 가족들은?

이창근 사실 말씀드렸던 것처럼 전진할 거냐, 후퇴할 거냐. 혹은 제자리에 머물 거냐, 앉을 거냐. 이런 판단도 지금은 어려운 상황 같아요. 그래서 어떻게 할지 모르겠다는 말씀을 가장 많이들 하시는 것 같고. 뭐, 다른 분들 얘기할 거 없이 제 얘기죠. 사실 억울한 부분이 너무 많고, 오늘 이 자리에서 많은 얘기를 하고 싶었습니다만. 많은 분들이 지금 이 문제와 관련해서 이야기하고 계십니다. 지금 국면은 '우리가 정말 어렵습니다. 얼마나 고통스러운지 여러분 아셔야 합니다'가 아닌 것 같아요. 지금은 이성으로 버텨야 할 시기라고 보고, 우리가 매우 중요한 시기에 와 있다는 믿음이 있습니다.

또 저희가 주저앉으면 안 되지 않습니까. 저희가 여기서 주저앉으면 남은 가족들도 문제고, 또 특히나 쌍용자동차와 관련해서 이 문제를 정말 어떻게든 해결해보고 싶어 했던, 연대해주신 수많은 분들이 있거든요. 저희는 사실 쌍용자동차 노동조합이라고 하면 복직을 해야 하는 것도 있지만, 그 큰 의미는 이분들의 연대의 마음, 이 에너지를 어떻게 구체적으로 현실에서 증명해내느냐라는 의무감도 있거든요. 그래서 저흰 주저앉을 수가 없고, 다시 싸움을 할 겁니다. 어려운 길이지만 싸움을 할 것이고 가능성의 구멍이 조금 좁아졌을 뿐이다, 완전히 막히지는 않았다, 그런 생각으로 싸워나갈 겁니다.

혹시나 이 방송을 듣는 분 가운데 이 소송과 관련이 있는 분을 알고 계신다면, '너 앞으로 또 할 거냐' 이런 질문만은 하지 않았으면 좋겠어요. 그분이 친척이든 동생이든 동네 형이든, 그 말이 지금 도움이 되는 게 아니고 그냥 말없이 손잡아주고 이분들이 결정하는 것을 그냥 지켜봐 주는 것이 가장 중요하거든요.

정봉주 네. 김태욱 변호사님도 마지막으로 정리 말씀 해주시죠.

김태욱 저는 모든 분이 하시는 말씀이지만 쌍용차 문제가 우리나라 현재 노동자들이 처한 상황을 아주 극명하게 보여주는 사례라고 봅니다.

첫 번째로 이번 대법원 판결에 의할 때 오히려 쌍용차 문제는 상하이차를 비롯한 외국 투기자본이 문제였다는 게 더 확실히 드러났다는 겁니다. 결국 상하이차는 기술 다 빼먹고 해외로 튀었는데 한국에 남은 게 뭐냐. 해고자들하고 그 희생자들만 남은 거죠. 그런데도 우리

나라에서는 대법원이 정리해고 반대 파업을 하면 안 된다고 하기 때문에 사용자들은 정리해고 과정에서 그냥 해고회피 노력도 잘 안 하고 그야말로 마음대로 합니다. 그러니까 노동자들은 다른 방법으로 교섭력을 강화할 수단을 찾을 수밖에 없죠. 점거를 한다든가 이런 방식으로요. 그러지 않으면 사용자가 전혀 고려하지 않기 때문입니다. 그리고 두 번째로 그럼 그렇게 해서 정리해고가 됐는데 이것을 법원이 어떻게 판단하느냐 하는 건데요. 한마디로 파업을 못 하게 했으면 법원이라도 좀 엄격하게 심사를 해야지 권리보장이 되는 건데, 법원도 계속 정리해고를 넓게 인정해주고 있으니 도대체 어떻게 하라는 건지 좀 답답하기는 합니다. 두 가지 대법원 판결이 있습니다. 첫 번째는 왜 정리해고 반대 파업은 안 되냐라는 거에 대법원은 이렇게 서술했어요. '경영권과 노동삼권이 서로 충돌하는 경우에 기업의 경쟁력을 강화하는 방식으로 해결책을 찾아야 한다. 그 이유가 결과적으로 기업과 근로자가 다 함께 승자가 될 수 있기 때문이다.' 이게 대법원 판결에 딱 들어가 있습니다. 이러니까 정리해고 반대 파업이 안 된다는 겁니다.

정봉주 그러니까 노동삼권보다 경영권이 더 우선이라는 거네요?

김태욱 그렇죠. 그 이유가 그래야지 둘 다 승자가 된다는 건데, 이거는 찌라시에서 맨날 얘기하는 거 아닙니까? 이런 게 대법원 판결 문구에 들어가 있습니다. 두 번째로 이번 정리해고 판결 보면 '구조조정 규모는 특별한 사정이 없는 한 경영 판단이니까 정당하다'라고 되어 있습니다. 결국 파업도 못 하고, 법원 심사는 자기들이 마음대로 넓혀서 해석하고 이러는 판국입니다. 우리는 당할 수밖에 없다는 거죠.

최강욱 저도 조금만 보탤게요. 이게 단순히 쌍용자동차 해고자분들의 눈물이 있기 때문에 슬픈 판결이 아니라, 이거는 아주 악질적인 판결이라고 저는 생각합니다. 방금 김 변호사님이 말씀하신 것처럼 법원이 최소한의 도리마저 팽개친 판결이고요, 헌법정신을 짓밟은 판결입니다. 대법관이라는 사람들이 구름 위에 떠 있는 사람들이 아닙니다. 국민들이 얼마든지 버릴 수 있는 존재들입니다. 만약에 이런 식의 태도를 계속 견지한다면 이런 대법원은 우리나라에 있어서는 안 된다고 저는 생각합니다. 버려야 합니다.

하어영 저는 2009년에도 기자였고 지금도 기자생활을 하고 있는데, 스물다섯 분의 희생을 그 시간 동안 지켜보면서 세월호 생각을 안 할 수가 없습니다. 5년 동안 서서히 침몰해가는 어떤 비극을 보고 있는 듯한 느낌이기도 해요. 누군가가 구조를 해야 하는데 아무도 구조하지 않은. 구조하지 않는 자가 누구이며, 대법원의 역할이 혹시나 그 선장, 세월호 선장이 아니었는지 하는 생각을 떨칠 수가 없고요. 남아 계신 분들이 '살려 달라!'고 얘기하고 국가에 대해서 정당한 요구를 함에도 약자를 구조하지 않는, 말하자면 법원도 우리가 봤을 때는 구조해야 하는데 하지 않는 정부와 다르지 않다라는 생각을 하죠. 정말 상식적인 차원에서라도 우리가 그 관심을 좀 더 불러일으켜야 하지 않을까, 우리가 좀 더 관심을 가져야 하지 않을까 하는 생각이 듭니다.

정봉주 2012년에 감옥에 있을 때 누가 쌍용차 기록과 쌍용차 책을 넣어줬어요. 그런데 처음엔 쌍용차 기록을 못 봤어요. 한 3분의 2 정도 수감생활을 하고 나니까 조금 여유가 생겨서 그때 봤죠. 그래서 제가 출소하자마자 대한문에 있는 쌍용차 농성장을 찾아간 겁니다. 간단하게 이겁니다. 인간의 본성으로 돌아가 보니까 파업이나 이런 게 논리적으로 오지 않고 그냥 본성으로 '아, 이분들이 지나치게 가혹 행위를 당하고 있구나' 하는 심정이 오더라고요. 바닥까지 가보니까 그런 생각이 든 겁니다.

아까 이창근 실장님이 말씀하실 때 '너 계속할 거냐'라고 하셨죠. 세월호 가족들과 다르지 않다고 보는데, 세월호 가족들이 가장 힘들어하는 얘기가 '이제 그만해라'라는 거랍니다. 도와주지는 못해도 하는 분들에게 '계속할 거냐' 아니면 '그만해라' 이런 얘기는 정말 아픕니다. 옆에 같이 서서 묵묵히 지켜봐주는 것만으로도 큰 힘이 된다는 우리 실장님 말씀이 가슴을 울립니다.

진 것 같지만 지지 않은 것이 인생사이고, 이렇게 힘들 때 좌절하지 않고 희망의 옷자락을 마지막까지 부여잡고 있는 게 다시 희망의 밝은 빛을 가져올 수 있는 길이 아닌가 생각합니다. 쌍용차 가족들 그리고 쌍용차와 함께 손을 잡았던 많은 분 힘내시고, 반드시 승리할 수 있다는 확신의 마음을 가져주시길 바랍니다.

—
누가
민주주의에
사망선고를
내렸는가?

- 2014년 12월 19일,
대한민국 민주주의
종언을 고하다

이재화 변호사
김원철 기자

진보당 해산,
길 잃은 대한민국

_ 이재화

2013년 8월 말경 검찰은 이른바 이석기 전 의원의 내란음모 사건을 발표했다. 지하혁명조직 RO 조직원 130여 명이 마리스타교육수사회에서 모여 내란을 모의하였다는 것이다.

이 내란음모 사건은 통합진보당 해산의 신호탄이었다. 정부는 2013년 11월 15일, 14년 동안 합법적인 정당으로 활동해온 통합진보당에 대해 해산심판청구를 감행했다. 1956년 동서냉전의 소용돌이 속에 정치적인 이유로 결정된 독일의 공산당 해산, 그 후 반세기 동안 문명국가에서 사라졌던 '정당해산'이라는 단어가 대한민국에서 다시 등장한 것이다.

대한민국 헌법에 정당해산제도가 처음 도입된 것은 4·19혁명 직후에 개정된 '1960년 헌법'에서다. 이승만 정부가 행정처분으로 조봉암의 진보당을 해산시켜버린 뼈아픈 역사에 대한 반성적 고려에서 야당을 특별히 보호하기 위함이었다. 그런데 정부의 통합진보당 해산심판청구는 소수정당에 대한 집권당의 정치적 보복으로 이뤄진 것이다. 정당해산제도를 도입한 헌법의 취지에도 맞지 않는 조치였다.

정부는 독일공당산 해산결정을 금과옥조로 삼아 통합진보당 해산심판을 청구했다. 그러나 유럽에서는 냉전이 종료된 후 민주주의가 안정되면서 독일공산당 판결은 사실상 용도폐기됐다. 유럽평의회 산하의 '베니스위원회(법을 통한 민주주의를 위한 유럽위원회)'는 1999년 12월 "정당의 해산은 정당이 민주적 헌정질서를 전복하기 위한 정치적 수단으로 폭력을 옹호하거나 폭력을 사용함으로써 헌법에 의해 보장되는 권리와 자유를 위태롭게 하는 경우에만 정당화된다"라는 지침을 밝혔다. 이 지침은 전 세계 문명국가에서 정당해산 지침서 역할을 하고 있다.

이른바 내란음모를 하였다는 마리스타교육수사회 모임에서는 총 한 자루, 죽창 한 자루도 발견되지 않았다. 대한민국의 기본질서를 해칠 구체적인 위험성이 없었다. 정부의 통합진보당 해산심판청구는 이 지침에도 명백히 어긋나는 것이었다. 참새를 잡기 위해 대포를 쏜 격이었다.

증거에 의한 사실 인정이 아닌 심증에 의한 창작

정당해산심판 사건의 심리 도중 정당해산심판청구의 계기가 된 이석기 내란음모 사건의 항소심판결이 선고됐다. 서울고등법원은 2014년 8월 11일 '지하혁명조직 RO의 존재는 인정되지 아니하고, 내란음모는 성립하지 않는다'고 선고했다. 정부의 정당해산심판청구의 기둥이 송두리째 무너져버린 것이다.

그럼에도 헌법재판소는 박근혜 대통령의 당선 2주년이 되는 날인 2014년 12월 19일 전격적으로 정당해산심판청구 사건의 선고기일을 지정해, 통합진보당 해산결정을 내렸다. 이석기 전 의원의 내란음모 사건에 대한 고등법원판결 및 그 후에 선고된 대법원 판결과 전혀 배치되는 사실을 증거도 없이 임의로 인정하여 통합진보당을 해산한 것이다.

헌법재판소의 통합진보당 해산심판은 최악의 재판이었다. 재판관들은 대한민국의 민주화 운동 역사에 대한 그릇된 인식을 가지고 있었고, 민주주의는 반공산주의라는 사상적 편향성을 노골적으로 드러냈다. 헌법정신에 따라 철저한 증거재판을 해야 하는 헌법재판소는 증거재판주의를 내팽개치고 심증재판으로 일관했다. 통합진보당과 그 전신인 민주노동당에서 아무런 활동도 하지 아니한 남파간첩과 민혁당 활동을 하다가 전향한 자 등의 일방적인 증언과 정부가 제출한 아무런 가치 없는 보수 언론의 '찌라시'만으로 원하는 사실관계를 확정했다.

정당해산심판 사건에서 내란음모 사건이 차지하는 비중은 절대적이었다. 헌법재판소는 개별 형사 사건의 사실관계를 확정하는 기관이 아니기 때문에 내란음모 사건의 대법원 판결을 기다려 그에 따라 헌법적 판단을 하여야 한다. 그런데 헌법재판소는 선고가 예정된 대법원 판결을 기다리지 않고 대법원 판결과 다른 판단을 해버렸다.

대법원은 2015년 1월 22일 내란음모 사건을 선고하면서 '지하혁명 조직 RO는 없고, 내란음모는 성립하지 않으며, 내란 실행으로 나아갈 구체적 위험성도 없다'고 판단했다. 그런데 헌법재판소는 이석기 전 의원의 강연에 참가한 130여 명을 지하혁명조직원이라고 판단하고 그들이 통합진보당을 장악해서 북한식 사회주의를 추구했다고 단정했다. 헌법재판소의 이러한 판단은 내란음모 사건의 대법원 판결과 180도 다른 것이다. 달리 이를 인정할 아무런 증거가 없다. 증거에 의해 사실을 인정한 것이 아니라 심증에 의한 창작을 한 것이다.

민주주의의 이름으로 민주주의를 압살하다

민주주의는 정치적 소수자에 대한 포용과 관용, 공개적인 토론과 선거를 통한 의사결정과 선택을 생명으로 한다. 그런데 헌법재판소는 우리 사회의 주류적 입장과 다른 주장을 한다는 이유로 통합진보당을 정치공론의 장에서 추방해버렸다. 헌법재판소는 반대파를 포용하는 관용의 나라를 포기하고 국가가 나서서 반대파를 제거하는 나라를 선택했다. 다수파의 횡포로부터 소수파를 보호해달라는, 위법한 공권력 행사로부터 소수정당을 보호해달라는 헌법의 요청을 애써 외면하고 힘 있는 다수파와 정부의 편에 서버렸다. 이로 인해 대한민국은 진보정당을, 비판정당을 인정하지 않는 후진국으로 전락해버렸다. 세계의 조롱거리가 되어버렸다. 민주공화국 대한민국은 길을 잃어버린 것이다.

정당해산결정으로 우리는 많은 것을 잃었다. 다양한 정치적 주장과 사상의 자유를 잃었고, 이념적 스펙트럼의 폭도 현저히 줄어들었다. 공론의 장 반쪽은 금지구역이 되었고 절름발이 사회가 되어버렸다. 새가 좌우의 날개로 날듯이 민주주의는 좌에서 우까지 다양한 사상과 이념이 공존할 때 꽃피울 수 있다. 진보정당, 비판정당을 인정하지 않는 나라는 더 이상 민주주의 국가가 아니다. 헌법재판소의 통합진보당 해산결정은 민주주의의 이름으로 민주주의를 압살해버린 '민주주의에 대한 사망선고'에 다름이 아니다.

정봉주 2014년 12월 19일, 대통령 선거가 있은 지 2년째 되는 날입니다. 대한민국의 민주주의는 종언을 고했습니다. 오늘 헌법재판소가 통합진보당 해산결정을 내렸습니다. 많은 국민과 법학자들이 '정당해산은 국민의 선택에 의해서 이루어지는 것이다'라는 주장을 했음에도 결국 헌재는 통합진보당 해산결정을 했습니다. 전 세계에서 몇 안 되는, 다시 한 번 치욕적인 국가의 역사를 기록했습니다.

오늘 함께하실 분, 1년간, 1년이 조금 넘는 기간이죠? 통합진보당 해산 청구심판 변론을 맡아온 이재화 변호사 자리하셨습니다.

이재화 오늘은 무척 슬픈 날입니다. 스무 명의 변호사와 함께 통합진보당 소송대리를 해온 이재화 변호사입니다. 대리인단의 대표로서 민주주의가 붕괴되는 것을 막지 못한 것에 대해, 통합진보당 해산결정을 막지 못한 것에 대해 국민 여러분에게 사죄하는 마음으로 이 방송을 하겠습니다.

정봉주 그리고 〈한겨레신문〉의 김원철 기자 자리하셨습니다.

김원철 안녕하세요, 김원철입니다.

숨은 목적을 찾으라는 것은
증거의 의한 재판을 포기하라는 것

정봉주 헌재가 8대 1로 정부 측 청구를 인용했다는 것이죠? 정부 측에서 정당해산청구를 인용했다는 것은 무슨 의미인가요?

이재화 정부의 주장을 다 받아들였다는 말입니다.

정봉주 그래서 해산결정을 한 거죠? 결정문의 내용을 간단히 소개해주세요.

이재화 오늘 여덟 명의 재판관은 위헌결정 의견에 가담했고, 김이수 재판관 한 분만 기각의 의견을 제시했습니다. 여덟 명 재판관의 위헌 의견이 헌법재판소의 의견이 되는 거죠. '통합진보당이 강령에서 밝히고 있는 목적은 위헌이라고 단정할 수 없지만 북한식 사회주의를 실현한다는 숨은 목적을 가지고 있었고, 그 숨은 목적은 우리 헌법상의 민주적 기본질서에 위배된다. 그리고 해산하지 않으면 헌법질서가 무너질 구체적인 위험이 있어서 불가피하게 해산을 한다. 그 정당 소속 국회의원 다섯 명 모두 자격을 상실하게 한다'는 것이 헌재 결정의 요지입니다.

정봉주 숨은 목적을 찾아냈나요?

이재화 정부 측 전문가로 고려대학교 장영수 교수가 법정에 나와서 이른바 퍼즐 이론이라는 걸 제시했어요. '정당제도가 있는 나라에서는 공개적으로 위헌적인 목적을 드러내는 경우가 없다. 따라서 희미한 단서들을 모아 퍼즐 맞추기를 해서 숨은 목적을 찾아야 한다. 그 숨은 목적을 찾아내서 위헌 여부를 결정해야 한다라는 것이죠. 정부

측은 이 퍼즐 이론에 따라 재판을 진행했어요. 정부는 당원들의 개별적인 국가보안법 사건 기록, 토론회 자료, 보수 언론들이 통합진보당이 종북주의자라고 이야기했던 신문들, 이런 찌라시들을 모아서 트럭으로 증거를 제출했죠. 퍼즐을 맞춰서 숨은 목적을 찾으라는 이야기는 증거에 의해서 재판을 하지 말고, 재판관들이 예단해서 통합진보당을 해산해달라는 얘기예요.

정봉주 그러니까 객관적 자료로써 얘기하지 말고 헌법재판소 재판관들의 주관적 판단으로 결정을 내달라는 것인가요?

이재화 관심법으로 판단해달라는 거죠.

정봉주 독심술을 사용해서….

이재화 그렇지, 독심술이죠.

정봉주 근데 그 퍼즐 이론이라는 게 법학계에서 존재하는 이론인가요?

이재화 아니죠. 공개적 대중정당은 '우리는 이런 목표로 활동한다. 우리가 집권하면 이런 목표를 실현하겠다'라는 것을 대중에게 공개하고, 그것에 따라서 활동하여 국민의 지지를 받아 집권하려는 것 아닙니까? 따라서 공개적 대중정당에는 숨은 목적이 있을 수 없어요.

정봉주 그러니까 말예요. 아니, 우리가 선거운동을 할 때 유권자들에게 당의 강령과 정책을 제시하고 '우리는 이런 것을 한다'고 하면서 표를 받으려고 노력하는 거 아녜요?

이재화 그렇죠.

정봉주 그런데 숨어 있는 목적을 통해서 그 당의 위헌성, 합헌성을 찾아내야 한다는 게 무슨 얘깁니까? 다른 얘기로 하면 국민들이 '이 정당의 숨어 있는 목적은 뭘까' 이런 걸 추측해서 정당의 지지 여부를 결정한다는 것과 다를 바가 없는 거 아녜요?

이재화 숨은 목적이란 말은 공개정당하고는 맞지 않는 거예요.

정봉주 숨은 목적이라는 것 자체가 처음 들어보는 얘기예요.

이재화 처음 들어보는 게 당연하죠. 헌법학자들도 이야기하지 않는 논리니까요.

정봉주 퍼즐 이론이라고 분명히 제시했어요? 숨은 목적을 찾아야 한다고?

이재화 예, 그럼요. 퍼즐 이론이라는 게 원래 있던 이론이 아니고 창조해낸 거예요. 박근혜 정부가 창조경제, 창조경제 하니까 이론을 창조한 거죠.

정봉주 정당해산은 형사재판보다도 더 엄격한 입증이 필요한 것 아닌가요?

김원철 그렇죠.

이재화 정당에 대한 사형선고니까요.

김원철 그래서 헌재도 헌법재판소법 개정안에 대해 국회에 기관 의견을 내면서 정당해산의 경우 형사소송법을 준용하도록 개정해달라고 했어요.

이재화 헌재가 국회에 입법청원을 했죠.

김원철 헌법재판소법을 정비한 다음에 형사소송을 준용하는 게 맞다, 이렇게 헌재 스스로가 개정안을 냈던 거죠.

정봉주 의견을 냈는데 그게 바뀌지 않은 상태에서….

김원철 이 일이 터진 거죠.

이재화 헌법재판소가 형사소송법을 준용하도록 법을 바꾸려고 한 이유가, 독일이 그렇게 돼 있거든요. 정당해산재판은 그 성질상 정당에 대한 국가의 형벌권을 발동하는 거거든요. 정당을 해산시키는 것은 개인에게 사형을 선고하는 것과 똑같아요. 그러니까 민사소송으로 규정해버리면 정당해산이나 헌법재판의 성질에 반하는 거예요. 그래서 변호인단이 '이건 형사소송에 따라서 해야 한다'고 주장했죠. 근데 그걸 정하지 않고 준비 절차에 임했거든요. 그러고는 룰을 정해달라 그랬는데 엉뚱하게 민사소송으로 한다면서 '위법 수집증거라든지 문서에 진정성이 불명확한 건 채택하지 않고 나머지는 다 증거로 채택한다' 이렇게 한 거예요. 그러면서 예컨대 '조갑제닷컴'의 사설이라든지 보수논객의 찌라시들도 다 증거로 채택했어요.

정봉주 무슨 말인지 이해가 좀 되네요. 그러니까 이게 원래는 '형사소송법에 준하는 입증이 필요하다'라고 개정안을 냈을 때는 이런 뜻도 담겨 있을 수가 있네요. 우리나라에서는 정당해산심판청구가 들어올 리 만무하기 때문에 별로 정비하지도 않았는데… 또 한편으로는 '자칫 권위주의 정권이 이렇게 정비되지 않은 이 규정을 악용해서 정당을 해산하는 이런 상황이 오면 안 된다'라는 뜻도 있지 않았을까 하는 느낌이 하나 들고.

또 하나는, 예컨대 지금 축구 게임을 하려고 하는데 룰이 정비가 안 돼 있어요. 그렇다면 룰이 정비되고 난 다음에 게임에 들어가야 하는 거죠. 마찬가지로, 이번에 정부에서 정당해산심판청구를 했는데 이 부분에 대해서 명확한 규정이 없다면 이 규정을 정비하고 난 다음에 심판청구에 대한 법리를 진행하는 게 맞는 거 아니에요?

이재화 그렇게 정비될 때까지 안 할 수는 없으니까. 해석상 정당해산심판의 성질이 민사소송보다 형사소송에 가깝기 때문에 형사소송법을 준용해야죠.

정봉주 형사소송을 훨씬 뛰어넘어야 하는 거 아녜요?

김원철 그게 상식적이죠.

이재화 적어도 형사소송이죠. 정당에 형벌권을 부과하는 성질이 강하기 때문에 형사소송법을 준용한다고 해석하는 게 맞는 거죠.

정봉주 그런데 이게 짜고 치는 고스톱 같다는 느낌이 좀 드네요. 뭐냐 하면 퍼즐 이론이라는 걸 창조적으로 만들었다는 거죠. 그걸 근거로 하여 숨어 있는 조각들을 찾아서, 숨은 뜻을 찾아서 정당을 해산하라고 하는 판단 기준을 준 거 아녜요.

이재화 그러니까 '이러이러한 증거에 의하면 이런 사실이 인정될 수 있다' 이런 거잖아요. 근데 재판관들은 그냥 '기록에 의하면 이런 사실을 인정할 수 있다'는 거예요. 그러고는 자기들 마음대로 사실관계를 확정해버린 거예요.

정봉주 그러고는 '숨은 목적을 찾아냈다' 이렇게 얘기하면 할 말이 없는 거 아녜요.

김원철 그게 이번 판결의 가장 큰 문제입니다. 헌재가 형사소송법을 적용해야 한다고 의견을 냈던 이유도 뭐라고 돼 있냐면 '정당해산심판 절차에서 증거자료를 확보하기 위해서는 정당의 주요 조직이나 간부 등에 대한 압수나 수색이 불가피하게 필요한 경우가 있을 수 있다'는 거예요. 근데 지금 헌재가 증거자료를 강제로 확보할 수 있는 근거가 없으니까 '우리가 이 정당해산심판 절차에서 사실인정을 엄격하게 하기 위해 약간 강제력까지 동원할 수 있도록 법을 바꿔달라'는 것이었어요. 그만큼 굉장히 엄밀하게 사실을 채택해야 한다는 걸 알고 있다는 거예요.

정봉주 본인들이 그렇게 주장했음에도 이번에는 그것에 반하는 재판을 했잖아요.

김원철 재판을 시작할 때 '우리 재판관들끼리 논의를 했더니 민사소송을 하는 게 맞아요' 그냥 이렇게 선언하고 지나가 버렸어요.

정봉주 왜 그런 거예요?

이재화 정부 측이 제출한 언론의 논설, 지령문이든 북한의 논평 등의 증거에 대해 통합진보당 측이 증거로 사용하는 데 동의하지 않으면 그 문서의 작성자들이 다 법정에 나와 증언해야 하기 때문이에요.

김원철 다 나와서 증언해야 합니다.

정봉주 그러면 북한 사람을 부르는 순간, 헌법재판관들은 국가보안법 위반이 되네. (웃음)

이재화 나올 리가 없으니까… 안 나와버리면 증거채택이 안 돼요.

정봉주 아니, 나와도 골 때리는 상황이 되는 거 아녜요?

김원철 어쨌든 신문기사나 이런 것들이 다 증거로 채택될 수가 없어요. 그걸 쓴 사람이 직접 나와서 '내가 쓴 것이 맞다' 이렇게 얘기하지 않으면 증거채택이 안 돼요.

이재화 그런데 헌재는 국정원의 수사보고서, 일심회나 왕재산 사건에 나오는 북한 지령문 등은 증거채택이 될 수 없는 것임에도 모두 증거로 채택해버렸죠. 이런 서류들은 원래 일심회나 왕재산 국가보안법 재판에서도 증거로 채택되지 않은 것들이에요. 그런데도 헌재가 그것을 모두 증거로 채택해버렸어요.

정봉주 아, 재판 절차상에 심각한 문제가 있었던 거네.

김원철 이걸 뒤집어서 생각해보면 되게 쉬운데요. 예를 들어 오늘 헌재의 논리대로라면 통합진보당의 핵심세력들을 국가보안법으로 기소하면 유죄가 나야 한다는 논리가 되거든요. 근데 이런 식으로 국가보안법 기소하면 이 증거들 전부 받아들여지지도 않아요. 왜냐면 국가보안법은 형사재판이기 때문에, 굉장히 증거채택이 엄격하고 굉장히 입증의 수준이 높다는 말입니다. 한마디로, 쉬운 길 찾은 거예요.

이재화 헌재가 증거채택 기준을 완화했음에도, 정부 쪽에서 트럭 석 대 분량으로 제출한 증거 중 실제 재판에서는 거의 40퍼센트를 철회했어요. 그 완화된 룰에 따라도 증거로 인정하기 어려운 게 40퍼센트나 됐어요.

정봉주 아, 완화된 민사소송법에 근거한 기준으로 봤을 때에도 증거채택이 어려운 게 40퍼센트….

이재화 40퍼센트 됐는데, 그 증거능력이 없는 건 재판관들이 보면 안 돼요. 판사 심증에 영향을 미치면 안 되니까. 그래서 제출을 하지 못하게 했는데, 정부 측은 철회한 증거를 참고자료로 그대로 다시 제출했어요. 통합진보당 측 소송대리인이 이의제기를 했지만 헌재는 정부 측이 철회된 증거를 참고자료로 제출하는 것을 허용했어요.

정봉주 아….

이재화 그러니까 증거로 내든 참고자료로 내든 아무 상관이 없는 거예요.

정봉주 검찰 측에서 '이놈들이 빨갱인데 이거 보고 심증을 좀 가지세요. 그리고 당신들의 심증으로 이들에 대한 적개심을 좀 불태우고 그 심증으로 판결하세요' 이렇게 제안을 했는데 헌재가 그걸 받아들인 거네.

17만 페이지의 증거자료 앞에서도
눈 감아버린 재판관들

이재화 내가 1년 동안 본 바에 따르면 안창호 재판관 같은 경우는 1년 내내 자고 있었어요, 대법정에서.

정봉주 그렇게 말하면 모욕죄에 해당하지 않나요?

이재화 괜찮아요. 그게 실제 있었던 사실인데요, 뭐. 안창호 재판관 나한테 걸라 그래. 맞짱 뜨지, 뭐.

정봉주 진보당 해산 때문에 팟캐스트도 못 할까봐 전전긍긍하고 있는데. 감옥 갈 각오했어요?

이재화 각오했지. 근데 안창호 재판관, 그다음에 서기석 재판관, 조용호 재판관 이런 사람들은 재판이 진행되는 1년 동안 질문을 한 번도 안 했거든. 그 이유가 뭐냐 하면 '재판은 쇼야, 나는 이미 결론 내렸어'라는 거죠. 그래서 사실은 우리가 1년간 재판을 하면서 그중에 이진성, 강일원, 이정미 등 합리적 보수라는 재판관들을 설득하려고 했는데, 그 재판관들마저도 마찬가지였어요.

정봉주 심정적으로….

이재화 그냥 법복만 입고 진실에 눈감고 있었던 거예요.

정봉주　그러면 소송대리인단에서 그렇게 목청 높이면서 '이게 민주주의의 위기이고, 정당해산은 국민의 몫이다. 당신들이 입증할 만한 증거자료들이 없다'라고 1년 내내 주장한 걸 하나도 듣지 않았다는 얘기네요.

이재화　듣지 않았죠. 17만 페이지의 증거자료가 통합진보당이 폭력혁명을 추구한다는 건 하나도 없었고, 통합진보당의 모델은 북한식 사회주의가 아니라 브라질이나 베네수엘라 등 선거를 통해서 민중주권을 수립한 남미 좌파국가였다는 것이 다 드러났어요. 민주노동당과 통합진보당 간부들은 베네수엘라나 브라질에 견학도 다녀왔고, 민주노동당 〈집권전략 보고서〉에도 이런 나라를 모델로 삼는다는 것이 명시가 돼 있어요. 그런데 헌재는 이런 명백한 증거들을 모두 무시해버렸어요.

정봉주　그건 위장전략이고, 숨은 목적은 북한식 사회주의를 지향하는 거다?

김원철　그렇죠.

이재화　이른바 PD계열에서도 2011년 6월에 진보적 민주주의를 강령에 도입할 때 맹렬한 비판을 가했는데, 그때도 북한식 사회주의를 추구한다고 비판하는 사람은 아무도 없었어요. 도리어 진보적 민주주의가 사회주의를 포기하고 자본주의를 추구한다는 것 때문에 반대했죠.

정봉주　아, PD계열에서 NL계열을 공격하면서 '너희가 진보적 민주주의라고 얘기하지만 이것은 실질적으로 자본주의다', '우편향되어 있다'라고 했다는 거죠?

이재화 '개량주의다'라는 것이었어요.

정봉주 그런 증거는 안 받아들여지나요?

이재화 우리가 그러니까 1년 동안 바보 같은 짓을 한 거예요. 우리는 열심히 증거를 찾아내고 그것을 설명하고 재판관들을 설득하면 귀를 기울일 줄 알았는데, 소 귀에 경을 읽은 셈이 된 거예요. 이렇게 할 거면 왜 재판을 했냐 이거예요. 1년 동안 쇼한 거죠.

정봉주 실제로 오늘 판결을 보면 '진보적 민주주의'라고 얘기하지만 실제로 숨은 목적은 북한식 사회주의를 추구하는 것이다' 이게 핵심 아니에요?

이재화 폭력혁명을 통해서.

정봉주 예, 폭력혁명을 통해서.

이재화 그 유일한 근거가 〈집권전략 보고서〉였어요. 거기에 '우리는 선거를 통해서 저항권과 선거투쟁을 결합해서 2017년도에 집권한다' 이렇게 돼 있거든요. 저항권의 핵심에 대해서는 어떻게 설명해놨냐면 '12·12라든지 5·16, 이런 군사변란이 있을 때 국민들이 저항하는 것은 우리 헌법에 보장돼 있는 거다. 그런 상황이 되면 우리가 2017년이 아니라 2012년도에도 집권할 수 있다'는 것이었어요. 통합진보당이 국민을 부추겨서 저항권을 행사하도록 하고 그것을 통해 집권하겠다는 게 아니라 국가공권력이 불법행위를 자행하여 국민이 저항권행사를 하면 집권이 빨라질 수도 있다는 것을 설명한 것에 불과해요.

정봉주 역사가 퇴행할 때….

이재화 그렇죠. 그런 상황이 오면 통합진보당이 빨리 집권할 수 있다는 것이죠. 환장하게도 재판관들은 이러한 증거에 대해 눈감아버린 거예요. 우리가 설명할 때는 그냥 자고 있었던 거지.

정봉주 김원철 기자님, 지속적으로 팔로우업을 하고 있었으니까. 실제로 자료를 봤으면 이런 판결이 나오기 어려웠던 거 아니에요?

김원철 저는 지금 말씀하신 강령이나 이런 부분들도 논리를 구성하는 데 일부 활용되기는 했지만, 그 강령이란 것은 오래전부터 계속 있었던 거기 때문에….

정봉주 그렇죠, 일단 14년의 역사를 가지고 있는 거예요.

김원철 그러니까 그걸 가지고 이제 와서 갑자기 해산결정을 하는 건 사실 논리적으로 설명이 좀 부족하고요. 결국 이 사람들도 이석기 의원 사건을 이 결정을 내리는 뼈대로 가지고 온 거거든요.

정봉주 그렇죠.

김원철 그래서 삼단논법으로 제가 정리하기에는 딱 그렇게 이해가 되는데요. '이석기 의원의 행동이 민주적 기본질서를 위배했고, 이석기 의원이 주도세력—이게 RO를 얘기하는 건데 RO라는 게 법원에서도 인정이 잘 안 되다 보니까 주도세력이라는 말로 치환해서 써놓은 겁니다—이고, 주도세력이 통진당이다' 이 삼단논법인 거죠. 이 삼단논법을 타고 가는 논리의 입증 수준은 아까 말씀드렸다시피 민사적인, 낮은 수준이었고, 이 논법을 타고 넘어와서 '그러므로 통합진보당은 해산이다' 이렇게 갔어요. 그 부분이 굉장히 납득하기가 힘들죠. 그 각각의 등식도 성립하거나 입증되기 위해서는 굉장히 많은 증거와 굉장히 높은 수준의 입증이 필요한데 그걸 하지 않았고요. 이렇게 되면 지금 형사재판하고 바로 부딪히는 것이, 서울고등법원에서 RO 사건을 2심에서 실체가 없고 내란음모도 안 된다고 봤잖아요?

정봉주　그렇죠. 내란선동죄만 성립된다는 거지.

이재화　선동죄로 처벌된 사람은 딱 두 명이잖아요. 이석기하고 김홍렬 두 사람.

김원철　서울고등법원 판결에서 '실질적 해악을 끼칠 수 있는 구체적 위험성이 있다고 보기 어려워서 내란음모는 성립하지 않는다'고 선언했어요. 그럼에도 헌재는 민주적 질서에 '실질적 해악을 끼칠 구체적 위험을 초래했다'고 단언하고 있는 건데요. 만약 이게 대법원에 가서 그대로 고법판결이 확정되면, 이석기 의원이 회합에서 한 발언이나 행동은 형사재판에서 민주적 기본질서에 실질적 해악을 끼칠 구체적 위험성이 인정되지 않는다고 판단된 것인데, 이 형사재판을 기초로 해서 재판하는 정당해산심판에서 그 형사재판과는 달리 민주적 기본질서를 해칠 구체적 위험성이 있다고 판단하는 것은 모순이지요.

정봉주　지금 김원철 기자의 얘기를 들으면 이런 거 아녜요? '이석기 의원의 행위가 민주적 기본질서를 위배했고, 이석기 의원의 지시를 받는 RO, 즉 주도세력이 폭력혁명 사상을 가지고 있고, 이들이 통합진보당을 실질적으로 다 장악했다, 통진당의 주도세력이다.'

이재화　그 주도세력이 폭력혁명을 일으킬 구체적 위험성이 있다, 이렇게 이야기한 거죠.

정봉주　입증이 안 됐잖아요.

이재화　오히려 고등법원 판결에서는 내란선동 부분을 유죄로 인정하면서 '내란을 일으킬 구체적인 위험성은 없으나 내란음모와 달리 내란선동은 개연성만 있어도 유죄가 된다'며 민주적 기본질서를 해칠 구체적 위험성이 없다고 인정했어요.

2014년 12월 19일.

헌법재판소 통합진보당 해산 심판 결정.

"통합진보당이 강령에서 밝히고 있는 목적은

위헌이라고 단정할 수 없지만

북한식 사회주의를 실현한다는 숨은 목적을 가지고 있었고,

그 숨은 목적은 우리 헌법상의 민주적 기본질서에 위배된다.

그리고 해산하지 않으면 헌법질서가 무너질 구체적인 위험이 있어서

불가피하게 해산을 한다.

그 정당 소속 국회의원 다섯 명 모두 자격을 상실하게 한다."

김원철 없다고 돼 있습니다.

이재화 근데 고등법원에서 왜 그렇게 판단했느냐면, 5월 12일 마리스타교육수사회에서의 회합에서 '미국이 전쟁을 벌이면 평화를 지키기 위해 남북이 연합해서 미국에 맞서 싸워야 한다' 이게 요지거든요. 그런데 그 말만 있지 거기에 참석했던 130명을 다 뒷조사 했는데 이후 1년 동안 누구 하나 손가락 하나 발가락 하나도 안 움직였거든요. 그런데 '지금은 아니지만 앞으로 그렇게 할 개연성이 있다' 이렇게 해서 선동죄만 유죄로 인정한 거예요.

정봉주 그래서 내란선동이 유죄가 된 거죠. 자, 그럼 이석기 내란음모는 무죄가 됐잖아요. 그리고 RO 조직의 실체가 없다고 판단했잖아요. 그런데 헌재에서는 정당해산이라고 하는 훨씬 더 위중한 사건을 다루면서, 'RO 주도세력이 있고 이들이 통합진보당을 장악하고 있다' 이렇게 결론을 내린 거란 말이에요. 이거는 한발 더 나아가서, 이석기 재판이 지금 3심에 있잖아요, 대법원. 대법원에 대해 '너희가 무죄로 한 것을 유죄로 파기환송하라'는 시그널로 볼 수도 있는 거 아녜요?

이재화 그렇죠.

김원철 그럴 수 있습니다.

이재화 대법원의 구성원이 헌법재판소 이상으로 보수적이거든요.

정봉주 이렇게 동토의 왕국으로 회귀하려고 하는 이들의 모습을 보면 이런 느낌이 들어요. '야, 고법에서 숨은 목적을 못 찾아냈어. 숨은 목적을 찾아내면 이놈들은 완전히 폭력혁명을 통해서 북한식 사회주의를 지향하는 놈들인데 말야. RO 조직이 없다, 라고 했는데 숨어 있어. 대법원에서 그걸 찾아내 RO 조직을 인정해서 내란음모에 대해서도 유죄확정으로, 유죄취지로 파기환송을 하라.'

이재화 그런 취지죠.

정봉주 이런 시그널이 동시에 있는 거 아니에요?

이재화 그렇죠.

김원철 그렇게 해석할 여지가 있어요.

베니스위원회 규정에도 맞지 않는 판결
형사소송법보다 엄격한 잣대 필요

이재화 통합진보당 위헌결정은 문명국가에서 보편적인 룰로 인정되는 베니스위원회의 정당해산에 관한 규정에도 맞지 않아요.

정봉주 베니스위원회의 규정을 간단히 소개해주시죠.

이재화 정당해산이라는 것은 목적과 활동이 위헌이라 하더라도 함부로 해산해서는 안 되고, 테러나 폭력혁명하고 관련이 있을 때, 그것도 민주적 기본질서를 해칠 구체적이고 명확한 위험이 있을 때 최후적으로 하라는 거예요.

정봉주 정당해산에 대해서 아주 엄격한 잣대를 대라고 하는, 우리가 오늘 얘기했던 형사소송법보다도 더 엄격한 잣대를 대라고 하는 것이 베니스위원회의 권고사항인 거네요.

이재화 맞아요. 우리나라도 베니스위원회의 회원으로 가입했고, 현재 강일원 재판관이 위원으로 참여하고 있어요.

정봉주 얼마 전에 우리나라에서 세계헌법재판대회가 열렸잖아요?

이재화 열렸어요. 이제 한국에서의 정당해산재판은 국제적으로 더욱 관심을 갖게 됐죠.

정봉주 대회를 소집하지나 말던지.

이재화 그러니까요.

정봉주 헌법재판대회를 열어놓고 베니스위원회하고는 전혀 다른 판결을 내린 거 아니에요. 이걸 어떻게 받아들여야 하는 거야?

이재화 그런데 이석기, 아니면 이른바 130명 조사해서 총 한 자루 나왔습니까? 죽창 하나 나왔습니까?

정봉주 새총도 안 나왔어요.

이재화 폭력혁명을 하려면 군대가 있어야 하는 거 아녜요?

정봉주 우리가 대학 때 쓰던 그 흔한 화염병 하나 안 나왔잖아.

이재화 화염병 하나 안 나왔어요. 말밖에 없었거든요. 말로 혁명합니까?

정봉주 폭력혁명의 구체적 근거, 구체적 위험성이 있을 때. 그러니까 참고 참고 참다가 마지막에 정말 이들이 폭력을 통해서 국민들에게 위해를 가하고 이 국가에 위해를 가할 가능성이 구체적으로 보일 때 정당해산을 하라는 것이 베니스위원회의 정당해산 기준 아닌가요?

이재화 딱 두 가지 있죠. 우리나라 같은 경우는 언제 북한하고 연계해서 남한 정부를 전복하려고 할지 모른다. 그렇지만 여기 대해서도 구체적인 내용이 있어야 하는 거죠. 그다음에 별도의 조직이 있어야 하는 거예요. 별도의 무장조직이 있어야 하는데, 처음에 이석기 내란음모 사건 할 때 북한하고 연계돼 있다고 하고 북한의 자금도 이야기하고 막 했거든요.

김원철 그런데 이석기 그룹이나 통합진보당을 반국가단체로 기소를 못 했죠.

이재화 수사 중에 검찰이 그냥 등산 간 것을 가지고 별도로 훈련시킨 거라고 했는데, 그 부분은 기소도 못 했죠. 마리스타교육수사회 회합에 참석한 사람들이 실제로 북한하고 연계됐다는 증거가 하나도 나오지 않았어요.

정봉주 제가 지금 어렴풋이 기억하는 건, 통합진보당은 북한에서 핵 실험을 할 때 가장 앞장서서 비판하고 그랬거든요.

이재화 그럼요. 북한뿐만 아니라 미국도 같이 비판했죠.

정봉주 그럼 북한을 비판한 것은, 겉으로는 비판하지만 숨은 목적은 자기들이 북한과 연계돼 있다는 것이 노출되지 않기 위해서 비판하는 척한 게 되네요?

이재화 북한하고 관련시켜야 할 거 아녜요. 1심에선 왕재산 사건 피고인들이 북한으로부터 지령을 받거나 보고한 게 있어요. 그런데 그게 통합진보당에 관철됐느냐, 누구에게 전달됐느냐 아무것도 입증을 못 했죠. 거꾸로, 북한에서는 항상 남한의 정세에 대해서 숟가락 놓잖아요.

정봉주 맞습니다.

이재화 그것 때문에 움직인 것이 아니라 우리의 활동에 대해 자기들이 관심이 있다는 것을 표명하기 위한 것에 불과하죠.

정봉주 그런데 가끔은 마치 자기들이 지령을 내려서 이쪽 시민사회운동단체가 움직인 것처럼 좀 과장을 하긴 하죠.

이재화 공안세력들은 북한이 사후에 논평을 내면 그것 때문에 집회나 시위가 있었다고 주장하죠. 주객이 전도된 것입니다. 대표적인 예가 이거예요. 왕재산 사건에서 보면 북한이 2006년도 지방선거에서는 단일 후보를 내지 말라고 야권연대를 하라고 지령한 것으로 나타나는데, 민주노동당은 단독 후보를 냈어요. 그러면 민주노동당은 북한하고 독자적으로 움직인다는 거 아닙니까. 그럼 북한 추종세력이 아닌 거죠.

정봉주 겉으로는 그렇지만 숨은 목적이 있다잖아요. (웃음)

이재화 아니, 북한의 지시를 받아서 움직인다고 하는데 북한의 지시를 거절했으면 처형감 아니에요?

정봉주 아무리 설명해도 숨은 목적을 찾아내서, 퍼즐을 맞춰서 이들의 폭력사상을 입증한다는 말을 듣는 순간 '이현령비현령'이라는 말이 생각나네요.

김원철 조용호 재판관과 안창호 재판관이 보충의견 낸 거 보셨나요? 그 보충의견에 아주 멋진 표현들이 많이 나왔는데, 거기 보면 옛 성현의 말씀이 있거든요. '아주 작은 싹을 보고도 사태의 흐름을 알고 사태의 실마리를 보고 그 결과를 알아야 한다는 것이 옛 성현들의 가르침이다. 따라서 우리의 미래와 생존에 관한 판단에는 무엇보다 선입견이나 편견을 배제한 통찰이 필요하다'라고 적어놨어요.

정봉주 잘하면 통찰이라고 하고, 잘못하면 선입견이라고 그러는데….

김원철 그러면서 '뭐라고 표현하냐면, '통합진보당의 행위는 대역 행위로서 ─ 큰 역적 행위라는 거죠 ─ 이에 대해서는 불사의 결단을 내릴 수밖에 없다.' 굉장히 무시무시한 표현이에요.

정봉주 자기들 마음의 성명서 쓴 거네, 그냥. 무슨 근거를 가지고 얘기하는 것도 아니고.

이재화 서기석, 조용호 재판관은 굉장히 극우적 사람인데 이 재판에서는 한마디도 안 했거든요. 질문도 안 했어요. 처음부터 이미 해산결정이라는 결론을 내놨던 사람이에요.

정봉주 제가 그걸 반박 한번 해볼게요. 작은 싹을 보고 큰 걸 아는 건, 다른 속담으로 '침소봉대한다' 그래요.

이재화 이 재판은 베니스위원회에서 '이렇게 생각하고 이렇게 판단하면 안 된다'고 하는 전형적인 예죠.

정봉주 그렇죠. 이래선 안 되죠.

이재화 조용호 재판관과 서기석 재판관은 박근혜 대통령이 임명한 사람이에요.

정봉주 이들은 임명권자에 대해서 이런 시그널을 보낸 거예요. '나를 임명해준 성은에 보답하기 위해서 나는 독심술을 활용해서 이들의 작은 싹을 보고 미래의 폭력혁명적 가능성을 예단해서 싹을 자르겠다.' 그렇죠? 우리가 두 재판관의 숨은 목적을 다 찾아냈어요. (웃음)

이재화 안창호 재판관은 원래 공안검사로만 일관했어요. 박근혜 정부 때 검찰총장을 내정해야 하는데―헌법재판관이 검찰총장의 위잖아요―그때 검찰총장이 되고 싶어서 인사검증 동의서에 사인을 해서 문제가 됐던 사람이죠.

정봉주 아, 자기가 검찰총장으로 가야 하니까 '청와대에서 인사검증을 해야 하니 날 인사검증해서 하자가 없으면 나 검찰총장으로 보내줘.' 그래서 인사검증 동의서에 사인을 한 거네.

이재화 그러니까 헌법재판관으로서의 독립성이 애초에 없었던 사람이죠.

정봉주 중립성, 독립성은 애당초 없었던 거네.

김원철 그것도 간 지 얼마 안 됐을 때 그랬던 거 같은데요. 한 6개월 정도 됐을 때. 제가 그분 청문회 팀이어서 뒷조사를 오래 했거든요. 그분이 그때 여러 가지 문제가 있었죠.

정봉주 그러니까 이분들은 이런 거네. 정권에게 '나 검찰총장 보내주면 뭔 일이든지 하겠소'라고 이미 오래전에 시그널을 보냈네. 그러니 이분들은 객관성과 중립성을 갖고, 이 정당해산이 대한민국 역사에 어떤 문제를 일으킬지, 어떤 악영향을 미칠지, 민주주의의 뿌리에 어떤 해를 가할지 이런 거에 대한 고민은 전혀 없었던 거예요.

이재화 관심이 없죠. 저는 제대로 된 재판관은 위헌이 아니라고 소수 의견을 낸 김이수 재판관밖에 없었다고 봐요.

정봉주 김이수 재판관의 소수견해를 한번 소개해주시죠.

김원철 저는 마지막 문단이 굉장히 인상적인데요. 마지막 문단이 뭐냐면 쭉 말씀을 하시고 이렇게 마무리를 지었어요. '따라서 이 사건 심판청구는 기각되어야 한다. 이는 피청구인의─피청구인은 통합진보당을 얘기하는 거죠─문제점들에 대해 면죄부를 주고, 피청구인을 옹호하기 위해서가 아니라 바로 우리가 오랜 세월 피땀 흘려 어렵게 성취한 민주주의와 법치주의의 성과를 훼손하지 않기 위해서다. 또한 대한민국 헌정질서에 대한 의연한 신뢰를 천명하기 위한 것이며 헌법정신의 본질을 수호하기 위한 것이다.'

이재화 또 통합진보당에 당비를 내는 진성당원이 3만 명이 있다. 그런데 일부 구성원이 북한식 사회주의를 추구한다고 해서 전체가 그렇다고 본다는 것은 성급한 일반화의 오류다. 여기에 대해서도 아무런 입증이 없는데, 몇 사람이 그렇다고 다 그렇다고 판단해서는 안 된다는 점을 강조했죠.

정봉주 그 몇 사람이 국회의원이 됐고 그들이 좀 주도적인 발언을 한다고 해서 진성당원, 순수한 마음으로 당비를 내는 3만 명이 그 사람한테 부화뇌동하면서 그 사람 주장을 다 따른다? 그렇게 주장하려면, 그것을 입증해야 할 거 아녜요.

이재화 입증이 안 됐는데 그걸 가지고 일반화해서는 안 된다는 것이 '성급한 일반화의 오류'라는 것이죠.

김원철 그리고 저희가 초반에 얘기했던 은폐된 목적, 그 부분에 대해서도 김이수 재판관께서 지적을 하셨어요. 다수의견으로 제시된 숨은 목적이 있다는 것 자체가 엄격하게 증명되어야 할 사안인데, 법무부는 숨은 목적이 있다는 걸 당연히 전제하고 논리를 전개했다는 거예요. 그러니까 증명하지 않은 걸 전제로 깔고 논리를 전개하는, 일종의 순환논법에 빠졌다는 것이죠.

정봉주 '이런 것을 근거로 봤을 때 나머지 재판관도 지나친 선입견과 편견으로 이 상황에 접근하려고 했던 게 아니냐'라고 하는 비판이 행간에 담긴 거네.

김원철 그렇죠.

NL-PD 사회구성체 논쟁,
'1980년대의 시계로 2014년 현재를 판단하지 말라'

이재화 NL·PD라는 게 1980년대, 1990년대 초반에 있었던 논쟁이
잖아요. 특히 80년대에 우리 손으로 대통령을 못 뽑을 때 혁명을 추
구하고자 하는 욕구들이 있었어요. 그런데 대통령을 우리 손으로 뽑
게 되고 수평적 정권교체가 이루어지면서 이제 혁명이 아니라 선거를
통해서 집권하려는 것이 운동의 대세가 되었죠. 그래서 당을 만든 것
이죠. 통합진보당에서는 혁명론 가지고 논쟁한 적이 없어요.

정봉주 NL·PD 논쟁은 우리 사회가 민주주의로 가기 위해서, 우리
사회가 변혁하기 위해서 우리 사회의 기본적 모순을 뭐로 볼 것이냐
는 것에 관한 거죠. 남북이 분단된 것을 먼저 볼 것이냐….

이재화 맞아요. 사회의 구성을 과학적으로 분석하자는 것이죠.

정봉주 그렇죠, 사회구성체 논쟁이죠. 그러니까 남북이 분단된 것을
먼저 해결하고 미국에 종속되어 있는 것을 아주 우선적인 문제로 볼
것이냐, 자본가와 노동자의 계급 문제를 주요한 모순으로 볼 거냐. 저
같은 경우는 운동권 시절을 30년이나 겪으면서도 한 번도 폭력혁명
이란 걸 머릿속에 가지고 있지 않았는데, 제 주위에서는 상당히 많은
분이 그랬어요. 다만 우선하여 해결해야 할 문제가 통일의 문제냐, 아
니면 자본가·노동가 계급의 문제냐 이런 걸 놓고 갈라졌을 뿐이죠.
이걸 혁명 이론으로 받아들인 사람들조차도 1987년도에 직선제 개
헌을 성취하고 난 다음부터는 뭐든지 선거를 통해서 우리 사회를 개
혁해야 하겠다는 걸로 바뀌었죠.

이재화   그렇죠.

정봉주   근데 이 사회에서 도대체 누가 폭력혁명을 주장하고 있다는 건지, 좀 찾아다가 우리 앞에다 데려다놨으면 좋겠어요.

이재화   2008년 민주노동당 1차 분당, 2012년 2차 분당이 일어날 때 언론에서 편의상 NL·PD 이렇게 정파로 분류했잖아요. 그것은 민주노동당이나 통합진보당 내에 실제로 혁명의 방법론에 대한 대립이 있었던 것이 아니라 노회찬 전 의원이 증언한 바와 같이 '운동권 동창회'의 의미에 불과한 것이죠.

정봉주   동창회 수준이다?

이재화   '동창회다. 이것이 별도의 조직이 있고 별도의 이론과 그걸 가지고 뭉친 조직이 아니다.' 정부 측에서 가장 결정적인 자료로 제출했던 정영태 인하대 교수가 쓴 '파벌'이라는 책자에 있어요. 그걸 결정적인 증거로 내세웠는데 거기에 그렇게 나와 있어요. '처음에는 명분, 그러니까 노선에 관한 파벌로 대립했는데 시간이 가면 갈수록 이익을 위한 파벌로 변질됐다.' 다시 이야기하면 공직 후보자나 당직 후보자 선출할 때 이익집단으로서만 작동했다는 거예요.

정봉주   나와의 친소관계에 따라….

이재화   그렇죠. 예컨대 울산연합, 울산에서 시민운동을 했던 사람은 그쪽 사람을 밀어주는 경향이 있었다는 거예요. 노선 가지고 논쟁을 벌이거나 갈라선 적은 없어요. 제가 최후변론에서 '1980년대의 시계로 2014년 현재를 판단하지 말라'고 눈물로써 호소한 게 바로 그 이유예요. 그런데 헌재가 철저하게 외면한 거예요.

정봉주   알겠습니다. 전국구에서 한 번 지적을 했는데, 1956년 독일공산당에 대한 해산결정이 나면서 그 이후로 1976년까지 약 20년 동안 독일에서 이른바 매카시즘 광풍이 몰아친 거 아닙니까? 우리로 얘기 하면 20만 명의 '공산당' 당원이 국가보안법 위반 혐의로 수사를 받 았고 많은 사람이 형사처벌을 받았죠.

이재화 기소된 사람이 대략 만 명입니다.

정봉주 만 명 정도. 그래서 우리가 이런 문제점 때문에 일찍이 전국구 에서 계속 문제제기를 했던 겁니다. 모든 사람이 관심을 가져야 한다, 이것은 통합진보당 당원이나 통합진보당 당의 문제가 아니라 대한민 국 민주주의의 위기를 불러오기 때문에 관심을 가져야 한다, 라고 계 속 얘기를 했단 말이에요.

김원철 방금 말씀하신 부분은 김이수 재판관이 소수의견에서도 우려 를 표명하셨고요. 그 부분을 받아들여서 다수의견에서도 그런 우려 를 표명하긴 했어요.

정봉주 이제 검찰의 손으로 넘어갔잖아요. 자기들이 어떻게 할 수 없 는 거 아녜요?

김원철 그렇죠. 그건 그냥 립서비스죠. 어쨌든 오늘, 약속이나 한 듯 이 바로 보수단체에서 서울중앙지검에 고발을 했습니다. '통진당 해 산 국민운동본부'라는 단체예요.

정봉주 그런 단체가 있나요?

이재화 네. 보수꼴통들이 다 모여서 하는데 그중에 공안검사 출신인 고영주가 공동대표예요. 지금 새누리당의 추천으로 세월호 진상조사 위원으로 임명되기도 했습니다.

김원철 그렇군요.

이재화 참고로 저를 기소했던 공안검사죠.

정봉주 이분이, 검사 출신이에요?

이재화 평생을 공안검사로만 지냈죠.

정봉주 그 단체가 통합진보당 당원 전부를 고발했나요?

김원철 네, 전원을 국가보안법 위반 혐의로 고발했어요.

정봉주 그럼 한 10만 명쯤 되나요?

이재화 10만 명 되죠.

정봉주 국가보안법 위반. 그러니까 이건 이들의 독자적인 행동으로 보기에는 대단히 의심스러운 측면이 있네요.

김원철 그런 의심이 충분히 듭니다.

이재화 박근혜 정부 들어와서 이런 일이 많아졌어요. 인지수사의 형태가 아니고요. 다 보수단체의 고발을 전제로 해서 '고발 들어오니까 한다' 이런 논리로 수사를 해왔어요.

정봉주 아니, 기본적으로요. 해산결정이 오늘 났잖아요. 그걸 보고 고발하려면 최소한의 시간이 걸리게 마련인데, 어떻게 오늘 고발합니까? 해산결정이 난다는 것을 미리 알고 있었다는 것 아닌가요?

김원철 그리고 검찰이 당원 명부를 가지고 있지 않나요?

정봉주 가지고 있죠. 당원 명부 이미 다 털렸잖아요.

김원철 그러니까 피고발인을 특정하는 문제도 쉽게 해결이 될 것 같고요.

이재화 제가 예상하기로는, 독일처럼은 할 수 없을 것 같고요. 우선 5월 12일 마리스타교육수사회에서 회합에 참여한 130명, 그중 지금 7명만 기소된 상태 아니에요? 그 사람부터 일차적 대상으로 수사를 하지 않을까 하는 생각이 들고….

정봉주 최후변론에서 정부 측 대리인이 이쪽 통합진보당 관련 세력을 네 그룹으로 분류했어요. 혁명적 NL, 급진적 NL, 비호세력, 묵인세력. 네 단계로 해서, 처음에는 혁명적 NL세력이라고 하는 사람들 130명을 조사하고…. 그때 130명이라고 딱 찍었나요?

이재화 마리스타교육수사회 회합에 참석했던 130명 중 7명 외에는 아직 기소를 안 하고 있거든요. 그런데 이제 그 130명을 기소할 수 있는 명분이 생긴 거네요. 고발장도 접수됐겠다.

김원철 그 사람들 그때 수사했다가 기소를 못 한 거 아닌가요?

이재화 아직 처리 안 했죠.

김원철 무혐의 처분을 안 한 상태군요.

정봉주 그리고 최소한 앞으로 1~2년 동안, 그러니까 2016년 국회의원 선거 때까지는 혁명적 NL세력, 급진적 NL세력을 기소하고 조사하면서 심각한 공안몰이를 하겠다, 종북몰이를 하겠다, 이렇게 선언한 거나 다름이 없네요.

이재화 이쪽에선 전국연합 당시에 경기동부연합, 광주전남연합, 울산연합에 소속된 사람들을 급진적 NL세력이라고 하는 것이죠. 이들이 수사 대상이 될 가능성이 크다고 봐야죠.

정봉주 어떻게 할 것 같아요, 앞으로?

이재화 이석기 내란음모 사건으로 기소를 하면서 정부에 정당해산의 명분을 주고…. 1심판결에서 이정희 대표가 정당해산 인용용 맞춤형 판결이라고 했잖아요. 그 판결을 통해 정당해산에서 인용판결을 내리고, 인용판결이 거꾸로 이 사람들을 수사 대상으로 또 만드는 거예요.

정봉주 만들고 서로 주고받는 핑퐁게임을 예상하고 있는 거네.

이재화 그렇죠. 그렇게 해서 자기 스스로 계속 발전시켜나가는 건데, 이게 말이 안 되는 거죠. 지금까지 합법정당이었는데, 합법적 대중운동을 한 건데. 문제는 유죄가 날 것인가가 아니라….

김원철 괴롭힐 수 있죠.

이재화 괴롭히고, 그걸 가지고 공안몰이를 한다는 거죠.

정봉주 그렇죠. 제가 지적한 것도 바로 그거예요. 앞으로 조사하는 과정이 몇 개월 지나고, 그 후 1심 나고 2심 나고 하게 되면 2015년 3~4분기 그러니까 9월, 10월쯤까지 가요. 그때는 국회의원 선거 목전이기 때문에 사회가 국회의원 선거 시즌으로 접어들거든요. 1심 재판하고 2심 재판하면서 일부 유죄판결 내리고 하면 누가 이걸 받습니까. 이른바 걸레미디어가 받고 종편에서 받으면서 2016년 국회의원 선거 때까지 철저한 공안몰이를 하겠죠. 그걸 통해 총선에서 자기들이 이기겠다는 거 아녜요. 그런 밑그림으로 이걸 다 써먹으려는 거지. 그리고 최종적으로는 '2017년 대선에서 정권 재창출하겠다.'

하나의 당 문제가 아닌
우리 모두의 문제다

김원철 국보법 말고 집시법 문제도 저희가 한번 봐야 하지 않을까요?

정봉주 그렇죠, 집시법.

이재화 방금 시국회의에서 주최한 통합진보당 해산규탄집회에 갔다

왔어요.

정봉주 앞으로 이재화 변호사는 그렇게 되면….

이재화 검찰에서는 그것도 못 하게 하고 있죠. 집시법을 자신들 마음대로 해석하고 있어요. 집시법에는 해산된 정당의 목적을 실현하기 위한 집회만 금지하고 있거든요. 해산규탄을 하는 것이 해산된 정당의 목적을 실현하는 것은 아니잖아요. 헌법재판소의 해산결정을 규탄하는 것은 국민의 표현의 자유이고 그건 집시법상 허용되는 것이죠.

정봉주 김 기자님, 집시법 정리 좀 해주시죠.

김원철 집시법 제5조 제1항에 보면 헌법재판소 결정에 따라 해산된 정당의 목적을 달성하기 위한 집회 또는 시위는 금지되어 있습니다.

정봉주 '우리가 다시 이 정당을 부활해내자'라든지 '살려내자'라든지 이러한 집회 및 시위는 집시법 제5조 제1항에 위반된다, 이런 내용인 거네요.

김원철 근데 경찰청에서 오늘 그것과 관련해서 입장을 냈거든요. '주최자 및 참가자, 집회 목적과 내용, 집회 방법 및 주요 발언사항 등 제반사항을 현장 지휘관이 종합적으로 판단하여 금지 집회인지 아닌지 판단해서 대응하겠다.' 그러니까 이건 뭐 코에 걸면 코걸이, 귀에 걸면 귀걸이죠.

정봉주 검찰은 혁명적 NL세력, 급진적 NL세력에게 국가보안법을 적용하여 괴롭히면서 진보진영이나 개혁진영을 심각하게 위축시키려고 하죠. 동시에 지금 집시법으로 어떻게 할 수 없는 것도…. 집회는 표현의 자유에 속하기 때문에 단순신고제죠, 허가제가 아니고. 그런데 이제 집회에서도 통합진보당 얘기가 한마디라도 나오면 너희를 집시법으로 걸겠다, 이제 집회 시위도 철저하게 옥죄어가겠다, 이런 선언을 한 거네.

김원철 그럴 가능성이 있는 거죠.

이재화 적어도 이제 통합진보당이란 말은 못 쓸 거고요. 그리고 통합진보당이 실질적인 집회의 주체로서는 나설 수가 없겠죠.

정봉주 그렇겠죠.

이재화 그렇지만 통합진보당의 당원들이 다른 집회에서 개개의 활동은 할 수가 있죠. 그렇다고 피선거권이나 이런 게 박탈되는 게 아니고 다른 정당에 개별적으로 가입하는 건 충분히 가능해요. 예컨대 진보대연합을 추진해서 A라는 진보정당을 만들 때 개별적으로 참여할 수 있어요.

정봉주 그럼요. 그리고 이 상황에 대해 진보진영이나 개혁진영, 민주진영에서 대응하는 거 보면 정말 무지 내지는 무관심이라고 여겨지는데요. 이게 어디에도 영향을 미치냐면, 예를 들어 새정치민주연합을 봅시다. 거기 민주노동당 출신들도 많이 있고, 통합진보당 출신이거나 전신 때 활동했던 사람들이 전략 파트 쪽에 많이 있단 말이에요. 이 사람들을 조사한다고 하면서 실질적으로 새정치민주연합도 두 축으로 나눠놓을 수 있거든요.

이재화 새장 안에 가둘 수 있죠. '종북 새장'에 가둘 수 있어요.

정봉주 종북 새장에 가두면 일부 몰지각한 의원들이 '종북주의자들은 당에서 나가라' 하면서 '우리는 민한당 하겠다. 새누리당 2중대 하겠다'라는 식으로 새정치민주연합을 내부에서 갈라칠 수가 있죠. 그렇죠? 갈라치기 하는 거예요. 그러면서 자기들이 원하는 대로 새누리당의 입맛에 맞는 2중대 정당을 만들려고 할 거란 말이에요.

이재화 이걸 계기로 해서 민주세력이 분열되었던 것을 서로 반성하고 대동단결하면 그렇게 침탈을 못 해요. 그래서 저는 저부터 반성을 하려고 합니다. 그동안 민주·진보세력은 조금 다르다는 이유로 서로를 외면했거든요. 조금 다르다는 이유로 분열했습니다. 그 틈을 치고 들어온 거 아닙니까. 그래서 통합진보당의 바리케이드가 무너졌잖아요. 그 10만 당원들은 그야말로 민주주의를 갈망하던 노동자, 농민들이잖아요.

정봉주 아주 헌신적으로 활동했던 분들이죠.

이재화 그런 사람들을 우리가 지켜내지 못하면 민주주의의 둑이 무너져요. 그러니 우리가 일치단결해서 그 사람들을 보호해줘야 하고, 민주·진보진영이 손을 맞잡고 함께 저항해야 한다고 봅니다. 너무 쫄지 말고, 이걸 통해서 우리가 반성하고 다시 전열을 가다듬어야 해요.

정봉주 이게 통합진보당만의 문제가 아니라 우리 모두의 문제라는 인식을 반드시 가져야 합니다. 김원철 기자님, 마지막으로 정리의 말씀 해주세요.

김원철 오늘 판결 보면서 여러 가지 생각이 들었는데요. 마지막까지도 일말의 믿음 같은 게 있긴 있었어요. 아무리 보수적인 법관 출신들이 많지만 판사들이 또 자존심이 있잖아요. 그리고 저 사람들이 무슨 하급판사들도 아니고 고법 부장들까지 했던 사람들인데…. 법 논리적으로 봤을 때 도저히 이게 받아들여지지 않는다 해도 적당히 면피하는 선에서 5대 4 정도가 나오지 않을까 하는 기대를 하고 있었어요. 근데 어제, 그제부터 들리는 얘기로는 이미 게임이 끝난 것 같아서 '아, 안 되겠구나' 생각은 했죠. 그럼에도 오늘 놀랄 수밖에 없었는데, 의원직 박탈 부분 때문이에요. 다 박탈해버렸잖아요. 지역구 의원까지. 백 보 양보해서 정당을 해산시킨 것까지는 그럴 수 있다 쳐도 지역구 의원들, 국민이 직접 뽑은 지역구 의원의 배지를 떼버리는 결정을 한 거거든요. 자기들에게 아무런 법적 권한도 없고 헌법이나 법률에 규정된 것도 없는데….

정봉주 그러니까 국민의 선택에 정면으로 맞선 거죠.

김원철 그건 정말 '아, 이 사람들이 너무 오버하는구나. 너무 심하다' 싶었고, 많은 생각이 들었습니다.

정봉주 정당을 해산시키면서 지역구 의원을 뺏을 수 있는 법적 근거는 하나도 없죠?

김원철 없습니다.

정봉주 자기네가 만든 거네요, 그냥.

이재화 간접적으로 민주적 정당성이 있는 사람이, 직접적 민주적 정당성이 있는 대표기관을, 직접적인 국민의 대표자를….

정봉주 이재화 변호사님, 마무리 발언 하시죠.

이재화 저는 오늘 마음속으로 굉장히 많이 울었습니다. 결국은 우리 진보진영이 빌미를 줬다, 사냥감을 찾고 있던 사람들에게 빌미를 준 것이다 하는 생각이에요. 헌법재판관들이 증거재판을 하지 않고, 독립적인 재판을 하지 않고, 양심에 따른 재판을 하지 않았다고 생각합니다. 그렇지만 지금은 이들을 탓할 때만은 아니고, 우리가 반성하고 단결해서 민주주의를 쟁취해야 한다고 생각합니다.

정봉주 저는 오늘 이게 내 일이 아닌 것처럼 살아온 것에 대해 반성하면서 이 방송을 시작했습니다. 이 문제가 내 문제라고 인식하게 해준 이재화 변호사께 무척 감사드립니다. 최후변론 현장에 갔을 때도 참 잘 왔다고, 그리고 '통합진보당 이석기'라고 하는 그들이 색칠을 해놓은 것에 대해 우리가 너무 겁을 먹고 있었던 거 아니냐 하는 반성도 했습니다. 그리고 저는 새누리당이나 헌재에 대해서 얘기하고 싶지 않습니다. 다만 진보진영의 분들, 이재화 변호사가 얘기했듯이, 차이를 강조하면서 통합진보당의 문제를 외면했던 사람들에게 정말 혹독한 비판을 하고 싶습니다. 2014년 12월 19일, 우리 스스로의 무지와 무관심이 대한민국 민주주의를 다시 유신 시대로 되돌려놓고 있습니다. 오늘을 뜨겁게 반성하면서 반드시 기억했으면 합니다.

7

—
김영란법은 왜 시행도 전에 누더기법안이 됐는가?

- 김영란법을 둘러싼
이권 다툼의 진실

이재화 변호사

2015년 3월 공포부터
2016년 9월 시행까지 남은 과제

_ 최강욱

부패방지와 공직자의 청렴성을 담보하기 위한 의미 있는 진전으로 평가되는 '김영란법'은 정식 명칭이 '부정청탁 및 금품 등 수수의 금지에 관한 법률'이다. 2011년 6월 김영란 당시 국민권익위원회 위원장이 청탁금지법안을 처음 제안하여 '김영란법'이라고 불리게 되었다.

법안은 2012년 8월 국민권익위원회가 입법예고를 한 후 2013년 7월 29일 정부 안으로 국회에 제출되었다. 논의의 진전이 없이 사장될 뻔하다 세월호 참사로 관피아 문제가 부각되자 2014년 4월에서야 국회 정무위원회에 상정되었고, 각종 논란을 거쳐 2015년 3월 3일 국회를 통과하였다. 대통령은 그해 3월 27일 자로 법률을 제정 공포하였으며, 부칙의 규정에 따라 1년 6개월의 유예 기간을 거쳐 2016년 9월 28일부터 시행된다.

부정부패 방지 사각지대를 보완

'부정청탁 및 금품 등 수수의 금지에 관한 법률'에 따라 앞으로 공직자뿐 아니라 기자 등 언론사 종사자, 사립학교와 유치원의 임직원, 사학재단 이 사장과 이사는 직무 관련성이나 대가성에 상관없이 본인이나 배우자가 100만 원을 넘는 금품 또는 향응을 받으면 무조건 형사처벌을 받는다. 특히 법이 적용되는 대상 가족 범위가 과잉입법 등의 우려를 고려해 배우자로 한정되면서, 법 적용 대상자는 최초 1,800만 명에서 300만 명으로 줄어들 것으로 추산된다. 이 법의 제정으로 형법과 공무원행동강령 등 기존 부패방지 법령으로 규제하기 어려웠던 부패 행위에 대한 통제장치가 마련되어 사각지대를 보완했다는 점에 의의가 있다.

구체적으로 보면, 대상자들(공직자 등)이 직무 관련 여부 및 기부·후원·증여 등 그 명목과 관계없이 동일인으로부터 1회 100만 원(연 300만 원)을 초과하는 금품을 수수하면 형사처벌(3년 이하의 징역 또는 수수금품 5배 이하의 벌금)을 받게 된다. 다만, 100만 원 이하의 금품을 수수했을 경우에는 직무 관련성이 있을 때에만 금품가액 2~5배 이하의 과태료를 부과하도록 했는데, 이 경우에도 한 명에게 연 300만 원을 넘게 금품을 수수하면 형사처벌이 가능하다. 또 배우자가 공직자 직무와 관련해 금품을 받을 경우 액수 적용은 공직자의 경우와 동일하며, 처벌 대상은 배우자가 아니라 공직자 본인이다. 또한, 공직자가 직무와 관련해 배우자가 100만 원이 넘는 금품을 받은 사실을 알고도 신고하지 않으면 처벌받게 된다. 공직자 등은 부정청탁을 받으면 거절 의사를 명확히 표시하여야 하고, 동일한 청탁을 다시받으면 소속기관장이나 수사기관 등에 서면으로 신고하여야 한다.

아울러 공직자가 법에서 규정한 15가지 유형(인·허가, 처벌 감경, 인사·계약, 직무상 비밀 누설, 평가, 감사·단속, 징병검사 등)의 부정청탁을 받고 그에 따라 직무를 수행할 경우 형사처벌을 받게 된다. 다만, 공개적으로 공직자에게 특정 행위를 요구하거나, 정당과 시민단체(NGO) 등이 공익 목적으로 의견을 제안 및 건의하는 등 일곱 개 예외사유에 포함되면 부정청탁으로 보지 않아 처벌받지 않는다.

김영란법에 적용되는 사람들, 예외가 되려는 사람들

'부정청탁 및 금품 등 수수의 금지에 관한 법률'에서는 제5조에 '선출직 공직자·정당·시민단체 등이 공익적 목적으로 제삼자의 고충민원을 전달하거나 법령 개선을 제안하는 경우'에는 적용을 배제하고 있다. 이에 정치인에 대해서는 예외적인 조항을 만들었다는 비난이 제기되고 있다. 유예 기간을 1년 6개월로 한 것도 총선과 임기를 의식한 꼼수라는 비판이 있다.

또 사립학교의 교직원과 언론인 등 민간 영역까지 규제하는 것에 대해, 특히 일부 비판언론에 대한 정부와 수사기관의 표적수사 가능성 등 검찰권 남용의 우려와 더불어 언론의 자유를 제한할 수 있다는 우려도 제기되고 있다. 따라서 고위공직자비리조사처 등의 신설을 통해 검찰권 남용을 방지하고 검찰의 부패를 차단해야 한다는 논의도 유력하게 제기되었다. 아울러 시민단체와 변호사·의사·회계사 등 전문직들이 적용 대상에서 제외돼 형평성 논란도 일고 있다.

그 밖에 배우자의 금품수수 사실을 신고하도록 한 조항이 형사법 체계와 충돌하고, '연좌제'에 해당하는 등 위헌 소지가 있다는 지적과 함께 부정청탁의 개념과 행위 유형이 모호하다는 점, 언론사 및 사립학교 임직원 등이 법 적용 대상에 포함되면서 언론 자유와 평등권 침해 우려가 있다는 반론도 제기되고 있다.

법안 심의 과정에서 원안에 있던 '이해충돌 방지조항'도 제외되었다. 이는 공직자가 자신과 4촌 이내의 친족과 관련된 업무를 할 수 없도록 직무에서 배제하는 것을 내용으로 하는 바, 지나치게 포괄적이어서 위헌성이 있다는 이유였다.

대한변호사협회는 2015년 3월 김영란법이 국회를 통과한 지 이틀 만에 "민간 영역의 언론이 포함된 것은 언론 자유 침해"라며 헌법소원을 낸 바 있다. 보수우익을 표방하는 '시민과 함께하는 변호사(시변)'도 그해 6월 23일 "김영란법의 적용 대상에 사립유치원장이 포함된 것은 헌법 위반"이라며 사립유치원 원장 11명을 청구인으로 헌법소원 심판을 청구했고, 25일에는 대학을 비롯한 초·중·고등학교, 유치원 등 각급 사립학교 법인이 "교육의 자주성과 대학의 자율성을 침해한 과잉입법"이라며 헌법소원을 내기도 했다.

'부정청탁 및 금품 등 수수의 금지에 관한 법률'은 시행 전부터 개정안이 발의되는 등 그 내용에 대해 많은 논란이 있었다. 이 법안에는 사회 상규상 허용되는 농수축산물 선물의 액수가 5만~7만 원으로 지나치게 낮게 책정돼 있어 농어민들이 명절 선물로 소비처를 확보하지 못할 수 있다며 새누리당 김종태 의원이 2015년 8월 김영란법 수수 금지 대상에서 농수축산물과 그 가공품을 제외하는 내용의 개정안을 대표 발의했다.

또한 김영란법에는 규제 대상이 공직자에 대한 부정청탁이나 금품 증여·수수로 되어 있어 공직자에 대한 부정청탁을 금지하고 있으나 공직자 스스로 부정청탁을 한 것을 규제하는 조항이 없다. 이에 따라 서울지방변호사회는 2015년 8월 공직자가 지위를 이용해 부정한 청탁을 하는 것을 막기 위해 형사처벌을 할 수 있도록 김영란법 개정을 촉구했다.

정봉주 오늘은 김영란법의 문제점, 이 법이 통과된 과정, 그리고 앞으로 어떻게 가야 할지에 대해서 심층적으로 분석해보도록 하죠. 먼저 김영란법의 정식 명칭이 뭡니까?

이재화 '부정청탁 및 금품수수 등 수수의 금지에 관한 법률안'이 정식 명칭이고, 이를 줄여서 '부정청탁 및 금품수수 금지법'이라고도 하죠.

최강욱 김영란법에 김영란이 없어요. (웃음) 붕어빵 같은 거예요. 실제로 김영란 위원장이 만든 내용과도 다르고.

정봉주 많이 다르죠.

이재화 김영란 국민권익위원회 위원장 재직 시절에 검토하여 만든 법안이라고 해서 김영란 법안이라 그러죠. 저도 국민권익위원회에 위원으로 있었어요.

최강욱 참, 권익위 위원이셨죠.

이재화 2009년부터 2011년까지 권익위원회에 있었는데 당시부터 이 법안을 준비했어요. 그 무렵에 검찰비리와 관련된 사건이 많이 터졌잖아요. 2000년에 검찰 성 접대 사건, 2011년 스폰서 검사 사건, 2012년에 벤츠 검사 사건이 발생했죠.

정봉주 지랄 같은 사건들 많이 터졌다, 진짜.

이재화 결정적인 게 2011년에 발생했던 스폰서 검사 사건이에요. 부산의 건설업자가 자신이 접대한 57명의 검사 명단을 언론에 다 공개하고 지속적으로 금품과 향응 제공, 성 접대까지 했다고 주장했죠.

정봉주 난리가 났었죠.

이재화 그처럼 난리가 났었음에도 검찰수사 결과 아무도 처벌된 사람이 없었죠. 직무 관련성이 없다, 대가성이 없다, 이런저런 이유로 명단에 오른 검사들은 다 불기소처분되거나 무죄판결을 받았어요.

최강욱 심지어 이 사건과 관련되어 징계처분을 받은 검사들도 징계처분을 취소해달라는 행정소송을 제기했고, 승소하여 복직까지 했죠.

김영란법의 진짜 이름
부정청탁 및 금품수수 등 수수의 금지에 관한 법률안

이재화 국민의 법 감정하고 너무나 다른 거예요. 국민들은 공직에 있는 사람이 돈 받고 향응 접대 받고 이런 걸 용납할 수 없다는 건데. 현재의 법은 돈을 받은 것이 직무하고 일단 관련돼 있어야 하고, 그다음에 받은 돈이 대가성이 있어야 뇌물죄가 성립되도록 되어 있습니다.

최강욱 그러니까 뇌물죄의 요건으로 두 가지를 얘기한 거죠.

정봉주 직무와 관련성이 있어야 한다, 대가성이 있어야 한다는 것입니다.

이재화 뇌물죄로 처벌하기 위해서는 돈을 제공한 사람들의 자백이 있어야 하고, 그 자백에 신빙성이 있어야 해요.

정봉주 그렇지, 안 그럼 입증할 수가 없을 테니까요.

이재화 뇌물을 받는 사람은 준 사람이 검찰에 코가 꿰어서 자백할 수밖에 없는 상황이 올 때를 대비하기도 합니다. 한여름에 돈을 건네는데 받는 사람이 털모자 쓰고 파카 입고 받기도 하죠. 그러면 돈을 준 사람이 실제 있었던 그대로의 사실을 진술하더라도 재판에서는 신빙성이 없다고 판단하기 때문이죠.

정봉주 그렇지, 실제 그런 일이 있었잖아요.

이재화 한여름에 삼십 몇 도 올라가는데 털모자 쓰고, 파카 입었다는 건 말이 안 되잖아요. 판사는 이 공여자의 진술은 신빙성이 없다고 무죄판결을 할 수밖에 없죠.

정봉주 그렇죠. 예를 들어 공여자가 골목길 CCTV 없는 데서 가방을 등에 메고 낮은 포복으로 기어갔다, 받는 사람은 등 포복으로 기어가서 돈을 줬다. 그러면 무슨 정신질환자 얘기라고 생각하겠죠.

이재화 더군다나 검찰이 특히 고위공직자나 동료검사를 수사할 때는 의지를 가지고 수사하는 경우가 별로 없다는 것이 문제죠.

정봉주 검사는 고위공직자 중 국회의원을 잡아서 조질 때만 유독 악착같이 물고 늘어지죠. 국회의원 하나 정도, 여당이든 야당이든, 떨어뜨리면 유능한 검사가 되니까.

이재화 제가 참여정부 때 참여정부 인사나 열린우리당 국회의원들 변론을 많이 했잖아요. 열린우리당 소속 모 중진의원에 대한 수사 이야기인데요. 3년 전에 합법적으로 정치자금을 받은 사안에 대해 경제범죄를 지은 기업인으로부터 쪼개기 후원금을 줬다는 진술을 받아놓았더라고요.

최강욱 그게 수법이잖아요. 경제사범들 처음에 불러다 놓고, '아는 정치인 다 적어' 이거부터 시작해요. 야코도 죽이고, 사람이 헷갈리게도 하고….

이재화 그러고는 거래를….

정봉주 여기에서 거래라 함은 경제인한테 '정치인에게 돈 준 것을 몇 개 풀어내지 않으면 너는 되게 당한다. 그러니 정치인에게 돈 준 걸 불어'라는 것인가요?

이재화 그렇죠. 그러니까 경제인이 혐의를 받고 있는 것 중 일부만 기소하도록 해주겠다, 1심에서 풀려나게 해주겠다는 등의 거래를 하는 것이죠.

정봉주 그러면 자기가 살기 위해서 정치인들에게 돈을 주었다는 진술을 할 뿐만 아니라 경우에 따라서는 검사들의 입맛에 맞게 없는 걸 지어내기도 하죠?

이재화 지어내죠. 심지어 동그라미 하나를 덧붙이는 경우도 있죠.

정봉주 어쨌든 정치인을 수사할 때는 직무 관련성과 대가성에 대해 치밀하게 입증하는 데 비해, 검사가 검사를, 검사가 판사를 조사할 때는 실제로 유야무야 다 끝나버리는 거 아녀요?

이재화 맞습니다.

정봉주 스폰서 검사 때부터 이 법안이 착안되기 시작한 거죠?

이재화 그렇죠. 권익위에서는 외국의 입법례도 찾아보았죠. 대표적인 게 독일이에요. 독일은 공무원들이 돈을 받으면 그 자체를 범죄로 취급해요. 그 돈의 대가관계가 인정되면 가중처벌 하도록 되어 있어요.

김영란법은 독일의 법 체계에서 착안한 것이죠. 지금 김영란법에서는 공무원이 대가관계 없이 돈을 받으면 3년 이하의 징역에 처해지지만, 만약에 대가관계가 있으면 형법상이나 특별법상의 뇌물죄를 적용해 더 무거운 형으로 처벌하도록 되어 있어요.

정봉주 이런 농담 있잖아요. '형사와 세무서 직원과 기자가 술을 먹었다. 누가 돈을 낼 거 같냐?' 이게 쌍팔년도 농담이거든요. 기자라고 하는 사람이 있고, 세무서 직원이라고 하는 사람이 있고, 형사라는 사람도 있고…. 누가 돈을 냅니까?

하어영 보통 형사가 내죠.

최강욱 술집 주인이 내지, 뭔 소리야.

정봉주 이게 이 법의 기원이에요. (웃음)

이재화 대한민국의 3대 빈대가 이 세 명이죠. 나는 변호사 17년 했는데 기자한테 밥 얻어먹은 적 한 번도 없어요.

하어영 진짜로요?

최강욱 저도 재밌는 얘기 하나 있어요. 이건 실제로 있었던 일인데, 이 얘기 해준 사람이 나중에 대법관까지 됐어요. 학부모 입장에서 애 담임선생님 모셔서 식사들 하잖아요. 애가 회장 됐다고 식사하고 1등 했다고 식사하고, 이런 거 하잖아. 어떤 판사가 선생님 식사 한번 모시겠다고 해서 밥을 먹은 거예요. 그런데 밥을 다 먹고는 그냥 가버린 거예요. 자기가 돈 내본 적이 한 번도 없기 때문에. 자기가 밥 먹자고 선생님을 불렀다는 것도 잊어버리고. (웃음) 선생님은 자기도 당연히 얻어먹는 걸로 알고 그냥 왔는데, 식당에 잡힌 거예요. 그래서 판사한테 전화를 한 거죠, 자긴 어떻게 해야 하냐고.

정봉주　선생님이?

최강욱　예. 그래서 '아, 내가 돈을 안 내고 왔구나' 생각하고 다시 가서 돈을 내고 구출했대요. 관념 자체가 '나는 대접받는 사람이다'라는 거죠.

정봉주　국회의원 시절에 재밌는 게 있었어요. 엘리베이터를 타면 보좌관들이 눌러주잖아요, 층수를. 한번은 국회의원이 셋이 탔어요. 그때가 별로 바쁘지 않을 때였어요. 셋이 타서 서로 인사하고 한참 얘기를 나눴는데, 1층에 그대로 있는 거야. '이게 왜 이렇게 있지?' 서로 얼굴 쳐다보고. (웃음) 아무도 안 누르고 서로 얘기만 한 거예요.

최강욱　그럴 수 있겠네요, 진짜. (웃음)

정봉주　평상시의 습관이 이렇게 중요하죠. 김영란법은 이제 이 사회의 향응과 대접을 받는 풍조를 바로잡자는 것에서부터 시작한 거죠.

최강욱　공짜 점심은 없다는 말이 있듯이, 보통 사람들이 공직자들한테 뭐하러 선물을 주고 밥을 사주겠어요. 그런데 그걸 대가성이 없고 직무 관련성이 없다고 하니까 황당한 거죠. 보통 사람들이 생각할 때는 '이게 뭔 소리야?' 이렇게 되죠.

하어영　기자들 사회에서는 '기자한테 밥 얻어먹으면 3년 재수 없다'는 얘기가 있어요. 근데 한겨레 내부에서는 이런 얘길 해요. 한겨레 기자가 밥 사면 3년간 재수 좋다. 그래서 저희는 내부적으로는 밥을 사는 규율이 좀 있어요.

이재화　제가 1999년도에 변호사 개업을 했는데, 2000년도 초반까지는 퇴근한 후 잘 아는 검사가 전화로 나오라 그러더라고요. 나와서 자기들이 마신 술값을 계산하라는 거죠. 그때까지도 그런 문화가 있었어요.

최강욱 그렇죠, 그랬었죠.

정봉주 제가 2004년부터 2008년까지 국회에 있었잖아요. 근데 국회의원 시절에 기자가 식사를 하자 그래요. 돈도 좀 있다고 알려지고 한터라 고급 집으로 가거든요. '누구랑 올 거야?' 그러면 한두 명 얘기하거든? 가보면 기자들 여섯, 일곱 명이 와 있는 거예요. 그래놓고는 괜히 미안하니까 돌아가면서 막 질문을 해요. 별로 대답할 필요도 없는 거. 나중에 보니까 자기가 누구한테 술 한잔 사야 했는데, 그런 자리를 빙자해서 나한테 나오라 그런 거더라고요. 그런 게 지금 정치인과 기자들 사이에도 남아 있을 거 같아요. 남아 있죠, 지금도?

하어영 지금도 남아 있죠. 지금은 그런 걸 꾸미라고 하죠, 꾸미.

정봉주 국회의원들이나 정치인들은 기자들한테 술을 살 수밖에 없는게, 그래야 우호적으로 써주거든요. 심지어는 2009년도에, 이명박 대통령 시절에 이산가족 상봉이 중지돼 있다가 추석에 한 번 만난 적이 있어요, 금강산에서. 우리 사촌 형이 북한에 계시거든요? 금강산 초대소에 갔는데, 아는 기자들이 온 거예요. 정치부 기자인데 주로 사진기자들이. 그래서 내가 반가운 마음에―국회의원 떨어진 지 1년 됐는데 그래도 기자들 만나니까 얼마나 반가워― '오늘 저녁에 소주 한잔합시다' 그랬어요. 그러고는 금강산에서 파는 북한소주 이런 거 잔뜩 마셨거든요. 그리고 갔다 왔는데, 우리 식구들이 그러는 거예요. 안가고 집에 있던 식구들이. '아니, 금강산은 언제 갔다 왔냐? 온갖 신문에 네 사진만 나오더라.' (웃음) 대가성, 직무 관련성 이게 다 있었던거죠. 그러니까 지금도 식사하고 그러면 직무 관련성과 대가성이 없다는 게 말이 안 되는 거예요.

최강욱 그리고 옛날 한 20년 전에 연수원 다니면서 시보할 때—1990년 대 중반인데—, 이럴 때만 봐도 변호사들이 판사, 검사 불러서 자기 사무실에서 마작 많이 했거든요. 법조인들 특유의 같잖은 특권의식 중 마작을 할 줄 안다는 게 포함이 돼요. 자기들끼리….

정봉주 지금도 하나요?

최강욱 요새는 거의 없어졌는데 머리 좋은 사람만 할 수 있는 도박이 다, 이따위 소리 해가면서 마작을 그렇게 했거든요. 마작을 하면, 변 호사가 그 돈을 다 줘요. 판돈을 한 사람당 한 20만 원씩 주는 거죠.

정봉주 아, 판돈 쭉 나눠주고?

최강욱 나눠주고 거기서 해요. 그래서 따면 딴 놈은 그냥 가는 거 고….

정봉주 아니, 보통 건설업자들이 로비할 때 돈 주면 문제가 되니까 호 텔이나 이런 데 모여서 식사한 다음에 카드나 고스톱 쳐주잖아요. 계 속 잃어주잖아, 계속.

최강욱 골프 쳐서도 잃어주고.

정봉주 우리 나쁜 짓만 하고 산 사람 같아. 어떻게 이렇게 잘 알지?

공직자들의 비리사슬을 끊고, 청렴성을 확보하기 위해 만든 법안

정봉주 자, 이제 김영란법을 착안해서 그 후에 어떻게 진행됐죠?

이재화 김영란법이 2012년 8월에 입법예고 되었죠. 공직자들의 비리 사슬을 끊고, 청렴성을 확보하기 위해서 직무 관련성과 대가관계가 없이 100만 원 이상을 받기만 하면 무조건 형사처벌 하도록 하겠다는 법안을 만든 거예요. 근데 이게 법무부에서 일차적인 제동이 걸리죠, 오랫동안 걸려요.

정봉주 그러네요. 2015년이니까 3년, 아니 2년 반을 끌고 온 거네.

이재화 그게 정부에 공식발의하기까지 실제 딱 1년 걸렸어요. 근데 법무부의 논리가 뭐냐면, '우리의 형사법 체계와 질서를 다 파괴하는 거다. 어떻게 대가성과 직무 관련성이 없는데도 처벌하느냐' 하는 것이었죠.

정봉주 형사법 체계를 다 흔든다?

이재화 사실은 검사의 수사 편의를 위해서 법무부가 찬성을 해야 하는데, 오히려 반대했다는 것이 아이러니하죠.

정봉주 세월호 특별법 만들 때 헌법질서를 뒤흔든다고 한 거랑 똑같은 논리네요.

이재화 그것하고 똑같죠. 외국의 처벌하는 입법례가 없다고 처벌 못하는 게 아니라 우리 국민들이 나쁜 거다, 사회적으로 문제 있다고 생각하면 그것을 입법화해서 범죄화하거든요.

정봉주 그것을 받아서 법제화하려고 노력해야 하는데.

이재화 그렇죠. 더군다나 입법례를 보면 미국 같은 경우도 그렇고, 독일 같은 경우도 공직자는 돈 받으면 안 된다는 인식이 보편화되어 있기 때문에 입법화되었어요.

정봉주 그러니까 형사법에 직무 관련성과 대가성이 있을 때만 처벌할 수 있다고 하는 것은 기존 형사법의 문제점인데 이걸 고쳐서 더 투명하고 깨끗한 사회를 만들려고 하지 않고, 기존에 잘못돼 있는 형사법 체계를 흔든다고 하면서 법무부에서 반대했다는 거죠? 이해할 수가 없네요.

이재화 그렇죠.

최강욱 사실은 또 법에다가 직무 관련성과 대가성을 명시해놓은 것도 아니잖아요. 판례가 그렇고, 해석상 그렇게 했던 거지.

정봉주 자, 그렇게 법무부에서 1년 동안 딴죽이 걸려서 밀리다가…

이재화 여론에 밀려서 2013년 8월에 공식적으로 정부입법으로 국회에 제출하죠.

정봉주 2013년 8월. 근데 내용은 이미 차 떼고 포 떼고 갈기갈기 다 찢어진 거 아닌가요?

이재화 국회정무위 가서 밤낮없이 자고 있었죠.

정봉주 그러네. 2013년 8월이면 지금까지 1년 6개월. 이건 자는 게 아니라….

최강욱 잊혔죠, 그냥.

정봉주 〈인터스텔라〉에서 나오듯이 동면에 들어간 거 아니에요? 1년 6개월 동안. (웃음)

이재화 우리 용어로 하면 캐비닛 속에 들어간 거죠.

이재화 우리 대법원은 캐비닛 속에 들어가면 3년 가버리잖아요.

정봉주 국회에서도 캐비닛 속에 처박아놓은 거죠.

이재화 그러다가 2014년 세월호 참사 때 관피아 이야기를 하면서 이 논의를 할 수밖에 없게 된 거죠.

정봉주 캐비닛이 삐거덕거리면서 조금씩 열리기 시작했어요.

이재화 왜냐면 이 문제를 국회에서 하지 않으면 내년 선거 때 자기 역할 못 했다는 소리 나올 거거든. 그러니까 논의를 할 수밖에 없었던 것이죠.

정봉주 다시 논의가 되기 시작했고 급기야 2015년 3월, 국회 법사위를 거쳐 본회의에서 이 법이 통과됐죠.

이재화 예, 그렇죠.

하어영 실제로 세월호 사건 이후에 법안이 통과되는 과정을 보면요. 정무위 안에 법안심사소위라는 게 있잖아요….

정봉주 그렇죠. 법안심사소위를 거쳐야 되죠.

하어영 예. 거기서 모든 법률에 대해 우선하여 토론할 법률이 정해지잖아요. 그 순번이 쭉. 김영란법은 최근까지도 우선순위 안에 전혀 들어와 있지 않았어요.

정봉주 우선순위는 여야 간사가 어느 것을 먼저 토의해서 먼저 통과시키자고 할지 협의해서 정하죠. 그런데 거기에서 여야 간사 둘 다, 누가 먼저라고 할 것도 없이 밀어버린 거죠. 불편하니까.

하어영 2012년만 해도 정권 초기이기 때문에 힘이 있던 때여서 당시 박근혜 대통령이 직접 얘기하죠, 김영란법. 관피아 얘기하면서. 그런 직후에 갑자기 이걸 새누리당이 들고나오죠. 그렇게 진행된 겁니다.

정봉주 그러고는 2014년 4월 16일 세월호 참사가 난 이후에….

이재화 이후에 연말부터 조금 논의된 거 아닌가요?

하어영 그렇죠. 그것도 미루고 미뤄오다가 연말쯤 가서 본격적으로 얘기가 된 거죠.

2011년 6월 당시 김영란 국민권익위원회 위원장이 청탁금지법안 제안.

2012년 8월 국민권익위원회가 '부정청탁 및 금품 등 수수의 금지에 관한 법률'

김영란법 입법예고.

2013년 7월 29일 정부 안으로 국회에 제출.

세월호 참사로 관피아 문제가 부각되자

2014년 4월에서야 국회 정무위원회에 상정.

논란을 거쳐 2015년 3월 3일 국회를 통과.

대통령은 그해 3월 27일 자로 법률을 제정 공포.

부칙의 규정에 따라 1년 6개월의 유예 기간을 거쳐 2016년 9월 28일부터 시행.

정봉주 그런데 이게 2015년 3월 초에 통과가 됐죠. 국회의원들이 본회의에서 거의 만장일치로 찬성하지 않았나요?

이재화 네 명만 반대했죠. 원래 김영란법에서는 공무원과 공공기관에 종사하는 임직원들을 대상으로 한 건데, 갑자기 언론인과 사립학교 교직원들까지 넣어버렸죠.

정봉주 공립학교 교직원들은 포함이 됐겠죠? 공직자니까.

이재화 그렇죠, 그건 당연한 거죠. 공무원이니까요. 그리고 KBS, EBS 같은 경우도 공무원이잖아요.

정봉주 그렇죠, KBS랑 EBS는 공공기관이니까.

이재화 그 사람들이 촌지 받으면 처벌되는데, 그 옆 동네에 있는 MBC, SBS 기자는 똑같은 일을 하는데도 왜 처벌 대상에서 빼냐, 이렇게 하면서 확대되기 시작한 거죠.

정봉주 언론인들에게 확대되게 된 계기가?

하어영 그렇죠.

이재화 강남에 있는 공립학교 교사는 촌지 받으면 처벌되는데….

정봉주 옆에 있는 사립학교는 왜 처벌 안 받냐. 일면 타당성은 있어 보이는데요?

이재화 그렇죠? 전혀 엉터리면 논의도 안 되겠죠. 약간의 근거도 있고 업무 성격상 공공성도 좀 있잖아요.

정봉주 언론인 쪽으로 확장되고, 그다음에 사립 교원까지로도 대상이 확장됐다는 것이죠.

이재화 새누리당 같은 경우 한두 달 동안은 확장하는 걸 반대하면서 이걸 계속 뭉갰죠.

정봉주 아, 김영란법의 논의와 통과를 새누리당에서는 반대했는데?

이재화 그런데 새누리당의 김용태 간사와 김기식 간사가 전격적으로 정무위 안을 마련한 거죠.

최강욱 이완구가 막고 있었다 그랬잖아요. 김치찌개 먹으면서 자기가 막아줄 건데라고…. (웃음)

이재화 그 사건이 오히려 권력기관이 언론기관을 좌지우지한다, 딜한다는 인상을 줬어요. 그래서 언론인들을 포함시켜야 한다는 여론이 팽배해지는 계기가 되었죠.

최강욱 더 불을 붙였어요.

정봉주 이완구 사태가? 아참, 이완구 그 문제 때 한겨레 기자 관련해서 좀 재밌는 얘기가 있지 않았나요?

하어영 저희는 총리 후보자여서가 아니라 누구라고 하더라도 무슨 문제가 나오면 바로 보도를 하니까요.

정봉주 기사를 써야죠, 그게 기자의 생명인데.

하어영 그렇죠. 그래서 당연히 보도를 했고요.

정봉주 이완구 총리 후보가 얘기한 그 내용을 기사에 쓴 건가요?

하어영 아뇨, 그게 아니고요. 아마 기억나실지 모르겠는데 이완구 총리가 처음에 가방 들고 다니면서 '뭐든지 다 해명한다'고 했죠? 그러면서 아들이랑 차남도—여론에서 검사하라는 말도 없었는데—데려다 확인도 시키고 이랬잖아요. 근데 갑자기 부동산 관련 문제가 터졌어요.

정봉주 아, 한겨레에서 기사를 쓴 거죠.

하어영 한겨레에서 1면에 썼어요. 한겨레 여당팀에서 썼는데, 김치찌

개 자리에서 그걸 노골적으로 실명을 거론하면서 비판하다가 나온 이야기들이에요. 저는 언론인이 들어갔다는 부분에 대해서 굉장히 조심스럽거든요.

정봉주 이완구 문제 때문에 언론인이 들어가야 한다고 하는 게 확 불이 붙어버린 거죠.

하어영 저도 언론인이고 기자지만, 자초한 측면이 있다고 생각해요. 그만큼 신뢰를 잃었고⋯ 세월호 때 '기레기'라는 말까지 나올 정도로 신뢰를 잃은 측면이 매우 크다는 생각을 하고요. 그러니까 청취자들은 주진우 기자가 진짜 기자라고 생각하고, 흔히 얘기하는 '기레기'는 별개라고 생각하시는 거예요. 그런 상황이 돼버린 거죠. 그래서 말하기도 조심스럽고⋯ 근데 언론이 포함되는 것을 반대하는 대표적인 의원이 이상민 법사위원장이거든요. 이상민 법사위원장이 '기자가 포함되어서는 안 된다'라는 얘기를 할 때 항상 예를 드는 게 주진우 기자예요. 왜냐하면 어떤 사법기관의 힘이 세지면서 접대 관행과는 별개로⋯.

정봉주 보복의 수단으로?

하어영 예. '취재환경을 위축시킬 수 있다', 이렇게 얘기하죠.

누가 김영란법을 누더기 법안으로 만들었는가
'문제가 많다, 위험의 소지가 있다, 다시 고쳐야 한다?'

정봉주 그런데 정말 웃긴 게 이거예요. 본회의 통과되기 전까지는 이

법에 대해서 비판하거나 문제제기하는 것은 마치 부패를 용인하는 것처럼, 반역도당인 것처럼 이렇게 알고 있었죠. 그러다가 통과되자마자 난도질을 해대기 시작했어요. 이런 법은 보다보다 처음 봤어요. 차라리 통과되기 전에 '이러이러한 문제가 있으니까'라고 했으면 좋을 텐데. 김영란법은 분명히 필요하죠. 필요한데, 차 떼고 포 떼고 다 떼서…. '이런 문제가 있으니 좀 더 보완해서 더 강력하게 해서 통과돼야 한다'고 얘기도 못 하고 반대도 못 하고, 이런 상태로 꿀 먹은 벙어리처럼 가만히 있다가 통과되니까 개나 소나 달려들어 다 조졌단 말이에요. 그래서 이 김영란법이 누더기 법안이 된 거 아닌가요, 이미?

최강욱 이상하게 변형이 된 거죠.

정봉주 처음에 취지로 삼았던 건 공직자라든지 공공기관의 이런 분들이 잘못된 접대를 받는 문화를 고치자는 것이었는데, 그것과는 무관하게 그냥 삼천포로 빠져버린 거 아녜요.

이재화 저는 정무위원회가 약간 물타기를 한 거라고 생각해요. 언론기관 종사자와 그 가족까지 대상에 포함시키니까 김영란법 대상자는 약 1,800만 명이나 되어버렸어요. 길거리에서 돌 던지면 그중 누군가는 맞는다는 얘기죠.

정봉주 김이박이네, 김이박.

이재화 그렇게 되면 이 법이 완전히 호지부지돼버리고, 여론이 악화되어 법을 통과시키지 않아도 될 상황이 올 거라고 생각했던 것 같아요. 그런데 여론조사를 해보니까 자신들이 예상하는 것과 달리 압도적으로 찬성이 많아 어쩔 수없이 통과시킨 것이라고 봐요.

정봉주 왜냐면 국민들은 김영란법 하면 '공무원들이 깨끗하게 돼야 한다' 이것만 생각하니까요. 사실상 법은 무척 미세한 곳까지 파고들어서 실핏줄까지 꼼꼼하게 점검해야 하거든요. 근데 통과만 되면 다 좋은 줄 알았던 거야, 국민들은.

최강욱 떡값이니 촌지니 하면서 삥 뜯기는 게 아주 지긋지긋했던 거죠. 그러니까 이번에 뿌리를 뽑자, 이렇게 생각을 하는 거예요, 다들. 취지를 잘 살려서 잘 다듬으면 애초에 우리가 바라던 투명하고 부패하지 않은 사회 모습으로 갈 수 있는 법이었는데….

정봉주 그러기에는 지금 너무 문제가 많은 거죠.

최강욱 논의 과정을 졸속으로 하고, 기본적으로 헌법정신이나 법리에 입각해서 이를 정밀하게 들여다보기보다는 그때그때 여론에 신경을 쓰고….

정봉주 포퓰리즘에 밀려서….

최강욱 〈한겨레〉가 보도했던데, 속기록 같은 거 보니까 개인 감정이 실렸드만요. '내가 그동안에 지방지의 기자 같지 않은 언론들한테 아주 징그럽게 시달렸는데, 맨날 와서 밥 사달라 그러고 돈 달라 그러고, 광고 실어달라 그러고 했는데, 그것들 포함시켜야 한다.' 그런데 정작 자기들은 빠졌잖아요, 국회의원들.

정봉주 국회의원들은 또 빠졌어요?

이재화 자기들은 민원이 많이 오잖아요. 민원 가지고 공무원들에게 이야기하는 거는 부정청탁이 아니라고 얘기하는 거예요.

하어영 그렇죠. 선출직 공무원들은 공익성을 따져서 빠진 거죠.

최강욱 뺀 것도 뺀 거지만, 유예 기간도 1년 6개월 뒀잖아요. 그때가 되면 어차피 자기는 국회의원 임기 끝나니까 확실히 빠지는 거예요.

(웃음)

이재화 주무 위원회인 법사위의 이상민 법사위원장도 강력히 반대하면서 기권했죠.

하어영 참석을 안 했어요.

정봉주 표결에 참석을 안 한 거죠. 기권이랑은 또 달라요, 불참은.

이재화 그럴 거면 법사위에서 법안을 통과시키지 말았어야지. 법사위에서는 통과시켜놓고 자신은 기권한다는 것이 말이 돼요? 전병헌 의원도 법안이 통과되자마자 '문제가 많다, 위헌의 소지가 있다, 다시 고쳐야 한다'고 이야기를 하는데, 정말 웃기는 일이에요.

정봉주 근데 왜 찬성을 했어요?

이재화 그러니까요. 끝까지 반대하고 반대표를 찍어야죠.

정봉주 본회의장에서 반대토론 해서 확실한 기록을 남겨놓든지.

이재화 그리고 새누리당 같은 경우는 대체적인 분위기가 '바로 고쳐야 한다'는 분위기로 가고 있잖아요. 하루 만에 그렇게 바뀐 거거든요. 그 이야기는, '이거 반대했다가는 내년 총선에 떨어지니까 일단 통과시켜놓고, 위헌 논의를 자가발전해서 증폭시켜놓고, 헌법재판소가 위헌결정을 해서 폐기하게 하자', 이렇게 가겠다는 거예요.

정봉주 그러니까 국회가 법을 만들고 고쳐야 할 입법기관인데, 스스로의 권능과 권위를 포기하고 헌법재판소에 다 맡겨버리는 거네요?

최강욱 그렇죠, 떠넘기는 거죠. 손 안 대고 코 풀겠다는 거지.

하어영 이 상황에서 두 가지 문제가 생겼는데요, 말씀하셨던 것처럼 정치의 사법화, 즉 헌재의 판단에 맡기는 것 하나가 있고요. 또 하나는 모든 사안이 시행령으로 해결될 거라고 생각하는 거예요. 이건 또 어떤 상황이냐면, 시행령은 권익위에서 만드는 거거든요? 그러니 법은 미비하게 만들어놓고 그것을 정부의 권익위에서 하게 만들겠다는 것은 상식적으로 봤을 때 스스로 권리를 포기한 셈이죠.

정봉주 입법부의 권위와 권리를 다 포기하는 거네.

이재화 그것뿐만이 아니고. 시행령이나 시행규칙이라는 것은 모법의 취지와 위임의 범위 내에서 그걸 구체화는 거죠. 예컨대 하한을 대통령령으로 정하도록 돼 있잖아요. 3만 원에서 99만 원까지 돈을 받으면 얼마의 과태료를 부과한다는 것만 정할 수 있어요. 시행령과 시행규칙으로 법에서 정한 본질적 사항을 바꿀 수는 없어요. 대상이 됐던 걸 뺄 수는 없어요.

정봉주 청렴한 공직문화를 만들기는 현실적으로 조금 어렵다, 이렇게 보는 건가요?

이재화 아니, 그것까지는…. 공직자들에게는 그대로 적용되죠. 지금 거론되는 것은 검찰이나 경찰을 통해서 부당하게 언론기관을 탄압하는 수단으로 사용하지 않을까 그게 크게 문제 되고요. 또 하나 위헌으로 거론되는 것이 불고지죄예요. 지금 배우자로만 좁혀졌는데 배우자가 돈을 받았는데 그걸 신고 안 하면 공무원이, 그 남편이 책임을 지게 되거든요. 근데 이것이 우리 헌법상 양심의 자유를 침해하는 거 아니냐 하는 거죠. 이걸 옛날에는 진보 쪽에서 이야기했는데, 지금은 '조중동'이 하고 있어요. (웃음) 환장하겠어.

정봉주 완전히 뒤죽박죽 돼버렸네요.

이재화 근데 이걸 위헌이라 하면 국가보안법상의 불고지죄도 위헌이라고 해서 그것의 폐지도 같이 얘기해야 하거든요.

정봉주 부인이 돈 받았는데 남편이 알고 신고하지 않으면 불고지죄에 해당하는 것은 양심의 자유를 침해하는 것이기 때문에 위헌이다. 그것이 조선일보와 동아일보 등 보수 언론의 논리라면, 국가보안법의 불고지죄도 폐지해야 한다는 얘기죠?

이재화 조중동이 일관성이 있으려면 당연히 국가보안법도 폐지하라고 주장해야죠.

정봉주 근데 조중동에서 보면 우리 밉겠다. 이 김영란법을 가져다 결국 국가보안법까지 끌고 가니 얼마나 밉겠어요. (웃음)

이재화 '검찰 권력이 너무 비대해진다'는 이야기를 조중동, 문화일보 등 보수 언론에서 주장하고 있어요. 그런데 그 사람들은 시민단체와 야당이 고위공직자비리수사처를 신설하자고 했을 때 다 반대했던 이들이에요.

정봉주 검찰 권력이 비대해지는 걸 막기 위해선 고위공직자비리수사처, 이런 걸 만들어야 한다고 계속 얘기했죠. 그거 반대하다가 느닷없이 지금 와서 검찰 권력이 비대해진다? 뭐야, 이 사람들.

최강욱 그러니까 이런 거 같아요. 이 법이 제대로 만들어져서 통과되면 사실 자기들이 제일 괴롭잖아요.

정봉주 자기들?

이재화 언론기관요.

최강욱 지금 언론기관이나 기득권 입장에서야 사실 출세의 증표처럼 내세우면서 살아온 사람들 아녜요? '나는 어디 가서 절대 내 돈 내고 밥 안 먹는다', 이런 자랑 많이 하잖아요.

정봉주 그래요?

최강욱 그렇잖아요. 옛날에 병무비리 수사할 때도 그랬다니까, '야, 얼마나 힘이 없으면 애가 군대를 가?' 이런 사고방식이 있단 말이에요. 그런 걸 자연스럽게 생각하고, 명절 때 들어오는 선물박스를 일부러 안 치우잖아요. 쫙 쌓아놓고, 무슨 장례식장에 화환 걸어놓듯이. 그런 걸로 과시하던 사람들이….

정봉주 선물 쌓여 있는 국회의원 집 쫓아가서 사진 찍어서 기사 쓴 한겨레도 있던데? (웃음)

최강욱 이제 그런 게 건건이 다 걸리는 거죠. 근데 국민 여론이 워낙 비등하니까 이걸 대놓고 반대는 못 하겠고…. 그러니 일단 법은 누더기로 만들어서 통과를 시켜놓고, 거기다가 대고 막 씹어대면서 '봐라, 이거. 원래 이런 법은 안 되는 거다'라고 하는 거죠. 그리고 헌재에다가 위헌결정을 시키면 손 안 대고 코 푸는 거 아녜요. 다음에는 이런 논의를 아예 원천적으로 차단할 수 있잖아.

정봉주 그렇죠.

최강욱 법이 위헌이라고 결정되면 '예전에 그렇게 하자고 해서 우리가 해줬는데 위헌이 됐잖아'라고 주장하겠죠.

김영란법 적용되는 사람 vs 예외인 사람
'국민의 세금으로 사는 사람들은 더러운 짓 하지 마라'

정봉주 그런데 국회의원들은 다 빠졌어요?

최강욱 완전히 빠진 건 아니고요. 요건을 복잡하게 해놓은 거죠.

정봉주 경제에 심대한 타격을 미칠 것이다, 이런 논리도 있잖아요. 이것도 개소리 아닌가요?

이재화 개소리죠. 원래 경제라는 건 시장에 맡기는 게 가장 효율적인 거예요. 근데 이게 뒷돈 주고 함량이 되지 않는 사람에게 인허가 주고, 술 사주니까 허가 주고 하는 게 문제인 거잖아요.

정봉주 그러면서 국회의원들 입에서 그런 얘기가 나왔다면서요? '이제 소고깃집하고 꽃집은 다 망했다'고.

최강욱 그런 통계도 나오더라니까요.

하어영 퀵서비스, 골프장도 있어요.

정봉주 웃겨. '이제까지 우리는 다 대접을 받았는데, 이제 그걸 못 하게 됐으니 국가 경제가 죽는다'는 거네요.

최강욱 고급식당의 매출 중에 법인카드 매출이 80퍼센트인가 그러는데 거기 다 망했다, 이런 식으로 얘기해요.

정봉주 그 법인카드로 다 자기들 밥 얻어먹었다는 거 아녜요. 아니, 어떤 사람은 그런 얘기도 했다며? 2만 9,000원어치 먹다가, '삼겹살 1인분 더 시키면 3만 원 넘어가니 그만 먹어야겠네?'라고. 네 돈 내고 처먹어 나쁜 놈들아! (웃음)

이재화 우리나라가 옛날부터 관치금융, 재벌들의 정경유착으로 성장해왔잖아요. 그것이 시장경제인 줄 안다니까.

정봉주 관치경제.

이재화 정경유착을 시장경제의 기본으로 알고 있다니까요.

정봉주 그리고 자기들은 늘 얻어 처먹기 때문에 그게 전체 식사를 하거나 술을 먹는 것의 상당 부분인 것 같은데…. 너희처럼 썩은 인간

들은 국민의 1퍼센트밖에 안 돼. 근데 그 돈이 좀 많을 뿐이야. 김영
란법, 지금 문제가 있어도 어쨌든 이게 정화작용을 하는 데 큰 의미
는 있는 거네요.

최강욱 그렇죠, 굉장히 의미가 있는 법이죠.

이재화 이 법이 굉장히 중요하죠. 우리 접대 문화를 바로잡을 수 있
고, 경제 질서를 확립하는 데 순기능을 할 거고요. 또 범죄 예방 효과
도 엄청나게 클 것으로 생각합니다. 지금 이야기하는 걸 보면 의도적
으로 흠집 내는 부분이 좀 있다고 보여요.

정봉주 순기능은 분명히 있는데 다만 미진한 부분들, 아까 얘기했던
언론인 들어가는 부분, 국회의원 상당 부분 빠진 부분, 그다음 법리
적 완결성… 이런 것만 좀 손을 보면 되겠군요. 아, 정리되네요.

이재화 기본적으로 국민들의 법 감정에는 맞아요.

정봉주 근데 왜 통과시키자마자 개떼처럼 달려들어? 자기네들이 불
편하니까?

이재화 그 개떼의 구성을 잘 봐야 해요.

정봉주 개떼의 구성은 주로 국회의원이죠.

이재화 개털은 없고, 다 범털이에요. 개떼들. (웃음) 일반 국민은 다 열
렬히 환호를 보내고 있는데, 개떼 보니까 다 범털이라니까요.

정봉주 난 일반 국민인데 환호 안 보냈어요. 왜 그런 줄 알아요? 뭔지
잘 모르겠더라고. (웃음) 근데 검찰은 여기서 빠져 있어요?

최강욱 아니, 들어 있죠. 공무원인데.

이재화 들어 있긴 한데, 칼자루를 들고 있죠. 검찰을 수사하는 사람
이 없기 때문에 문제잖아요.

최강욱 자기가 돈 먹었다고 수사하겠어요?

정봉주 그럼 이거 통과된 김에, 이번 기회에 고위공직자비리수사처 만들자고 해야겠네요.

최강욱 공무원들은 뇌물죄로 처벌하고 또 액수에 따라 특가법까지 적용해서 훨씬 더 엄하게 처벌하고… 근데 예를 들면, 대기업의 임원들이나 그 사람들은 힘이 없습니까? 일반 자영업자들이나 중소기업이나 노동자들한테는 그 사람들이 훨씬 더 힘 있는 사람들이잖아요. 그 사람들도 엄청나게 받아 챙기거든요. 인사철 되거나 명절 때면 아예 대놓고 받아먹어요. 근데 그런 사람들은 뇌물죄로 처벌하지 않거든요. 그거는 별도의 구성 요건으로 배임수재죄나… 그러니까 자기가 청탁을 받아서 임무에 위배되는 돈을 받아먹고 이상한 짓을 했을 때, 뇌물이랑 비슷하지만 뇌물죄라는 똑같은 죄명으로 처벌하지 않는다고요. 왜 그러냐면 공직자의 책임이나 사명이 그만큼 중하기 때문이죠. 국민의 세금으로 살아가는 사람들은 적어도 그런 드러운 짓은 절대 하지 마라, 이런 헌법정신이 있는 거죠. 그러니까 그것을 구분하는 것이죠. 이처럼 민간 영역에 무차별적으로 이걸 넓히면 안 된다는 것이지 언론인이 무슨 대단한 사람들이라서 왜 언론인을 거기다 넣냐, 왜 빼냐 그걸로 논의가 집중돼버리면 본질이 흐려집니다.

정봉주 그러네요. 언론인을 놓고 이게 민간 영역까지 확장된 것은 위헌적 요소가 있다고 얘기하는 사람들은 사실 이 법의 본질을 흔들고 싶어 하는 거네요.

이재화 최 변호사님도 말씀하셨지만 배임수재죄라는 게 사실상 약간 사문화된 경향이 있어요. 그런데 기사를 써주는 대가로 돈을 받으면

KBS 기자는 뇌물죄로 처벌하지만, SBS 기자는 배임수재죄로 처벌할 수 있어요. 김영란법은 좀 더 쉽게 일반화한 것에 불과한 거거든요.

정봉주 언론인이 들어간 거를 너무 크게 부각시킬 필요가 없다는 거죠?

최강욱 그렇죠. 그걸 가지고 너무 흥분할 일이 아니고, 본질을 냉정하게 보셔야 한다는 거예요. 옛날에 보면—요즘은 많이 좋아졌다고 하지만—노점상이나 이런 분들한테 가서 파출소 순경도 삥을 뜯고 동네 깡패도 삥을 뜯지 않습니까.

정봉주 옛날에 유행했던 영화 〈투캅스〉 봐요.

최강욱 그냥 막 집어먹어 버리잖아.

정봉주 포장마차 하나를 너덧 놈이 달려들어서 뜯어먹잖아요.

최강욱 그랬을 때 경찰관이 잘못했으니까 그놈을 뇌물죄로 처벌하거나 그 구속요건을 엄격하게 해서 처벌하는 건 맞죠. 그런데 깡패까지 거기다 포함시켜서 '너도 뇌물죄다'라고 하기엔 그렇잖아, 좀. (웃음)

정봉주 공공의 깡패네.

최강욱 그걸 구분해야죠.

정봉주 아까, 개떼처럼 달려드는 인간들 보면 개털은 없고 범털만 있다고 했잖아요. 개떼처럼 달려드는 집단을 한번 열거 좀 해줘 봐요. 일단 국회의원들이 개떼처럼 달려들었어요.

최강욱 자기가 의결해놓고 자기가 문제 있다 그러고….

정봉주 또, 어느 그룹이 있어요?

최강욱 조중동이 막 갑자기 검찰의 권력 확대를 걱정하고 있고….

정봉주 걱정할 필요 없어요. 고위공직자비리수사처를 만들면 되는 거죠.

이재화 조중동, 문화일보, 그다음에 보수적인 시민단체들. 검찰에 대해 우리가 비판하고 개혁해야 한다고 하면 종북 좌빨이라고 이야기하던 사람들이 지금 와서 검찰 비대화되고 있다, 이야기해요. 종편 봐봐요. 패널들이 다 그 짓거리 하고 있다니까요.

조중동 당신들이 검찰 권력의 비대화를 문제 삼고 검찰을 비판하는 것은 좋다. 당신들이 진정성을 인정받으려면 이 논리를 일관성 있게 이야기해라. '검찰 권력을 견제하기 위해 고위공직자비리수사처를 신설해야 한다', '국가보안법상의 불고지죄도 폐지해야 한다'라는 주장도 해봐라. 그렇게 하면 당신들의 진정성을 믿어주겠다.

정봉주 근데 진정성이 없는 사람한테 진정성을 믿어주겠다, 그러면 진정성을 만들라는 거예요? 진정성을 창조적으로 만들라고?

이재화 아니, 당신들이 계속 왈왈거릴 거면 같이 이야기해라 이거죠.

정봉주 근데 그분들은 내가 보니까 언론관이 넓은 거야. 자기들이 왈왈거려야 팟캐스트에서 짖어댈 '거리'가 있을 거 아녜요. 그것도 안 하면 우리가 뭘 가지고 얘길 해.

이재화 원래 보수 언론이라는 게 헌법가치를 부정해왔잖아요. 양심의 자유, 자기들이 언제 이런 이야기했어. 해직기자들이 언론의 자유 이야기하면 웃기는 소리 하지 말라고 했던 사람들 아녜요.

하어영 실제로 그 언론사에서 해직기자들이 아직도 복직을 못 하고 있죠.

정봉주 그렇죠, 제일 많은 데 아냐.

최강욱 언론의 자유 말하는 걸 노사 문제라고 하는 사람들이 갑자기 지금….

이재화 그건 언론의 자유를 사주의 자유라 착각하는 거예요. 그런 사람들이죠.

정봉주 자, 그럼 정리해봅시다. 일단 이번에 김영란법이 통과된 것은 박수를 쳐줄 문제다. 그런데 일부 좀 부족한 부분들, 이런 것만 좀 손을 보고 개선해나갈 일이다. 통과되기 전에는 국민들의 눈이 무서워서 찍소리 못하고 있다가 통과되고 난 다음에는 위헌이라고 개떼처럼 달려드는 인간들, 그 입 다물라. 그리고 보수 언론들, 검찰 권력의 비대화가 진짜 걱정된다면 고위공직자비리수사처 만들라고 주장하고, 양심의 자유를 침해한다고 말하려면 국가보안법도 폐지도 같이 얘기해라.

이재화 그렇죠.

정봉주 깔끔하죠.

하어영 부패청산과 관련돼서는 부족하지만 어쨌거나 시작은 하는 거죠. 그것을 인정하고 들어가야 할 것 같아요.

정봉주 시작이 반이라고 했잖아요. 일단 턱 넘은 거 아녜요? 턱 넘었으면 쭉 가는 거지.

이재화 다른 공공적인 민간 영역 부분도 사실은 돈 받는 것이 잘하는 건 아니잖아요. 그 문제는 이원화했으면 좋겠어요. 배임수재죄도 있잖아요, 이 부분을 더 구체화하고 넓히면 돼요.

최강욱 그렇죠.

이재화 우리 사회가 점차 뒷거래가 없는 사회가 됐으면 좋겠어요. 자기가 찬성 버튼 눌러놓고 그다음 날 위헌이라고 이야기하는 사람, 법 하나도 제대로 만들지 못하는 사람이 무슨 국회의원 자격이 있어요.

국민들이 내년 선거 때 이런 사람들을 제대로 심판해야죠.

이재화 하여튼 1년 6개월 후에 시행되니까 국회 내에서 기본적인 취지를 살리되 조금 다듬으면 돼요.

최강욱 그리고 시행되려면 아직도 1년 6개월이나 남았는데 지금부터 헌법소원한다고 나대는 놈들, 전부 사기꾼들입니다.

이재화 대한변호사협회(대한변협)가 법이 통과된 지 이틀 만인 3월 5일에 헌법소원을 냈어요. 헌법소원이라는 게 법률 자체로 자신의 기본권이 침해될 때 할 수 있는 거예요. 아직 시행도 되지 않은 것이니 기본권 침해가 없잖아요. 이런 상황에서는 그 법률에 대해서 헌법소원을 못 하게 돼 있어요.

정봉주 아, 그래요?

최강욱 그러니까 자기 관련성, 법이 시행됨으로 해서 직접적으로 자기 권익에 침해가 와야 하는데 아직 침해가 안 됐잖아요.

정봉주 그런데 대한변협에 무슨 침해가 왔죠?

이재화 예컨대 하어영 기자가 촌지를 받아 김영란법으로 기소됐다면 김영란법이 위헌이라고 헌법소원을 낼 수 있죠.

정봉주 그렇죠, 그럴 때 할 수 있죠.

이재화 그런데 대한변협은 김영란법으로 기소된 상황이 아님에도 헌법소원을 낸 것이기 때문에 헌법소원 자체가 성립되지 않아요.

정봉주 꼼수의 냄새가 팍 나네요.

이재화 1년 6개월이 지나야 이 법이 적용되잖아요. 그때 가서도 사건이 안 생길 수도 있고요. 그러면 자기가 헌법소원 주도를 못 하죠. 그러니까 선수 친 것이죠.

정봉주 최강욱, 이재화 두 변호사 생각은 이거죠? 김영란법의 근간은 그대로 놔두고 미비한 부분을 1년 6개월 안에 일부 개정하자, 이 주장인 거죠?

최강욱 네, 다듬어야 한다.

정봉주 다듬자라고 하는 게 청취자들이 잘 못 알아들을 수 있으니까 다시 정리하면. '그것이 시행되기 전에라도 지금 지적했던 미비한 부분들에 대해서는 개정을 하되, 기본적으로 청렴한 사회를 만들려고 했던 이 김영란법은 통과된 게 맞다.' 아, 깔끔했습니다.

하어영 그리고 마지막으로 말씀을 드리면—1년 6개월 말씀을 하셔서요—1년 6개월에 비밀이 있어요.

정봉주 네?

하어영 1년 6개월 뒤면 총선 직후예요.

정봉주 총선 직후.

하어영 만약에 1년으로 규정됐다면 총선 전이거든요.

최강욱 돈을 못 받잖아, 선거자금을.

정봉주 아…!

하어영 그런 비밀이 있어요. 이것도 뭐, 의견입니다.

이재화 원안은 1년이었죠?

하어영 네.

정봉주 1년이었는데 1년 6개월로 한 게 다음 2016년 선거 때 자기들 도움 다 받고 향응 다 받으려고? 내가 떨어지면 나는 여기 떠나는 거고, 다시 되면 그때부터는 또다시 생각해보자는 꼼수가 있을 것으로 보인다는 거죠?

이재화 그렇죠. 선거 직전에는 사실 민원이 오면 무조건 시늉이라도 하고 들어줘야 하잖아요. 그게 표로 직결되니까요.

정봉주 2016년 9월이네. 1년으로 하게 되면 총선 바로 직전에 이게 시행되는 거야. 1년 6개월이니까 총선 끝나고 낙선자들은 낙선자대로 마음 좀 추스르고, 당선자들은 앞으로 4년 동안 또 뭘 가지고 빼 처먹을까 고민하면서 유유자적하고 있을 때죠. 법이 나와도 이때는 좀 여유 있게 바라볼 수 있겠다는 거죠.

최강욱 아….

이재화 저도 좀 감성적 변호사인데, 1년에서 1년 6개월로 한 게 뭐 특별한 의미는 없을 거라고 생각했는데….

정봉주 오늘 정봉주의 전국구, 김영란법의 통과에 대해서 우린 찬성합니다. 그리고 미비한 부분에 대해서는 앞으로 시행되기 전에 부분적으로 좀 더 완결성 있게 고치면 될 일이다고 정리하겠습니다.

—
국가는
왜 국민을
해킹하는가?

— 국정원 해킹 사건의
석연치 않은 결론과 합리적 의혹

임지선 기자

국정원의 해킹 프로그램 구입에서
직원의 자살에 이르기까지

_ 하어영

2015년 7월 이탈리아 밀라노의 IT기업 '해킹팀'이 해킹됐다. 누군가가 내부정보를 인터넷에 통째로 올리면서 해킹팀은 해킹 사실을 감출 수 없게 돼버렸다. 해킹한 쪽에서는 트위터 계정까지 탈취해 '해킹당한 팀'이라고 이름을 바꿔놓았다.

해킹팀은 해커들 사이에서 이미 유명세를 치르고 있는 업체였다. 특히 컴퓨터와 스마트폰 해킹 프로그램을 다수 국가에 판매하는 것으로 악명 높았다. 그래서 이번 소행은 해킹팀과 그로부터 프로그램을 입수한 다수 국가의 정부가 어떤 악행을 저질러왔는지를 고발하기 위한 것이라는 분석이 나온다.

심지어 이번에 공개된 정보에는 해킹 프로그램의 소스코드(프로그램 설계도)가 그대로 담겨 있다. 그리고 각국 고객들과 주고받은 이메일, 음성 파일, 직원들이 쓰는 암호도 송두리째 노출돼 그들이 어떤 일을 벌여왔는지가 고스란히 폭로됐다.

우선 해킹팀은 "국제기구에 반인권 정부로 지목된 정부와는 거래하지 않는다"고 밝혀왔다. 하지만 이는 거짓으로 판명됐다. 유엔의 '무기 금수 조처'를 받은 수단이 해킹팀의 프로그램으로 유엔 평화유지군을 해킹하려

했다는 사실이 밝혀졌을 뿐 아니라, 에티오피아 정부가 이 프로그램을 사서 비판적인 언론인과 활동가를 사찰했다는 사실도 드러났기 때문이다.

고객명, 육군 5163부대

해킹팀의 고객 가운데는 우리나라 국정원도 존재했다. 고객명은 '육군 5163부대'다. 해킹팀과 거래할 때 쓰인 것으로 알려진 이 명칭은 국정원이 대외적으로 활동할 때 사용하는 것으로 알려져 있다. 박정희 전 대통령이 5·16 군사 쿠데타 때 1961년 '5월 16일 새벽 3시'에 서울로 진입한 것을 두고 붙여진 이름이라 한다.

이 소식이 알려진 데에는 프로그래머 이준행 씨의 공이 크다. 그가 블로그를 통해 가장 먼저 이 사실을 알렸고, 〈한국일보〉(9일 자)와 〈세계일보〉(10일 자) 등이 나섰다. 〈한겨레〉도 IT 담당인 임지선 기자가 유출된 자료를 분석해, 국정원이 이 해킹 프로그램을 구매한 영수증을 확인했다.

국정원의 대응은 즉각적이었다. '국외용·대북용'이라는 해명을 내놓은 것이다. 하지만 그 해명은 곧바로 거짓으로 드러났다. 〈한겨레〉가 자국민을 대상으로 하는 광범위한 불법 도·감청 정황을 확인했다. 특히 국정원이 '카톡 검열' 기능을 요구했다는 사실이 알려지면서 파문이 일었다. 카톡을 대상으로 했다는 점에서 국내용이 아니냐는 의혹이 더욱 짙어졌다.

국정원이 구매한 프로그램은 원격제어시스템이라고 풀이되는 RCS(Remote Control System)다. 이는 상대의 프로그램에 접근해 감염시킨 뒤 통화 내용뿐만 아니라 사진 등 그 안에 있는 모든 것을 가져오도록 하는 프로그램이

다. 마이크로소프트의 윈도우, 리눅스, 구글 안드로이드, 애플의 iOS, 블랙베리, 심비안 등 모든 운영체제를 해킹할 수 있는 것으로 알려졌다.

이 프로그램은 무작위로 쓰이는 것이 아니라 감시 대상자를 설정하고 악성코드 설치파일을 보내 감염되도록 한 뒤 해킹을 조종한다. 현재까지 이 프로그램이 국내에서 어떻게 쓰였는지는 알려져 있지 않다. 국정원은 "북한의 해킹에 대비하기 위한 연구용"이라고만 말했을 뿐 어떤 내용도 구체적으로 확인해주지 않고 있다.

지금까지 제기된 의혹은 다음과 같다. 첫째, 카카오톡 해킹 의뢰. 둘째, '맞춤 해킹' 의뢰. 이와 관련해서는 2013년 2월 갤럭시S3 국내 모델을 이탈리아에 보내 몰래 음성녹음을 할 수 있는지 살펴달라고 주문한 일이 있다. 셋째, 국내용 백신을 회피하는 방법을 물은 정황. 일테면 안랩의 'V3 모바일 2.0'과 같은 백신에 걸러지지 않을 방법을 구한 것이다. 넷째, 미국 스마트폰 메신저인 바이버를 해킹해달라고 요청한 것. 다섯째, 워드 파일에 악성코드를 심어달라고 요청한 것. '서울대 공대 동창회 명부'라는 제목의 워드 파일과 〈미디어오늘〉 기자를 사칭한 천안함 보도 관련 문의 워드 파일에 악성코드를 심어달라고 요청한 바 있다.

또 국정원은 해킹팀 쪽에 '악성코드를 심어달라'며 설치파일 링크를 보냈다. 주소를 보면 네이버 맛집 소개 블로그와 벚꽃축제를 다룬 블로그가 있고, 삼성 업데이트 사이트를 미끼로 내건 것도 있다. 메르스가 극성을 부리던 지난 6월에는 '메르스 정보 링크'로 위장한 악성코드를 요청하기도 했다.

국정원은 계속해서 북한과 간첩을 이유로 내세우고 있다. 하지만 현재 국정원은 간첩 의심자가 있을 경우, 그에게 접근할 필요도 없이 법원에 압수수색 영장을 신청해서 카카오톡 서버를 통째로 열어볼 수 있다. 굳이 카카오톡 '해킹 기술'까지 동원할 이유가 없다. 검찰이나 국정원에서 일종의 '사전 감청영장'을 신청하면, 휴대전화와 인터넷망을 비롯한 모든 전기통신에 대한 감청이 법적으로 허용된다. 간첩과 같이 국가에 중차대한 위협이 되는 대상에 대해서는, 영장 없이 대통령의 서면 승인만으로도 휴대전화를 감청할 수 있다. 그런데도 굳이 해킹을 시도했다는 것은, '영장을 받을 수 없는 상대'를 도청하려 한 것이란 결론이 나올 수밖에 없다.

국정원 직원의 자살로 사건은 끝난 것?

의혹이 더해진 것은 국정원 직원 임 아무개 씨의 자살 때문이다. 임 씨는 해킹팀과의 거래 관련 업무를 진행했던 당사자로, 숨지기 직전 A4용지 크기의 노트 석 장짜리 유서를 남겼다. 두 장은 가족에게, 한 장은 국정원장과 차장, 국장에게 전하는 말을 남겼다. 국정원 측에 남긴 유서에는 "(해킹 프로그램으로) 내국인에 대한, 선거에 대한 사찰은 전혀 없었습니다. 외부에 대한 파장보다 국정원의 위상이 중요하다고 판단하여 혹시나 대테러, 대북 공작활동에 오해를 일으킬 지원했던 자료를 삭제하였습니다. 저의 부족한 판단이 저지른 실수였습니다"라는 내용이 포함됐다.

지난 10월 임 씨의 죽음은 검찰에 의해 단순자살로 종결됐으나 여전히 의혹은 가시지 않고 있다. 야당은 "임 씨가 도저히 감당하기 힘든 압박을 받았다"며 민간인 사찰 의혹과의 연관성을 제기했고, 이 과정에서 임 씨가 숨지기 전에 국정원으로부터 강도 높은 보안조사를 받았다는 의혹이 불거졌다.

임 씨의 죽음 뒤 이병기 국정원장은 7월 27일 국회 정보위원회에 "해킹 프로그램은 임 씨 주도로 해왔고, 그가 사망하면서 전모를 알 수 없게 됐다"고 밝혀 야당으로부터 '꼬리 자르기'라는 비판을 받았다. 야당 쪽 정보위 간사인 신경민 의원은 "임 씨의 사망과 국정원의 내부 감찰이 분명히 관련돼 있다고 판단한다"고 주장했다.

또 국가정보원이 지난 9월 초 보직을 받은 지 1년도 안 된 감찰실 처장 세 명을 한꺼번에 교체한 사실도 확인됐다. 이는 이례적인 일로, 자살한 임 씨가 고강도의 감찰조사를 받았다는 지적과 관련한 문책성 인사 아니냐는 의혹이 제기되기도 했다.

정봉주 오늘의 주제는 '국정원 해킹 사건의 모든 것'입니다.

하어영 오늘(2015년 7월 27일) 가장 핫한 사안은 국정원 마티즈 차량입니다. 온라인 보면 알겠지만, 실시간 검색 1위죠.

정봉주 그런데…, 그 사안에 빠지면 숲을 못 보는 것 아닌가요?

하어영 그럴 위험이 있습니다. 갑작스럽게 당사자 한 사람이 숨진 채로 발견됐고, 그것과 관련된 증거에도 의문이 제기되기 시작했어요. 이러면서 본질은 흐려지는 느낌이에요.

임지선 취재를 하고 지금 기사를 쓰고 있는 입장에서 정리를 좀 하자면, 현재 가장 주목하고 있는 증거물은 SKT 사용자 네 개 나온 거. IP로는 세 개인데요, 초 단위까지 시간이 나와 있고. 그 시간에 접속한 IP와 기기, 기기가 사용하고 있는 언어 등 모든 정보가 들어 있어요. 이걸 통해서 밝혀낼 수 있는 것이 있기 때문에 SKT가 꼭 확인해줘야 하는데요. 그래서 안철수 의원이 고발을 하겠다고 얘기한 것이죠. 뭐라도 근거가 있어야 SKT도 밝혀줄 수가 있으니까요. 증거자료가 없다고, 계속해서 의혹만 제기한다고 하는데 실은 증거자료가 상당히 확보된 편입니다.

정봉주 현재 너무 많은 정보로 홍수가 날 정도여서 듣는 분들이 이해를 못할 수 있습니다. 이게 왜 중요한지, 이게 어떤 내용인지 정리를 좀 해봅시다. 지금, 핵심은 국내 사찰이 있었냐, 없었냐 아니에요?

임지선 그렇죠.

정봉주 결국 마지막 핵심은 민간인 사찰을 했냐, 안 했냐가 되죠. 거기서 한발 더 들어가, 박근혜 진영 사찰이 있었냐, 없었냐도 파고들어 봐야 하는 거 아니에요? 나는 청와대에서 적극적으로 나와야 한다고 봐요.

하어영 그렇죠.

정봉주 민간인 사찰이 본격적으로 시행된 게 MB 시절인데, 심지어 그땐 MB와 박근혜 진영이 척을 지고 있었던 상황이니 사찰당했을 가능성이 있거든요. 그렇지 않나요? 그리고 이거 원세훈이 주도한 걸로 보이잖아요?

하어영 수사가 제대로 이루어지려면 청와대의 의지가 있어야죠.

정봉주 그럼요. 그리고 청와대는 오히려 '우리도 피해 대상자일지 모른다'라고 하면서 다 오픈을 해야 하는 거죠. 근데 거기까지 가면 오리무중이 될 수 있으니까 그 부분은 좀 접고.

국정원 해킹 사건의 핵심
민간인 사찰을 했느냐, 안 했느냐?

임지선 제가 일요일부터 눈 빠지게 이메일 들여다보면서 했던 작업이 이거예요. 첫 번째, 카카오톡에 대한 요청이 있었다. 두 번째, 갤럭시 최신폰 나올 때마다 특히 갤럭시3 같은 경우는 국내 것을 직접 사서 보내고는 요청을 했다. 그다음 세 번째는 2012년 대선 전, 한 달 동안 갑자기 라이선스 30개를 늘렸다. 이 부분에 대해서 보도를 했어요. 지금 얘기 나오는 SKT는 안타깝게도 로그기록이 최근 것만 남아 있고, 그중에서 6월 것이 안드로이드폰에 대한 공격 기록으로 남아 있어요. 그걸로 저희가 분석한 거예요. 6월, 그러니까 지난달만 봐도 SKT 사용자, 한국어로 된 한국 폰을 갤럭시 노트2 버전으로 쓰는 사람이 6월 3일, 6월 4일, 6월 17일에 접속한 게 초 단위 시간까지 나와 있어요.

최강욱 SK텔레콤이 세 대라고 하셨잖아요.

임지선 IP는 세 개고, 이용자는 네 명으로 나옵니다.

최강욱 다 노트2예요?

임지선 네. 다 노트2인데, 약간씩 달라요. 노트2인데 영어 버전으로 쓰는 분도 계세요. 그리고 한국어 버전으로 쓰는 분도 계시고.

최강욱 내가 딱 그거야, 노트2 한국어 버전.

정봉주 거기에 접속해서 URL을 뿌렸다는 거죠?

임지선 네.

정봉주 URL을 뿌렸다. IP로는 네 개, 사용자는 세 명….

임지선 아니, 사용자는 네 명인 거죠.

정봉주 사용자는 네 명, IP 주소는 세 개. 그럼 한 사람이 두 개의 주소…, 아니아니.

임지선 많이 어렵나요? (웃음)

정봉주 아니, 어렵지 않아요. IP 주소 세 개이고, 사용자는?

임지선 사용자는, 그러니까 기기가 네 개.

정봉주 기기 네 개. 그러니까 이분들이 다 해킹됐다는 거죠?

임지선 네. 이분들 안에 '개시'라는 표현이 소스코드 안에 있어서 감염이 된 거고, 6월 어느 날부터 지금까지 사찰당하고 계셨던 분들입니다. 이분들만 밝혀내면 돼요.

정봉주 근데 지금 국정원에서는 〈한겨레신문〉의 가장 최근 보도에 대해서도 '이분들이 중국에 있는 한국인이다'라고 얘기하고 있죠? 만약 한국에 있는 한국인들이면, 내국인 사찰이 진행된 거죠.

하어영 사실 이거는 분명히 하고 넘어가야 할 것 같은데요. 나나테크 대표가 〈한겨레신문〉과 인터뷰를 했는데, 중국 내 한국인이라고 얘기한 건 나나테크 대표의 주장이에요.

임지선 나나테크 대표가 자기가 들은 표현대로 정확하게, '중국 내 내국인이었다'라고 얘기했기 때문에….

정봉주 국정원이요?

임지선 네, 자기한테 '중국 내 내국인이다'라고 얘기를 했고, 그래서 자기는 그 부분에 대해서 전달을 했다는 거예요. 근데 뒤에 가서 부랴부랴 '그거 아닌 것 같다'라고 하면서 자기가 해석해서 얘기한 거라 하기 때문에 사실관계를 알 수가 없죠. 이철우 의원이 또 '중국 내 조선족이다' 이렇게까지 얘기를 했는데….

정봉주 자, 그러면 SKT가 자료를 주면 찾을 수가 있는 건가요?

임지선 그렇죠.

정봉주 그런데 SKT는 지금 자료를 안 주고 있나요?

임지선 네, '영장이 나와야 줄 수 있다'는 입장이에요.

정봉주 검찰은 여기에 대해서 영장을 청구할 생각은 없는 거 아니에요?

임지선 뭐, 이번에 고발했으니까 진행을 하겠죠.

최강욱 의지가 있으면 금방 나오는 거죠.

정봉주 근데 유야무야하면서 시간 끄는 거 아니에요?

임지선 그렇죠. 실은 한겨레에서 400기가를 내부분석하면서 찾아낸 IP가 더 있었어요.

정봉주 분석이 끝났나요?

임지선 아니죠. 400기가가 엄청 많더라고요. 더 찾아낸 IP가 있긴 한데, 그 IP는 한순간에 너무 갑자기 여러 대가 감염된 걸로 봐서 테스트 용도일 가능성이 커요. 그래서 얘기를 안 하고 있어요. 저희가 이렇게 고르고 골라서 '그래도 이건 정말 의심할 만하다'라는 것만 말씀드리고 있다는 점, 정말 알아주셨으면 좋겠습니다.

정봉주 그러니까 시범용으로 했을 가능성이 있는데…

임지선 테스트하느라 갑자기 한꺼번에 감염시키고 했을 가능성이 큰…

정봉주 한 대에 대해서, 한 IP에 대해서 동시에 URL을 뿌린다든지…

임지선 네, 그러기가 쉽지 않거든요. 만약 여기 있는 네 사람에게 동시에 포르노를 보냈다고 해도 누구는 클릭하고 누구는 클릭하지 않을 가능성이 크거든요. 근데 한 번에 네 명이 됐다는 건 약간 쉽지 않은 일이라서. 그런 경우에는 전화기 네 개를 놓고 테스트를 해봤을 가능성이 크지 않나 하는 정도로 추정합니다.

정봉주 그런데 이번의 경우는 완전히 해킹, 즉 목표와 타깃점을 잡아서 노리고 해킹에 들어갔다?

임지선 네, 감염된 폰은요.

정봉주 이것이 민간인 사찰이 진행됐는지 입증할 만한 근거라는 거 아니에요? 그럼 결국 민간인 사찰이 광범위하게 됐냐, 안 됐냐 이게 핵심이네요.

하어영 확인하는 방법도 두 가지예요. 하나는 지금 말씀하신 SKT 등 나온 IP 가지고 확인하는 방법이 있고요. 또 하나는 최강욱 변호사나 정봉주 의원이 직접 자기 휴대폰이 감염됐는지 안 됐는지를 알아보는 거지요. 당사자가 알아보는….

정봉주 그러니까 역으로 추적하는 거죠, 그 방법은?

하어영 그렇죠. 이 두 가지 방법으로 어느 하나만 나와도 확인이 되는 거예요. 또 하나는 합리적 의심으로 봤을 때, 실제로 RCS가 이탈리아 해킹팀에서 입수한 것만 사용이 됐겠냐, 이런 의심을 할 수 있어요. 그래서 사회 주요 인사들이 확인을 해보면 RCS가 나올 수도 있어요. 그런 측면에서 또 다른 의미, 또 다른 국면이 남아 있어요.

정봉주 그러니까 RCS 프로그램을 이탈리아 해킹팀으로부터 구입한 것 말고 그 이외의 국가에서도 구입했을 수 있다, 혹은 우리나라 내부의 해킹팀들을 가동해서 그 프로그램을 만들었을 수도 있다, 이런 얘기죠?

하어영 그런 합리적인 의심을 해볼 수 있죠.

정봉주 이에 대한 수사나 취재가 된 건 없나요?

하어영 네.

임지선 근데 메일 내용에 다른 회사를 언급하는 내용이 있어서 저희도 지금 살펴보고 있어요. 다른 더 큰….

정봉주 누구의 메일 내용이에요?

임지선 국정원에서 해킹팀과 주고받으면서, '다른 데 것도 써보니' 하는 식으로 비교를 하는 뉘앙스의 말이 있거든요. 그래서 그런 부분들을 살펴보고는 있는데요. 좀 더 정확해지면 보도해야죠.

목적과 상관없이
해킹 프로그램 구입 자체가 불법

최강욱 좀 더 핵심으로 들어가기 전에 제가 말씀드리고 싶은 게 있어요. 워낙 심각한 문제가 되다 보니 지금 사람들의 관심이 마티즈가 진짜냐 가짜냐, 실제로 민간인 사찰을 몇 명한테 했느냐, 얼마나 했느냐 이런 걸로 옮겨갔는데요. 사실은 그러다 보면 사건의 본질이 흐려질 수 있어요. 해킹 프로그램을 구입했다는 것 자체가 어떤 걸로도 설명이 안 되는 불법이라는 게 핵심입니다. 그런데 그것이 지금 흐지부지되고 있어요. 하여튼 꼭 이 전제를 하고 들으시면 좋겠습니다. 이는 뭐라고 해도 불법이에요.

정봉주 우리가 지난 시간에 얘기했듯이 해킹 프로그램을 구입하는 것 자체가 불법이죠. 그런데 구입을 해서, 자기들이 처음에는 실험용으로 썼다는 거잖아요?

최강욱 누구한테 꽂았든 무조건 불법이에요.

정봉주 그러니까 처음부터 꽂지 않고 실험용으로, 연구용으로 썼다는 거죠? 왜냐면 불법적인 측면을 벗어나려고. 근데 지금은 해킹 프로그램을 산 건 별로 얘기하지 않고 있고….

최강욱 심지어 집권당의 원내대표라는 사람이 '국가안보를 위해서는 해킹해야 하는 거 아니냐'라고 얘기하는 상황인데….

정봉주 설령 중국에 있는 북한 공작원이라고 할지라도 대통령 승인이 있어야 도·감청을 할 수 있는 거 아니에요?

하어영 그게 정상적인 국가죠.

정봉주 그리고 만약에 그 공작원이 국내에 있는 누군가와 통화를 했다고 한다면 법원으로부터 압수수색 영장을 받아야 하는 거고, 도·감청 수색영장을 받아야 하는 거죠.

최강욱 공작원이 카톡을 쓴다고 하더라도 그건 해킹할 게 아니라 정식으로 감청을 할 수 있는 거예요, 명백히.

정봉주 그러니까 이런 부분에 대해서 해킹 프로그램을 사서 해킹 프로그램을 꽂은 것에 대해서는 불법적 요소가 있으니 일단 야당 입장에서는 무조건 이걸 고발을 하고. 그다음에 더 문제가 되는 정치적 문제는 국내 내국인 사찰, 민간인 사찰이 있었느냐….

최강욱 범죄는 이미 성립했고 이게 죄질이 어디까지 나갔느냐를 따지는 거지, 범죄가 있냐 없냐를 얘기하는 게 아니라고요.

정봉주 형량이 3년이냐 10년이냐 이걸 따져야 하는 거지, 이제.

최강욱 아니, 이건 사형이냐 10년이냐의 문제죠. 이런 놈들은 형량을 10년씩 계속 늘려가면서 살려야 해요, 이건 정말.

임지선 그런데 지금 이 순간에도 폐기하진 않았어요.

정봉주 잠깐만. 지금까지 얘기를 정리하면 일단 해킹 프로그램을 산

건은 불법이고, 해킹 프로그램을 심은 것도 무조건 불법이어서 범죄가 성립된다. 그다음에는, 국민들 통제하기 위해서 민간인 사찰이 있었느냐 하는 심각한 문제가 대두한다는 거죠? 그러니까 저쪽에선 20회선밖에 사지 않았고, 민간인 사찰이 있었다고 할지라도 마치 조금밖에 없었던 것 같은, 그런 뉘앙스를 풍겨왔죠. 그러고 있다가 계속 취재가 되면서 한 타깃이 끝나고 다른 타깃으로 옮겨가면서 무차별로 늘려나갈 수 있다는 얘기가 나오니까 마티즈 사건이 터지고, 이런 거 아닌가요?

하어영 마티즈 사건은 또 다른 문제예요.

정봉주 다른 문제죠. 어쨌든 민간인 사찰, 광범위한 사찰은 범죄의 강도가 어느 정도냐의 문제이지, 범죄가 성립하느냐 아니냐의 문제가 아니지요.

하어영 이미 원장이 책임지고 물러나야 할 일이에요. 백번 양보해서, 몰랐다고 할지라도.

임지선 이미 아제르바이잔에서는 물러났고.

정봉주 아니, 이병기 원장뿐만 아니라 원세훈도 다시 조사해야 하는 거 아니에요?

최강욱 당연히 잡아야죠.

정봉주 원죄는 원세훈에게 있죠.

최강욱 원세훈이 원죄인지 또 그 위에 있는 놈이 원죄인지, 그건 조사해봐야 하는 거고.

정봉주 원세훈이 원죄면 조종하고 있던 쥐가 있잖아요. 쥐.

최강욱 일단 원세훈은 확실한 거고. (웃음)

정봉주 원세훈은 쥐가 조종하잖아요. 쥐, 쥐를 악착같이 잡아야지.

최강욱 그 사람을 잡아서 하여튼 밥 세끼를 먹여줘야죠.

정봉주 이명박 씨 밥 세끼. (웃음) 이명박 씨 밥 세끼는 무상급식으로.

(웃음)

왜 국정원 직원은 죽음을 택했을까?
그의 죽음을 둘러싼 풀리지 않는 의혹들

정봉주 자살 문제는 얘기를 해야 합니까, 말아야 합니까?

하어영 간단하게라도 얘기를 하긴 해야 합니다.

정봉주 해야죠.

최강욱 왜 했는지? 자살을?

정봉주 근데 우리가 자살로 규정하는 게 맞나요? 그거 하게 되면 또 한도 끝도 없이 헤매는 거죠.

하어영 간단하게만 말씀드릴게요. 다들 지금 들여다보시면 아시겠지만 실시간 검색 1위가 마티즈 차량이에요. 보통 어떤 대형 사건이 벌어졌을 때 증거와 관련된 논란이 있으면 그걸 보존하게 돼 있잖아요. 그게 적법이냐 불법이냐를 떠나서 정부 당국자는 당연히 그걸 보존해야죠. 근데 그게 폐차됐어요.

최강욱 증거인멸이네.

하어영 그러니까 정확하게 말씀을 드리면, 그 차량이 CCTV에서 어떻게 비치느냐를 가지고 계속 실험도 하고 들여다보고 했잖아요. 그

린데 오늘 경찰 발표는 차량 동일성 여부에 대해서….

최강욱 자기네가 실험을 했다고 했잖아, 재연을.

하어영 예. 언론보도에는 그 차량이 동일한 차량인 것처럼 나왔거든요. 그런데 경찰 발표를 자세히 들여다보면 '그 캡처 사진상의 차량이 변사자의 차량이 아니라는 근거는 발견하지 못했습니다'거든요. 그러니까 이게 불분명한 거예요, 아직은.

최강욱 차량임이 확실한 것으로 확인했습니다, 이게 아니고. 아니라는 증거를 발견하지 못했다? 말장난을 또 했네요.

하어영 지금 상황에서는 보존이 돼야죠. 22일 오전에 문제제기가 됐고. 그게 한참 논란이 되니까 특히나 이 국정원 직원과 관련해서는 감찰을 했느니 안 했느니, 가족도 했느니 아니니 이런 것에 대해서 야당이 아주 강하게 반발하고 있으니까 증거를 없애면 안 되는 상황인데요. 근데 22일에 폐차를 한 것으로 확인이 됐어요.

정봉주 저런 경우는 어떻게 되는 거예요?

최강욱 변사자가 발생하면 그 현장에 맨 처음 경찰이 가야 하고요. 그건 검사가 지휘하게 돼 있죠. 검사가 사인을 해야 시신을 유족이 인수해서 장례를 치르든 할 수 있어요. 근데 그 과정에서 가장 유념해야 하는 게, 현장보존이 제대로 돼 있느냐예요. 왜냐면 그래야만 자살인지 타살인지, 이런 걸 규명할 수 있거든요.

정봉주 자살을 했다고 한다면 자살의 원인이 뭔지도….

최강욱 그리고 혹시라도 뭔가 의문이 제기될 때를 대비해서 증거 수집에 만전을 기해야 하는 게 수사기관의 의무이고. 증거 수집이라는 건 그냥 보고 버리라는 얘기가 아니라, 갖고 있어야 하는 거죠.

정봉주　기록으로 남겨둬야 하는 거죠.

최강욱　의문점이 해결될 때까지는.

정봉주　그런데 왜 저걸 부랴부랴 폐차를 시켰어요?

최강욱　그러니까 굉장히 이상한 거죠.

하어영　이상하긴 한데…, 이렇게 얘기하면 진짜 뭔가 좀 프레임이 틀어질 수도 있어서….

하어영　그렇죠.

정봉주　알 수는 없고, 진실은 파헤쳐지지 않고.

최강욱　일각에서 걱정했던 게 그거잖아요. 마티즈에 관해서 너무 집중하면 오히려 저쪽의 미끼에 걸려들 수 있다.

정봉주　제 얘기가 그 얘기예요.

최강욱　그러면 소위 당국이나 정부 입장에서 이걸 덮으려고 하든 설명을 하려고 하든 제일 중요한 게 실제 마티즈를 보여주는 거죠. 사람들한테. 사진으로 찍힌 마티즈가 이거고, 우리가 실험한 마티즈가 이거고, 그때 CCTV에 찍힌 동영상은 이거고, 다시 재연실험을 해보니까 이거다 하면 딱 끝나는 거잖아요.

정봉주　실물을 보여주면서.

최강욱　예, 딱 보여주면서. 근데 그걸 못 할 상황을 미리 만들어놓고 지금 말장난을 하기 시작한 거잖아요.

정봉주　없애버리면 이게 미궁에 빠지면서 모든 사건의 종지부로 가는 길을 끊어버릴 수 있는 거예요. 사람들 관심을 저기다 꽉 묶어놓을 수가 있는 거거든.

하어영　세월호 때 '돼지머리 수사'처럼. 유병언 씨의 사체가 드러났을 때 거기로 관심이 완전히 집중돼버렸잖아요. 이런 것처럼 프레임을 흔들 수도 있지 않을까 하는 우려가 있죠.

최강욱 유족 핑계는 안 대나요? 유족이 가서 폐차시킨 거다, 이런 식으로?

하어영 지금 그렇게 되고 있어요. 그러니까 어떤 상황인지 간단하게 말씀을 드리면요. 차를 7월 2일에 사요. 이번 달 2일에 산 거예요. 그래서 22일에 폐차했으니까 22일에 판 거죠. 근데 여기 차 갖고 계신 분들은 다 아시겠지만 그 정도 차면 사실 중고차로 팔아도 되거든요. 근데 갑자기 폐차를 결정하죠. 물론 가족들이 마음이 아프니까 그랬을 수도 있겠다, 하는 생각도 하지만….

정봉주 그런 이상한 생각하지 마요.

하어영 반대로 생각하면….

정봉주 이미 정치적 이유가 깊이 개입되어 있기 때문에 가족들의 사적인 판단이 결부될 수 없어요.

최강욱 그렇죠. 맘대로 못 할 일이지, 이건.

하어영 급하게 차를 팔 정신이 있었을까 하는 생각도 좀 들고요. 이게 굉장히 조심스럽습니다, 저도.

정봉주 입장 바꿔놓고 생각을 해봐요, 가족들 입장에서. 내가 부인이라고 한다면 우리 남편이 왜… 정말 국가를 위해서 충성을 했다는데, 국가를 위해서 충성하고 이렇게 서럽게 죽어갔는데, 이 원인을 밝혀야 한다고 생각하지 않겠어요? 우리 남편을 왜 죽음으로 몰았느냐. 차량에는 사실 손도 안 대고 싶겠죠.

최강욱 장례 치르고 경황없는 와중인데 누가 폐차부터 시켜요? 수사

중인 차를.

정봉주 그러니까 사건을 저기다 묶어놓으려고 하는 의도가 강한 거죠. 그렇게 되면 사건의 관심을….

하어영 사실 명쾌하게 해결할 수 있는 문제예요. CCTV도 직접 마티즈로 해보면 되는 거고요. 그리고 그와 관련된 논란들이 많이 있어요. 공개 문제라든가, 그날의 상황이라든가. 이런 건 재연을 해보면 되는 거고요. 근데 그렇게 하지 않고 이렇게 전격적으로 폐차를 했다는 건….

정봉주 물타기로 갈 가능성이 큰 거 아니에요?

하어영 그렇다고 볼 수도 있고요. 의도적으로 사람들의 관심을 불러일으켰다고 생각하기에는 좀 무리일 것 같지만, 하여튼 의심스러운 건 확실합니다.

정봉주 아니, 둘 중의 하나죠. 예를 들어 거기에 자신들에게 불리한 무슨 흔적이 있다든지 그래서 폐차시킬 수밖에 없었던 것. 또 하나는 아무것도 없는데 마치 뭐가 있는 척하면서 폐차시킨 것. 정말 자기들의 숨기고 싶은 불편한 진실이 거기에 있든지, 아니면 없다고 할지라도 있는 것처럼 해서 모든 관심을 거기로 몰고 물타기하는 거죠. 그러면 이후에 진행되는 민간인 사찰이 있는지 없는지 이런 거나 해킹 프로그램 구매의 불법성은 잊어버리잖아요.

하어영 그렇죠. 프레임을 이동시키는 거죠.

정봉주 이동시키는 거죠, 점점. 그러면서 분산시키고. 관심이 멀어지게 하고. 그리고 새누리당 쪽에서는 아까 뭐라 그랬어요? 국가안보를 위해서는 해킹할 필요가 있다, 이런 식으로 얘기하면서 마치 국가안보를 저해하는 집단으로 몰아버리고. 이런 프레임을 만들잖아요.

임지선 숨진 임 씨가 새로 파서 찍었다는 고무도장도 23일에 나왔어요. 원래는 5163부대의 빨간 직인을 찍었다가 자기가 새로 고무도장을 파서 찍은 사실이….

최강욱 어디에? 계약서에다가요?

임지선 네, 계약서에다가요. 그래서 나중에 개인의 일탈로 몰아갈 여지가 크게끔 계약서를 만들고, 앞의 계약서를 폐기해달라고 요청했던 사실도 밝혀졌거든요. 그러니까 여러모로 시달렸던 상황은 맞는데, 죽음 자체가 워낙 석연치 않은 상황이고…. 저도 처음에 마티즈 번호판 색깔 가지고 얘기 나올 때는 '에이, 그게 뭐 반사 때문에 그럴 수도 있고'라고 생각했거든요. 근데 그 뒤에도 네티즌들이 예리한 눈으로 여러 가지를 찾아냈고…. 이 상황에서 마티즈가 폐차됐다는 건 진짜 허망한 일이죠. '이게 뭐지?' 싶은 일이죠. 처음에 죽음 소식 알려졌을 때도 '이게 뭐지?' 했는데요, 장례식장에 딸이 사관생도복 입고 와서 영정 들었을 때도 그랬어요. '저 가족들 지금 정말 가슴에 한 맺히지 않았을까? 얘기한다면 들어줄 수는 있는데 연락하진 않겠지?' 이런 생각을 했어요. 그런데 마티즈가 폐차됐다고 하니까…. 여러모로 음모론을 만들 수밖에 없게 하는 주체가 있고, 그게 누구인가를 다시 생각해보게 되네요.

누가 '정치적 오더'를 내렸는가
'업무에 대한 과욕'으로 죽음을 선택하다?

최강욱 팩트를 몇 개 확인해주셨으면 좋겠어요. 몇 가지 얘기 있었잖아. 예를 들면 다 지웠다 안 지웠다를 가지고 언제는 '복구를 할 수 있다, 100퍼센트 복구할 수 있다'라고 얘기했다가 국정원장이 '다는 못 할 수도 있다' 그랬다가 오늘은 또 '다 된다⋯'.

임지선 주말까지 다 된다고 했죠?

최강욱 네, 다 된다 그랬어요.

임지선 23일에.

정봉주 23일은 '딜리트(delete) 키로 삭제를 했기 때문에 복구가 될 수 있다'고 했죠. 그러니까 이 복구 문제, 삭제한 문제 가지고도 계속 논점을 흐리면서 왔다 갔다 하고 있는 거네요. 그걸 추적하고 있는 국민이나 네티즌들의 눈은 '이게 복구시킬 수 있어, 없어?' 하는 쪽으로 가고. 본질을 자꾸만 흐려놓고 있는 거죠.

최강욱 그 세 가지 말은 다 있었던 게 사실이에요? 된다고 했다가, 안 된다고 했다가, 또 된다고 이런 거?

임지선 그건 제가 팔로우하지 않아 잘 모르겠지만 실제로 그런 식으로 '어떤 기술로 했으며 어느 정도로 지웠으며, 근데 20년 된 기술자가 그걸 못 지웠겠느냐', 그런 얘기가 계속 있었어요. 그런데 어쨌든 23일 버전으로는 주말까지 복구할 수 있다고 얘기한 상황이니까.

최강욱 지금 얘기가 다시 나왔잖아요, 또. 다 정리해놓고서 또 복구된다고.

2015년 7월 이탈리아 밀라노의 IT기업 '해킹팀'의 해킹 사실 발표.

'업무에 대한 과욕 때문에 빚은 일'이라는 유서 남긴 채

2015년 7월 18일 국가정보원 해킹프로그램 업무담당 직원 자살.

국정원 직원 자살로 민간인 사찰 여부 등

어떤 것도 밝혀지지 않은 채 사건은 묻혔다.

국정원에서 해킹 프로그램을 구입한 것,

그리고 해킹 프로그램을 운영한 것은 명백한 불법이다.

국정원 해킹 사건은 기술적 접근이 아닌,

'정치적 오더'를 누가 내렸는지 원점에서 다시 살펴야 한다.

임지선 거기다가 계속 의원들 보고 급하게 '국정원에 직접 와서 봐라, 볼 수 있게 해주겠다' 하는데요. 저는 뭐가 딱 겹치느냐면, 예전에 삼성 백혈병 문제 있을 때 삼성전자 공장에 '기자들이 직접 와서 봐라' 해놓고 깨끗하게 다 치워놨던 거. 비전문가인 기자들이 봤을 때는 뭐가 뭔지 전혀 모르겠는, 그런 상황이었거든요. 이번에도 이 상황에 대해 시티즌 랩(Citizen Lab)이라는, 토론토 대학교의 화이트해커 연구원들인데, 그 사람들이 국내 기자한테 '의원들이 가서 서너 시간 봐서 알 수 있는 건 아무것도 없다, 그냥 그 쇼에 동원되는 것뿐이다. 그렇게 가선 절대 안 된다'라고 얘기한 상태거든요. 완전히 포렌식(forensic, 과학적 범죄 수사)을 할 줄 아는 보안 전문가들이 가서 직접 뭔가를 하면서 해도 서너 시간이 부족한 시간인데, 의원들이 가서 컴퓨터 보고 깨끗하게 정리돼 있는 파일을 보고는 알 수 있는 게 없다는 거죠.

정봉주 하 기자가 더 잘 알겠지만 세월호 때 진도 VTS(해상교통관제센터) 가서 하드를 직접 카피, 그러니까 이미징 기법으로 가져와서 그걸로 분석을 하는 게 일주일 이상씩 걸리지 않았나요?

하어영 그렇죠.

정봉주 그래도 진도 VTS 같은 경우는 아주 간단한 건데. 이건 디지털 전문가가, 20년 베테랑 전문가가 갖고 있던 하드잖아요. 그걸 이미징 기법으로 떠 가져와서 복구가 되는지 안 되는지를 찾고, 복구가 된다면 거기 있는 자료를 가지고 어디서부터 뭐가 민간인 사찰인지, 해킹 기법을 어디까지 썼는지, 이런 걸 다 찾으려면 한참 걸리지 않겠어요?

하어영 그렇죠.

임지선 실은 지금 화이트해커분들이나 관심이 있는 해커들이 400기가를 내려받아 그걸 분석하고 있어요. 공격코드를 분석하거나 남아 있을 수 있는 여지를 분석하는 분들도 있고요. 6일에 유출됐고 지금 23일인데, 아직까지 절반도 못 봤다는 분들도 많거든요. 이 400기가는 국정원 서버에 남아 있을 수 있는 자료 중 아주 일부일 뿐이에요. 근데 비전문가인 국회의원들이 국정원에 가서 몇 시간 동안에 뭔가를 확인한다? 그냥 갔다 오는 거죠, 그건.

최강욱 참, 저건 확인된 얘기예요? 가족한테 전화해서 '안 온다, 어디 갔냐, 실종신고 내라, 누가 물어보면 부부싸움했다고 해라' 그랬다는데, 그건 팩트예요?

임지선 부부싸움했다고 하라는 부분은 모르겠고요. 어쨌든 자기들이 먼저 전화했다고는 지금 밝히고 있죠.

정봉주 먼저 전화해서 '가정사 때문에 나간 걸로 얘기해라.' 근데 그렇게 전화했던 시점이 오전 10시라는 거죠? 10시면 출근해서 정상적으로 직장생활 하고 있을 때인데…. 국정원 직원들은 출근 안 하니까 이상 징후를 느꼈던 거거든요. 이상 징후를 느낀 건지, 아니면 자기들이 상황을 몰라서 본인 개인의 일탈로 몰고 상황을 종료시키려고 한 건지 모를 일 아녜요, 이게.

최강욱 이 사람이 왜 죽음을 택했을까 생각해보면 무슨 죄책감 아니면 배신감, 자살했다고 쳤을 때요, 그런 게 제일 크잖아요. 그러면 죄책감이든 배신감이든 간에 어쨌거나 '네가 한 거잖아, 인마. 네가 다 한 거잖아' 이 얘기가 계속 반복되면….

임지선 그렇죠, 압박감이.

최강욱 그럴 수 있는 거 아닌가요, 그 압박감이라고 하는 것이? 근데 나이도 그렇게 많지 않았고, 또 기술이나 능력 면에서는 아주 인정받는 사람이었잖아요. 이탈리아 업체에서도 인정했다면서요. 한국에 센놈이 하나 있다고.

정봉주 아, 그래요?

최강욱 예. 이 사람이 아주 탁월하다고 인정했대요. 근데 그렇게 쉽게 죽을까 싶어 이상한 거죠. 뭔가, 저쪽에서는 그사이에 이 사람을 몰고 갔던 것 같고. 그러니까 이 사람으로서는 그런 선택을 할 수밖에 없었던 거 아니냐. 자살이 확실하다면.

정봉주 일단 자살은 확실한 걸로 보고 있는 거죠?

최강욱 그건 거의 확실하다고 봐야 하지 않나요?

하어영 일단 부검이 그렇게 나왔으니까요.

정봉주 자살은 확실한 거고.

하어영 예, 그 진실에 대해서는 일단 어떤 의심을 하면 전제가 흔들리는 거니까요. 그건 그렇게 전제하고 넘어가는 거고요.

정봉주 그리고 이제 중요한 건 이런 거죠. 본인은 유서에서 '업무에 대한 과욕 때문에 빚은 일이다' 이렇게 얘기를 했는데 그건 믿을 만한 게 아니죠. 상식적으로.

임지선 업무에 대한 과욕이라는 것이 참 어폐가 있는데요. 이 사람의 역할은 당시 팀장이 아니었잖아요? 그러니까 다른 부서에서 '이 사람(해킹 대상) 갖다 보여줘' 하는 것들을 가져오면 팀장이 일차적으로 거른다고 얘기했어요. 그 팀장이라는 사람도 다른 부서에서 온 요구들을 얼마나 거를 수 있는 위치에 있는지 알 수 없죠. 어쨌든 그걸 받아서 그 사람들을 화면에 띄우게 하는 기술적인 역할을 한 거죠. 해킹팀에 연락해서 '이런 타깃에다가 이런 걸 심을 거야. 이런 URL을 만들어줘' 하면서요. 그런 다음 거기에 자기가 직접 포르노든 메르스든 벚꽃놀이든 떡볶이든 뿌려서 그 사람이 클릭하게 하고 RCS에서 구동되게 했죠. 그런 일은 했지만, 그 대상자를 선정하고 '이 사람은 안돼요'라고 얘기할 수 있는 발언권 자체가 이 사람한테 있었는가? 그렇지 않죠.

정봉주 없는 거죠. 이 사람은 기술자고, 정치적 판단은 누군가가 해서 '이 사람을 해킹하라'고 하는 오더를 받은 거죠. 그러면 이 사람에게 '정치적 오더'를 내린 사람을 따로 찾아야 하는 거 아녜요?

최강욱 그렇죠. 그리고 본인이 해킹 프로그램을 구입하는 의사결정권자냐. 그것도 아니죠. 그걸 구입한다는 것 자체가 불법이라는 건 애들이 더 잘 알거든. 그럼에도 그걸 하려면 꽤 센 놈이 시키거나 보증을 해야만 하죠. 안 그럼 못하는 거죠.

정봉주 중간에 한번 정리를 해보면 이렇게 되는 거예요. 자, 프로그램 구입하는 과정에서도 이게 불법적인지는 다 알잖아요. 그리고 여기는 기술팀이야. 그럼 전문적으로 판단하는 누군가가 이 프로그램을 구입하려고 하는데, '이탈리아 해킹팀의 프로그램이 정말 그렇게 좋은 건지 네가 기술적으로 한번 판단해봐라, 검증해봐.' 자, 여기까지 오더를 내리는 누군가가 있어요. 그렇죠? 오더를 받아서 쭉 검증을 해요. 이 사람은 정치적 책임이 없는 거야.

최강욱 그렇죠, 그것까진. 기술자니까.

정봉주 기술적으로 '좋은 프로그램입니다, 나쁜 프로그램입니다', '곧 발각될 수 있습니다, 없습니다' 이것만 보겠죠? 암튼, 그렇게 해서 구입 여부를 결정했단 말이에요. 구입해서 가져왔어요. 가져왔는데, 어느 날 이 사람이 TV를 보는데 정봉주가 TV에 나와. 그래서 느닷없이 '저거 내가 한번 해킹할까?' 정봉주 휴대폰에다가. 구글링하면 정봉주 휴대폰 번호 나오니까 거기다가 포르노 뿌려, 포르노 뿌리면 무조건 보니까. 이런 식으로 대상자를 결정할 수 있는 권한이 있었냐는 거예요. 전혀 없잖아요.

최강욱 총리실 민간인 사찰 때도 그 대상자를 결정해주는 사람들이 있었잖아요. 이영호나 박영준이 시킨 거 아니에요, 이러이러한 사람을 해보라고.

정봉주 민간인 사찰을 하라고.

최강욱 네, 그런 급들의 사람이 있는 거죠. 그리고 이영호나 박영준이 당시에 차지하고 있던 위치는 대통령의 절대적인 신임을 바탕으로 해서….

정봉주 영포회.

최강욱 걔들이 지시하는 건 누구도 거역할 수 없는 상황에서 이루어졌던 건데…. 그러니까 내부의 어떤 메커니즘은 비슷했을 거란 말이에요.

정봉주 그 시나리오로 추정해보면 이 사람한테 해킹 대상자에게 이 프로그램을 뿌리라고 지시한 누군가가 있는 거죠. 그 누군가는 바로, 총리실 민간인 사찰에 비추어보면, 원세훈 원장의 직접적인 오더를 받아서 아무도 거역할 수 없는 명령을 내릴 수 있는 사람. 아니면 원세훈이 직접 내렸거나. 이렇게 추정해볼 수 있는 거죠.

최강욱 그러니까 민간인 사찰에 대입해보면 이영호나 박영준 위치에 들어가는 사람은 바로 원세훈이에요.

정봉주 그렇죠, 원세훈. 그러니까 다시 정리하면 프로그램 사는 것도 누구의 지시에 의해서였고, 해킹 프로그램 심은 것도 누구의 지시에 의해서였어. 근데 이게 발각이 되니깐 양쪽에서 '야, 해킹 프로그램은 네가 결정해서 산 거 아니냐. 그렇게 해.'

최강욱 '네가 이메일 했잖아, 계속.'

정봉주 '네가 사람들 만나고 이탈리아 해킹팀 네가 접촉했잖아.' '그리고 해킹 프로그램 뿌릴 때, 우리가 이거 뿌릴 수 있냐고 물어봤지, 누가 너더러 뿌리라 그랬어? 네가 직접 뿌렸잖아.' 그러면 이 사람은 '무슨 얘기예요. 내가 뿌린 게 아니고 시켰잖아요'라고 얘기해야 하는데, 그걸 거역할 수 없는 무언가 자기 핸디캡이 있었다는 거예요.

최강욱 그렇죠.

하어영 지난주에 그 말씀 드렸죠, 아마 3차장 산하일 것이다.

정봉주 3차장이라고 나왔잖아. 하어영이 잡았잖아.

하어영 합리적 추론이 실제로 맞아들어 가는 형국이어서. 그러니까 3차장 산하에 있는 실무를 보는 분이었다고 한다면…

정봉주 이종명. 이종명은 원세훈의 직계 아냐?

하어영 절대적인 신임을 얻고 있다고 한다면, 그런 합리적 추론을 할 수 있다면…

최강욱 원세훈, 이종명 라인이라 이거지.

정봉주 이종명이 사이버사령부 기획했을 때의 역사를 추적해보면, 사이버사령부에 해킹팀이 있었기 때문에 국정원에도 3차장 산하의 해킹팀이 있을 거라고 하어영 기자가 얘기했고 기사도 났었죠. 그런데 3

차장 산하라고 나온 거 아니에요?

하어영 그렇다고 지금 언론에서 나오고 있죠.

정봉주 그렇죠, 3차장 산하라고. 다시 얘기하면 '다 네 책임이야'라고 하는데, 이분은 그걸 거역할 수 없는 입장에 몰려 있었던 거죠.

'짊어져야 할 짐이 너무 무겁다'
죽음으로써 지키고자 했던 가족, 그리고 딸

최강욱 저는 자살 이후에 장례식까지의 장면에서, 그리고 그 뒤에 가족들을 상대로 감찰을 했네, 안 했네 하는 얘기가 나오는 과정을 보면서 큰딸이 계속 마음에 걸리더라고요.

임지선 저도요.

최강욱 큰딸이 육사를 갔는데, 여학생이. 그 아빠 입장에서, 딸이 육사를 가기로 결정했을 때의 대화 내용이 대개 짐작이 가지 않나요?

정봉주 아빠가 절대적인 영향을 미쳤겠죠, 육사 갈 때.

최강욱 일종의 국가주의자들인데. 우리는 나라를 위해서 헌신하는 가족이 되자, 뭐 이런 거였을 텐데. 그랬을 때 그 아빠한테 '네 딸이 육사 다니는데'라는 얘기가 얼마나 부담이 갔겠어요. 정보기관의 속성을 아는 입장에서는 '너 딸이 육사 다니지?' 이 한 마디로도 아빠로서 굉장한 부담이 됐을 거라고. 저는 그게 자꾸 마음에 걸리더라고요.

임지선 가족에게 쓴 유서의 첫마디가 '짊어져야 할 짐이 너무 무겁다'라는 문장이었어요. 앞에 쓰인 국정원에 보낸 유서에 담지 못한 마음을 거기서 털어놓은 게 아닌가, 그런 생각도 들긴 하더라고요.

정봉주 큰딸이 육사에 다니고 있다는 점이 무척 부담스러운 거죠. 그런데 그러한 정황 하나 가지고 이분이 극단적인 선택을 했을까? 아무리 국정원이어도 두루뭉술하게 결정되면서 넘어가는 부분들이 있어요. 예를 들어 국정원 같은 경우는 재정집행이 불투명하잖아요. 상당히 큰돈이 오간 거래예요. 쭉 돈이 오갔는데, 그러다 보면 심지어는 꼬리표 없는 돈을 썼던 흔적들도 있을 거란 말이에요. 근데 감찰 들어오고, 조사 들어와서는 프로그램 구입하는 데 얼마, 실질적으로 예산 쓰인 거 얼마 하는 식으로 따진다면? '자칫 잘못하면 우리가 재정적인 문제로도 개인적 일탈로 털릴 수가 있다, 파렴치범이 될 수 있다'라는 생각은 거기 관여돼 있던 사람들은 누구나 할 수 있겠죠. 이 사람이 실무적인 상황에 늘 끼어 있었기 때문에 그런 재정적인 의혹을 살 만한 부분을 이쪽으로 다 몰아버리지 않았느냐 하는 추정을 해볼 수 있죠.

하어영 합리적으로 추론해볼 때 그런 가능성이 나오고 있긴 해요.

정봉주 높죠, 가능성이.

하어영 그런데 망자에 대한 예의 때문에도 그렇고, 실제로 그게 사실로 확인되지 않아서도 그렇고요. 추론만….

정봉주 아니 저는요, 이렇게 생각해요. 누가 이 사람을 죽음으로 몰아넣었느냐, 이걸 찾기 위해서라도 위에서 프로그램 구입하라고 오더를 내린 사람들, 해킹 타깃을 심으라고 이 사람에게 오더를 내린 사람들을 찾아야 해요. 그렇지 않으면 망자의 원혼은 안 풀리는 거예요. 이 사람에게 몰아놓고 꼬리 자르기를 하기 위해서, 또 다른 부정한 측면을 이 사람 죄로 덮어씌우려고 하는 과정이 있지 않았었냐. 전문지식이 없는 의원들이 거기 가서 프로그램 찾는 일을 할 것이 아니고, 정치적으로 누가 이 사람에게 압박을 가했느냐 이걸 찾아야 하는 거죠. 민간인 해킹 사찰, 이 오더를 내린 사람을 찾는 게 중요해요.

하어영 그렇죠. 다시 본질로 돌아가는 거예요.

정봉주 다시 본질로 돌아가는 거죠. 이 프로그램으로 민간인 사찰을 했냐, 안 했냐. 했죠. 이건 허위사실 유포로 감옥에 가더라도 했다고 주장해야 하는 거예요, 야당은. 거기서 무슨 시연을 하고 정치권에서 철수하느니 안 철수하느니 이러고나 앉아 있고…. 그게 아니라 누가 오더를 내리고 누가 정치적 결정을 했냐, 하는 걸 파고들어 가야 하는 거죠.

최강욱 그리고 만약에 지금 국정원 발표대로 이 사람이 '딜리트'만 눌러서 삭제한 거라면, 죽음을 결심한 이유가 나라를 위한 게 아니라는 건 확실하잖아요. 금방 복구되게 해놓고 죽을 일은 없잖아.

정봉주 하드를 깨버렸어야죠, 진짜 나라를 위한다면. 박살을 내야지.

최강욱 총리실 애들도 디가우징(degaussing)을 했는데.

하어영 그럼요.

최강욱 결국, 제가 보기에 이 사람이 죽음으로써 가장 지키고자 했던 것은 가족이 아닌가 싶어. 자기가 그냥 살아 있으면 자기가 뒤집어쓰기도 해야 하고 가족들도 생활이 어려워지고, 딸의 앞길을 막고 이렇게 되니까.

정봉주 나도 동의해요. 자칫 잘못하면 가족들이 불명예스러운 아빠로 인해서 받을 후과, 이런 게 더 컸겠죠.

최강욱 그렇죠, 평생 이걸 짊어져야 하는데.

하어영 이것과 관련돼서 예전 취재원들을 만났는데 그 취재원들이 하는 말이, 가장 가슴 아픈 장면 하나가 큰딸이 제복을 입은 거였다고 해요. 어찌 보면 상징적인 장면이거든요.

정봉주 아빠의 죽음으로 딸의 제복을 지킨 거네.

하어영 뭐 그럴 수 있는 거죠. 그런 점에서 사실 굉장히 가슴 아파하는 분들도 있죠. 아까 민간인 사찰 말씀하셔서 좀 비교를 하자면, 그래도 민간인 사찰은 많이 나왔잖아요. 이영호도 나오고 그 윗선도 나오는데, 지금 이 사건은 직원 한 분, 그분만 그렇게 희생당하고 아무것도 밝혀지지 않았죠.

정봉주 그러니까 이런 거예요. 우리를 더 분노하게 한 것, 그 제복을 보면서 느꼈던 짠한 심정, 그리고 가족의 명예를 지키고 딸의 명예를 지키기 위한 아빠의 극단적인 선택. 우리가 오늘 제기한 이 추론이 대체로 사실에 부합한다면, 상황을 이렇게 몰고 간 사람들은 악마예요, 악마.

최강욱 그렇죠, 정말 악마들이에요. 그렇다고 봐야죠.

정봉주 부녀지간의 정을 이용해서 그 가족을 볼모로 한 가장을 죽음으로 몰고 가고, 그 뒤에서 음흉한 미소를 짓고…. 그들은 악마예요.

임지선 실제로 아이디가 데빌엔젤(devilangel)입니다.

최강욱 그 와중에 또 차까지 폐차시키고…. 근데 장례식 현장은 취재가 됐나요?

임지선 비공개로 해서 멀리서 사진을 찍거나 그랬죠.

정봉주 자기들이 찍은 사진 돌린 거죠?

임지선　네.

정봉주　그럼 다 기획된 사진이고 세팅된 사진이죠.

최강욱　그것도 연출인 거잖아요.

정봉주　그럼요.

최강욱　참, 정말 어디까지 추측을 해야 하는 건지도 미안하네.

하어영　그 장례식 장면이나 아니면 마티즈나 이분의 죽음이나… 종편에서는 정말 관음증이라고 표현해도 좋을 것 같은데, 진짜 그 자체만 놓고 막 해석을 해요.

정봉주　나무만 보면 안 되는 거예요. 이건 숲을 봐야 하는 거지요. 숲이 만들어졌던 원초적 문제점, 어디서부터 불법이 시작되었는지. 지금 새정치민주연합에서 다시 원점으로 돌아가야 해요. 해킹 프로그램 구입한 거, 해킹 프로그램 깐 거, 이건 불법이다. 여기서부터 시작해야 하는 거예요.

합법적인 도·감청 권한을 가질 최악의 가능성까지 갈 수 있다

하어영　정봉주 의원 계셨으면 아마 이탈리아 가지 않으셨을까 싶은데….

정봉주　당연히 가야죠.

하어영　그렇죠, 가야죠.

정봉주　그럼요.

최강욱 그쪽 업체는 사실상 망할 거잖아.

정봉주 더 잘돼요, 아이고.

임지선 정말 그게 우리의 완전한 착각이었어요. 이 회사 해킹팀이 22일 자 보도자료를 냈어요. '우리는 완벽하게, 거의 업그레이드 수준이 아니라 리플레이스먼트 수준으로 10버전을 낼 거다. 가을에 낼 거다. 커밍 순. 걱정 마라.'

최강욱 아니, 해커한테 뚫렸는데 걔들이 안 망한단 말이야? 그게 다 들통 났는데도?

임지선 뭐, 해커가 다 뚫지 못했다며. 그 해커는 벌을 받을 것이고, 그것은 해커의 범죄 문제고 우리는 피해자니까. 우리는 어쨌든 우리의 강력한 기술로 버전 10으로 다시…

최강욱 근데 400기가를 분석하고 있는 건 단지 한국의 몇 사람뿐만이 아니죠? 세계적으로 분석하고 있는 거죠?

임지선 분석하는 데 방향이 조금씩 다르겠죠, 뭘 보려고 하느냐에 따라. 어떤 해커들은 노다지라고, 정말 돈 주고 사야 할 공격 툴들이 다 공개돼서…. 그거 갖다가 응용할 수 있는 게 많다고 그러더라고요.

최강욱 그러니까 400기가 안에 데이터뿐만 아니라 그런 툴까지 다 있는 거예요?

임지선 다 있어요. 그래서 저희가, 기자들이 볼 수 없는 게 많아요.

정봉주 그거 뚫은 해커들은 어떤 사람들이에요?

임지선 내부에서 불만을 품고 나갔던 직원들이 뚫었다, 이런 얘기가 있어요. 그리고 그 직원으로 주목되는 사람 중 한 명이 우리랑 많이 거래했던 직원이어서 그런 부분에 대해서도 계속….

최강욱 '우리랑'이라는 게 국정원하고 거래했던 담당자?

임지선 네. 한국이랑, 이쪽 아시아 지역을 담당했던 사람일 가능성이 커서….

정봉주 특히 이 해킹 분야는 이공계 쪽에서도 극히 일부만 이해할 수 있는 분야거든요? 그래서 새정치민주연합에서 도망가기는 무척 쉬운 거예요. 왜냐면 너무 오리무중이기 때문에, 안갯속이기 때문에요. 도망갈 길이 많은데 이걸—모르겠어요. 결과론적인 건지는 모르지만—안철수 의원이 전문가이긴 하지만 왜 기술적 차원으로 접근을 했는지…. 이런 거거든요. 당에서 율사(법률 분야) 출신의 원내대표나 율사 출신 당대표가 있으면요. 새누리당에서 무슨 문제가 불거질 때 그걸 법적으로 해석합니다. 근데 법적으로 해석하면 늘 져요. 정치적으로 해석해야 하는 거거든요. 이런 정치적인 사이드를 하나 중심으로 두고, 기술팀들은 굳이 의원이 들어가지 않고도 전자상가 가면 해커들 얼마나 많아요? 그 친구들 데려다가 쓰면 되는 거예요. 여기서 그 위대한 대통령의 워딩이 생각나네. '머리는 빌리면 되는 거예요.' (웃음) 그런 해킹 전문가들 데리고 '기술적으로 분석해봐라.' 기술적인 부분은 그렇게 해두고, 불법적인 요소를 추적해야지. 누가 이이한테 오더를 내려서 이 사람을 죽음으로 몰고 갔느냐. 그걸 찾아야 하는 거 아니에요? 고구마순을 잡아야지, 땅 위에 나와 있는 고구마만 들고 '이 고구마가 누구 거냐' 이러고 따질 수는 없는 거 아냐.

최강욱 그리고 저쪽의 전략이라고 예상될 수 있는 게, 이것도 역시 개인적인 일탈로 몰아가는 거예요. '그러니까 죽지 않았냐'라고.

정봉주 이미 그런 뉘앙스를 풍기고 있죠.

최강욱 '죽은 사람한테 그만 좀 해라, 너희 때문에 죽은 거 아니냐' 이렇게 몰고 가면서 한편으로는 무슨 의혹이 나올 때마다 그쪽으로 계속 몰 거 아녜요. 예전에도 국정원에서 무슨 일이 생기니까 한 사람 자살하고 거기다가 다 몰았잖아요.

임지선 지금 그런 구도로 국정원 직원 일동의 성명이 나왔죠, 초유의 사태예요.

정봉주 이분이 죽음으로 가기 전의 과정을 한번 추적해보세요. 처음에 이병기 국정원장이 정보위원회 나와서 뭐라고 했는지, 그게 무척 중요해요. 연구용으로 구입했는데 원세훈 전 원장이 실전에 배치했다고 했어요. 그러면서 원세훈 책임으로 몰고 간 거예요. 근데 원세훈이 국정원 댓글 사건에서 무죄가 났어. 그러니까 이제 몰고 갈 길이 없어진 거야. 애들은 처음에는 이게 나오면서 당황했는데, 지금은 전열 정비가 됐기 때문에 파고들어 갈 길이 없는 거예요. 그런 데다가 실무적인 책임을 맡고 있던 사람이 극단적인 선택을 했어.

최강욱 사실 제일 구린 부분에 대해서 격렬하게 반응이 나오는 거잖아. 처음에 그걸 원세훈한테 떠넘길 때는 자기들이 볼 때도 곤란하게 됐으니까 그렇게 했을 거 아니에요?

정봉주 그땐 당황한 기색이 역력했어요.

최강욱 근데 하태경이 인터뷰하면서 '안철수가 로그파일이랑 다 달라고 하는 건 무슨 국가기밀을 빼가는 거다'라고 얘기했죠. 그걸 보니까 이것들이…

정봉주 물타기죠.

최강욱 그게 또 마음에 걸리는 거겠죠. 이 파일 나가면 작살난다.

하어영 만약에 내더라도 마사지가 되겠죠.

최강욱 그렇죠.

정봉주 그렇죠, 이미 다 마사지가 된 거. 들여다봐야 아무 문제 없는 그거 보고 있을 거예요, 지금.

하어영 그게 합리적인 추론일 수 있죠.

최강욱 아니, 국정원 댓글 사건 때 국정원 직원 김하영이 방 안에 있으면서 계속한 게 그거 지우는 일이었는데, 애들은 안 하겠냐고. 며칠 동안 계속 그것만 한 거지.

임지선 신속하게 지워졌죠. 자료들, 기존에 인터넷에 있던 거. 예를 들어서 벚꽃놀이 블로그 만들었던 분은 그 아이디로 자기 국정원 시험 붙은 다음에 그 교재를 팔겠다고, 중고장터에 글을 올렸어요. 그럴 정도로 허술한 모습들이 보였거든요. 그리고 포털에 댓글을 단 흔적들도 굉장히 많이 보이고 그랬는데 지금은 정리 다 됐죠, 그런 부분까지도. 내부정리도 됐고요. 그거에 관여했던 사람들이 여러 명이었는데… 그런 상황입니다.

하어영 국정원이나 군 사이버사령부 댓글 사건은 굉장히 유사해요. 처리방식도 굉장히 유사하고, 당시 활동했던 요원들의 활동 양상도 굉장히 유사하고요. 군 사이버사령부 같은 경우에도 본인들이 자기들 부대의 비밀이라고 했지만, 노량진 고시학원 같은 데 가면 본인들 합격자 명단 다 올라와 있더라고요.

최강욱 군 사이버사령부 요원 채용한 거요?

하어영 예, 양상도 비슷하고.

임지선 선거 개입 때도 워낙 빠른 속도로 지워서 증거 확보가 어려웠고, 대법원의 원세훈 댓글 사건 판결에서도 증거가 문제였잖아요. 증거를 모두 없애서 '오늘의 유머' 하나 남았죠. 그런 부분에서도 이번 역시 같은 양상이라고 봐야 해요. 정말 똑같이 대응하고 있어요.

최강욱 영화에 나오는 것처럼 정보기관 직원들이 굉장히 명민하고 치밀한 게 아니거든. 사실은 바보들이 더 많지.

임지선 그 부분이 진짜 놀라워요.

최강욱 그 안에서 쓸데없이 어깨에 힘주고 돌아다니는 놈들이 많기 때문에. 얘기하는 거 보면 가관이잖아요. 개인적으로 만나서 보면 게네들이 무슨 보안의식이 있어, 다 자기 자랑하기 바쁜데. 명함이나 이상한 거 하나 내놓으면서.

임지선 지금 취재하는 것 중에 너무 유치해서 얘기도 못 하겠는 부분들이 있어요. '데빌엔젤1004가 그 아이디 그대로 이렇게까지 활동했단 말이야?'라고 할 정도로 유치한 부분들이 있어요.

최강욱 모든 걸 그 아이디로 했구나.

임지선 왜냐면 지메일 아이디이기 때문에. 지메일은 구글의 모든 서비스랑 연결이 되잖아요. 그걸로 예전에 블로그를 운영했고, 자기 실명인지는 모르지만 김동현이라는 이름으로 페이지를 만들어놨고요. 거기다가 다른 국정원 직원이 올린 악성 애플리케이션에 '좋아요' 눌러서 링크도 시켜놓고, 이런 식이에요. (웃음) 도대체 이게 뭐야. 다른 아이디 생성해서 하지, 왜 그 해킹팀이랑 주고받는 바로 그 아이디로…

정봉주 아니, 너무 허술한 거 아닌가? 안보의식도 없고.

최강욱 원래 일하는 거 허술하다니까요. 원래 허술한데….

정봉주 일하는 건 허술한데, 이걸 해석하는 우리가 너무 높이 봐주는 거야?

최강욱 옛날에 진짜 웃겼던 일이 있어요. 무슨 굉장히 중요한 수사를 하는데 애들이 정보가 입수되지 않으니까 한 짓이 뭐였냐면, 내 문에 와서 붙어서 귀를 대고 있는 거였어요. 내가 문 열면 확 자빠지고. (웃음) 그래서 이것들이 무슨….

정봉주 무슨 개콘을 찍어.

최강욱 그래서 내가 잡아다가 진짜 국정원이냐고 신분증 내놓으라고 막 그랬다니까. (웃음) 진짜 4급이에요. 국정원 4급이 하는 일이 그런 거야.

하어영 귀 대기로 도청하는 거예요?

최강욱 귀 대기로, 그냥 문에 붙어서 귀 대기. (웃음) 그리고 한 번 걸렸으면 다음에는 안 해야 할 거 아녜요.

정봉주 또 해?

최강욱 다음에 화장실 가려고 나오면 벽에 가서 또 이렇게. (웃음) 아닌 것처럼. 진짜 일 못하는 놈들이라니까. (웃음)

임지선 그러니까요. 그런 부분 기사로 쓸 수도 없고….

정봉주 그러니까 이런 거 같아, 지금 중간에 정리해보면. 우선, 기술적 접근은 불가능한 거고. 민간인 사찰을 했는지 어쨌는지 이것도 400기가 포렌식 언제 다 합니까. 그러다 보면 이 정권 끝나요. 기사 쏟아내고, 국민들은 분노하고. 분노하다가 또 SNS에 글 올리고. 전국구가 받아서 얘기하고, 또 기사 쓰고. 이렇게 빙글빙글 다람쥐 쳇바퀴 돌듯 하다가 우리끼리 지쳐서 끝날 것 같아.

최강욱 사실은 〈한겨레〉가 400기가 중에 더 분석해서 더 밀고 올라가면 난 누가 또 죽을까봐 걱정이야.

임지선 네, 저도 딱 누가 죽었다는 소식 들었을 때, 어휴.

하어영 그리고 한 가지만 더 말씀을 드리면 그 사이버사 때도 결론적으로 이런 말씀을 드렸어요. 이걸 밝혀냈고, 일부는 처벌을 했지만 사이버사는 사실 의도대로 성공했다. 왜냐하면 댓글 활동이 지금도 존속되고 있거든요. 국민들은 불안해하고 있고. 이번 상황도 사실 마찬가지예요. 여당에서는 노골적으로 이게 국가안위를 위해서 필요한 것이라고 얘기를 하고 있고, 국민들은 불안해하고 있어요.

임지선 지금 이 사안들이 계속 진행돼서 제일 나쁘게 갈 경우, 새정치가 완전 헛발질을 해서 정말 나쁘게 갈 경우 '국정원에 합법적인 도·감청 권한을 주자'로 나아갈 수도 있어요. 그럴 경우 국정원이 어느 정도 선에서 보고하고 결재받으면, 의심이 갈 수 있는 인물, 그냥 민간인이라도 '간첩 혐의가 있는 것 같아 보인다'라고 하는 인물에 대해서 도·감청이 가능할 수도 있어요. 이 사건이 그런 부분에 대한 법적 권한을 강화해주는 방식으로 끝난다면 '정말 우리가 무슨 일을 한 건가' 하게 되는 거죠. 그런데 그렇게 갈 가능성이 커요.

정봉주 그렇죠. 새정치연합의 수준을 보면 충분히 가능해요.

임지선 그런 부분이 많이 우려스럽습니다, 진짜로. '우리가 이렇게 힘들게 첩보 활동 하는데 법적 장치가 없어서 이런 걸 결국 들여올 수밖에 없다. 이렇게 하게끔 만드는 나라가 무슨 나라냐' 이런 식으로 공격하고 있기 때문에….

정봉주 국정원에서 그랬잖아요. 30여 개국 70개 단체에서 다 조용한데, 이거에 대해서 문제 삼고 있는 건 우리나라밖에 없다고.

임지선 절대 조용하지 않고요. 다른 나라들도 다 얘기하고 있어요.

정봉주 조용하지 않고, 그중에서 그나마 경제적으로 국격이 가장 높은 나라가 우리나라예요.

임지선 22일 자 해킹팀 보도 자료 중에서 정말 속상했던 게 이거예요. '합법적으로 자기네가 한 거다'라는 식으로 얘기하면서 제일 문제되는 나라를 네 개 정도 얘기했는데, 거기에 한국이 들어가 있다는 거예요.

최강욱 나머지 세 개는?

임지선 나머지 세 개 나라는 수단을 비롯해서 우리가 보기에 분쟁국가, 굉장한 인권탄압국가라고 할 만한 국가들이에요. 거기에 사우스코리아가 딱 들어가 있는 거죠.

정봉주 뭐라고 얘기했다고요?

임지선 자기네들은 그래도 합법적으로 진행했다고. 그러니까 법과 규제를 지켜서 했다고 말하면서 이 네 개 국가에 대해서도 그렇다고 명시해놨는데…, 너무 부끄러워요.

최강욱 그러니까 '심지어' 이런 나라한테도 우리가 합법적으로 했다, 이런 거잖아.

정봉주 인권 후진국으로 본 거지, 우리나라를.

임지선 네, 그런 부분에서 굉장히 부끄러웠습니다.

기술적 접근만으로 문제가 풀리지 않는다
다시 원점으로 돌아가 풀어야 한다

정봉주 앞으로 사건이 어떤 방향으로 갈지 예측은 안 되나요?

임지선 한편으로는, 돈까지 줘가면서 오히려 우리 국정원의 활동을 알려준 꼴이 될 수도 있어요.

정봉주 국정원 내부는 이미 그들에게 안방 내놓듯이 다 털렸다, 이렇게 볼 수도 있다는 거 아니에요?

임지선 네, 심지어 중간중간 불안해하는 기색까지 보여요. '이거 우리가 말 안 해준 건데 너희가 어떻게 알았어?'라는 메일을 국정원이 해킹팀에 보내고 이래요.

정봉주 우리가 얘기도 안 했는데 어떻게 알았냐, 너희가 들어와서 우리 해킹해서 보고 있는 거 아니냐?

임지선 그렇죠. 그래서 저는 이 사태가 진짜 어디로까지 해석될 수 있을지…. 저희가 일단은 보고 있는 부분에서 보고.

정봉주 이거는 새누리당이나 청와대 이런 데서, 정말 보수진영에서 더 분노해야 할 일 아닌가요?

임지선 맞습니다.

최강욱 말이 이탈리아 업체지, 사실은 NSA(미 국가안보국)나 CIA(미 중앙정보국) 돈으로 만든 회사일 수도 있잖아요, 충분히.

임지선 네, 그럴 가능성이 있습니다. 부시 친구가 지분을 갖고 있다, 뭐 이런 얘기까지 나오고 있기 때문에.

최강욱 아, 부시 친구가?

임지선 또 이 회사가 워싱턴에 지사를 두고 있는데, 그 지사가 굉장히 발달해 있거든요. 이탈리아 회사지만. 그래서 이 회사의 활동 자체에 대해서도, 그리고 이 회사가 왜 이런 나라들이랑 연관을 맺고 정보기관이랑만 거래를 해왔는지에 대해서도 실은 봐야 할 게 많죠.

최강욱 우리나라에서는 그동안 해커가 있다고 하면 러시아나 미국이나 유럽의 선진국을 생각했지. 무슨 이탈리아가 이런 걸 잘하리라고는. 이번에 처음 알았잖아요. (웃음)

임지선 그렇죠.

정봉주 그러니까 지금 얘기를 들어보면, 미국이 국적세탁용으로 이탈리아에다가 베이스를 두고….

최강욱 네, 그럴 수도 있어요.

정봉주 그리고 이 해킹 회사를 통해서 지금 얘기되고 있는 30여 개 국가가 다 분쟁국가나 인권적으로 문제가 있는데, 미국이 일정 정도 영향력을 가질 필요가 있는 나라들이란 말이에요. 그러니까 이 국적 세탁을 한 이 나라를 통해서 전 세계를 들여다볼 수가 있다는 거 아니에요.

최강욱 그 정부들에다가 다 심어버린 거잖아, 걔들 입장에서는.

정봉주 그렇죠. 거기 다 걸려버린 거지. 정말 그렇다고 한다면.

최강욱 아, 밑도 끝도 없다, 정말.

정봉주 우리 음모론으로는 안 가려고 했는데 왜 또 음모론으로 가냐.

임지선 (웃음) 전 세계적인 음모론으로.

최강욱 아니, 이건 냉철한 분석이에요. 다 근거 있는 추론인데, 왜.

임지선 맞습니다.

정봉주 국적세탁을 했다는 게 딱 귀에 꽂히네.

임지선 그렇죠?

정봉주 지금까지 〈한겨레〉 임지선 기자를 모셔놓고 분통 터지는 얘기만 들었습니다. 어찌 보면 우리가 기술적으로 접근할 문제가 아니고 처음부터 정치적으로, 다시 원점으로 돌아가서 풀어야 할 문제가 아닌가 생각합니다. '해킹 프로그램을 구입한 문제, 그리고 해킹 프로그램을 운영한 문제는 불법이다'라고 하는 정치적 입장을 끝까지 견지했으면 하는 아쉬움이 남고요. 마지막에 지적했듯이, 자칫 잘못하면 우리나라 정보기관이 통째로 누군가에게 해킹될 수도 있다는 위기감을 가지고 청와대와 새누리당도 함께 협조해야 하지 않겠는가 하는 것으로 정리하도록 하겠습니다.

—
한반도의 이익이 빠진 일본과의 미래 지향적 관계가 성립하는가?

- 일본의 야욕, 그리고 외교의 무능이 가져올 한반도의 운명

김창수 원장

일본의 야욕
전쟁의 길을 열다

_ 김창수

일본은 집단자위권 행사라는 명목으로 자위대가 전쟁을 수행할 수 있는 길을 열었다. 식민지 지배와 침략전쟁에 대한 사과와 반성이 없이 다시 과거 침략전쟁과 식민지배를 하던 시절로 되돌아간 것이다. 그런데 일본의 집단자위권 행사에 대해 한민구 국방부 장관은 몇 차례에 걸쳐 일본 방위상에게 북한은 포함되느냐고 물었다. 세상에 이런 바보 같은 질문이 어디 있는가?

일본은 한국 국방부 장관의 물음에 자연스럽게 답변하는 형식으로 자위대가 북한에 진출할 수 있다는 여론을 확산시켰다. 일본이 스스로 하면 도발일 텐데 한국이 질문을 해줘서 일본으로서는 얼마나 고마운 일이었을까?

한국 정부는 자위대의 북한 진출에 대해 물어볼 게 아니라, "일본의 집단자위권 행사가 한국의 안보환경에 중대한 변화를 초래하는데, 이것이 한국의 안보를 위협하지 않도록 해야 한다"고 분명한 입장을 밝혔어야 했다. 일본의 집단자위권 행사에 대해 한국 정부의 동의와 요청이 있어야 한다는 정부의 입장도 안이하긴 마찬가지다. 일본은 이미 1960년대부터 비밀리에 자위대의 한국 상륙 구상을 해왔다. 유사시가 되면 한국 정부의 동의와 요청이란 허울 좋은 것에 불과하게 될 것이다.

일본의 한반도 상륙 계획

일본 정부는 오래전부터 한반도 유사시를 전제해 일본인 구출 및 난민 수용 문제 등을 검토해왔다. 일본 자위대의 한반도 상륙에 대한 논의는 1965년 6월 오카다 하루오 의원이 '63년도 방위도상연구 실시계획(미쓰야 연구)'을 폭로하면서 알려졌다. 당시 폭로된 내용은 한국에서 전쟁이 일어났을 경우인데 자위대 출동과 일본 총동원 체제 수립을 내용으로 한다.

1983년부터 일본에서 시작된 '극동사태연구'는 극동사태가 일본의 안전에 영향을 미칠 경우 일본이 작전 중인 미군에 협력하는 방안에 대한 연구다. 그 대상 지역에 필리핀, 일본, 한국, 대만이 포함되나 일반적으로 극동사태라고 할 경우 한반도 유사시를 의미한다.

이러한 배경이 있기 때문에 1997년에 개정된 미·일 가이드라인에서 주변 사태를 명시한 것은 지리적 개념이 아니라는 일본의 부인에도 불구하고 명백하게 한반도를 대상으로 하는 작전을 말하는 것이다.

2015년 4월에 2차 개정된 가이드라인에서도 일본에 영향을 미치는 사태가 발생할 경우 자위대의 파병을 명시하고 있다. 자위대의 한반도 상륙을 명백히 한 것이다.

한반도 유사시에 자위대가 한국의 영역에 진입하는 것에 대해 중요영향사태법에서 '영역국가 동의' 규정을 포함하고 있다고 하지만 한계가 명확하다. 유사시에 한국군의 전시작전통제권은 미군이 가지고 있고, 미군은 일본과 공동작전을 수행하기 때문이다.

일본의 집단자위권과 한반도의 불안

일본의 집단자위권 행사는 한국의 안보환경에 중대한 변화를 가져오게 된다. 동아시아에 인접한 네 개의 바다인 동해, 서해, 동중국해, 남중국해에서 모두 일본과 정치적 군사적 마찰이 불가피하게 되었다.

아베 총리는 한일정상회담에서 미·중이 갈등을 벌이고 있는 남중국해에 대해 언급한 것으로 알려졌다. 남중국해에서 일어나는 미·중 갈등에 집단자위권에 따라 일본이 개입하겠다는 것이고, 이에 대해 한국과 일본이 공동대응하자는 것이다. 이것은 일본이 미국을 대변해서 남중국해 갈등에 대해 한국에 압력을 행사하는 것이나 다름없다. 집단자위권을 행사하는 일본이 이렇게 한국에 대해 감 놔라 배 놔라 하면서 한국의 처지를 외교적으로 더욱 궁지로 몰아넣게 된 것이다.

일본의 집단자위권 행사는 동중국해에서 중·일 갈등이나 동해에서 일본의 독도에 대한 도발에 대해 일본의 자신감을 더욱 강하게 만들 것이다. 서해에서 NLL 분쟁이 발생하면 일본 자위대가 미국의 항모와 함께 행동하는 상황이 발생할 가능성도 완전히 배제할 수 없다.

아베의 극우팽창주의에 강력한 견제력이 될 한국이 도리어 아베에 꽃길을 깔아주고 있다. 한일정상회담은 필요한데 전략이 없으니 만나면 만날수록 아베의 질주에 에너지를 충전시켜주는 결과만 초래하고 있다.

일본에 무시당하는 한국 외교

한일정상회담에서는 '위안부 문제 조기 타결 가속화'를 합의했다. 그동안 위안부 문제를 전제조건으로 삼은 정책이 효과적이지 않았기 때문에 정상회담을 통해서 해결방안을 모색할 수 있다. 2016년에는 한국과 일본 모두 총선이 있기 때문에 2015년 안에 해결해야 한다. 하지만 조기 타결을 낙관하기는 어렵다. 오히려 졸속으로 처리될 가능성이 더 크다.

일본의 관방상은 정상회담이 열리는 시점에서 "위안부 문제에 대한 입장에 변화가 없다는 것이 일본의 입장"이라고 말했다. 아베 총리는 정상회담 후 일본으로 돌아가서 위안부 문제는 1965 한일 청구권 협정으로 이미 타결되었다고 말했다.

한일정상회담 직전 박근혜 대통령이 일본 언론과 인터뷰에서 위안부 문제의 조속한 해결을 이야기하자마자 일본 관방성 장관은 이를 단칼에 거부했다. 한일정상회담이 진행되고 있는데 일본 관방상이 위안부 문제에 변함이 없다고 말한 것이다. 외교적으로 중대한 결례이지만 일본의 관료들은 거리낌이 없고, 한국 정부는 항의조차 못 하고 있다. 한일정상회담 이후 도리어 한국 정부를 비판하는 일본언론의 보도도 있었다. 일본에는 한국 정부가 이랬다저랬다 한다는 여론이 생기고 있다. 한국 정부가 골대를 자꾸 바꾼다는 것이다.

박근혜 정부가 그간의 입장과 달리 한일정상회담을 했는데도 일본 정부의 입장이나 여론은 달라지지 않고 있다. 도리어 적반하장에 가까운 태도를 취하고 있다. 아베 정부는 박근혜 정부의 대일본 접근이 미국에 의한 것이라는 인식을 하고 있다.

2014년 3월 헤이그에서 한·미·일 정상회담이 개최되었을 때 한국 정부는 군위안부 문제에 대한 일본의 입장 변화 때문에 한·미·일 정상회담을 수용했다고 발표했다. 하지만 일본 정부는 "위안부 문제와 한·미·일 정상회담은 아무런 관계도 없다"면서 미국의 요구에 의해 한·미·일 정상회담이 열리게 된 것이라고 말했다.

박근혜 대통령은 잘 알려졌다시피 2015년 6월 13일 자 〈워싱턴포스트〉와 가진 인터뷰에서 위안부 문제에 '상당한 진전(considerable progress)'이 있었고 '협상의 마지막 단계(final stage)'에 있다고 밝혔다. 일본 관리들과 언론은 이 내용에 대해 부정했다. 오히려 한국의 태도가 갑자기 부드러워져서 곤혹스럽다고까지 말했다. 한일협정 50주년에 윤병세 외교부 장관이 일본을 방문한 것에 대해서 아베 총리가 "내가 말했지 않나, 기다리고 있으면 한국이 스스로 찾아올 것"이라고 말했다고 일본 언론이 보도했다.

외교와 안보 무능이 빚어낼 한반도의 운명

아베는 19세기에 대동아 공영권을 구상한 요시다 쇼인의 세계관을 동경하고 있다. 대동아 공영권을 실행하는 차원에서 만주국을 경영한 외할아버지 기시 노부스케를 존경하고 있다. 아베 총리는 박근혜 대통령 취임식 직전인 2013년 2월에 박 대통령의 부친과 자신의 외조부인 기시 노부스케가 친분이 두터웠다고 말하기도 했다. 아베 총리의 이런 발언은 '박정희-기시 노부스케'의 인연이 한일관계를 푸는 데 도움이 될 것이라는 기대감 섞인 말이었다. 아베의 이런 인식이 한일관계에 작용하고 있다는 조짐은 곳곳에서 발견된다.

아베 정권의 팽창주의적인 본질을 바라보지 못하고 아베 정부에 대해 겉으로만 원칙적인 입장을 취한 것이 박근혜 정부였다. 그러다가 수시로 일본에 대해 저자세를 취하니까 일본으로서는 한국 정부를 우습게 알게 되었다. 아베는 한국 정부의 강경책은 한국 정부의 뜻이 아니니 무시하거나 기다리면 된다고 생각하고 극우적 행보를 가속화하고 있는 것이다.

청일전쟁의 강화조약인 시모노세키 조약에서부터 포츠머스 조약, 카이로회담, 얄타회담, 포츠담회담, 모스크바 3상회의, 한국전쟁 정전협정, 샌프란시스코 강화조약에 이르기까지 한반도의 운명은 한국이 없이 좌지우지되었다. 많은 사람이 한국의 국력에도 불구하고 이런 역사가 다시 반복되는 것이 아닌가 하는 의문을 가지는 것은 외교와 안보의 무능 때문이다.

정봉주 오늘의 주제 '일본군 다시 상륙한다' 시작하겠습니다. 코리아 연구원장 김창수 박사 자리했는데 재밌는 사건이 벌어지고 있어요. '미·일 방위협력지침' 최종 합의 내용을 봤더니 김창수 박사가 분석하고 예측한 대로 됐던데요.

김창수 제가 예측하고 분석한 대로 다 됐으면 제가 기분 좋아야 하나요, 씁쓸해야 하나요?

정봉주 이걸 또 다른 각도로 보는 사람들도 있더라고요. 이 놀라운 사건들이 박근혜 대통령이 남미 가 있을 때 다 벌어진 거라서요. 뭐가 중요한지, 뭐가 우선인지 모르는 거죠. 심지어는 4월 22일에 중·일 정상회담 할 때 우리는 반둥회의를 거절했다는 거예요. 무척 중요한 회의인데.

반둥회의 때부터 중·일이 만나고, 그다음에 미·일이 만나고. 한반도 분위기가 급변하고 있는 이 와중에 우리나라 대통령 각하께서는 남미에 가 있었어요. 국내적으로는 세월호 1주기를 피해서 도망간 것처럼 보이고, 국제적으로는 동북아시아 정세가 일촉즉발의 사태로 가고 있는데 우리의 대통령은 없었던 거예요.

김창수 저는 뭐 대통령이 남미 순방할 수 있다고 생각합니다. 그런데 왜 하필이면 그때 갔느냐 하는 문제죠. 대통령은 남미 가 있는데 그 사이에 미·중이 만나고 또 미·일이 만났단 말입니다. 근데 그때 우리 외교사령탑은…. 외교부 장관은 남미 따라갔으니까 대통령의 국정을 대행하는 사람은 총리이지 않습니까. 근데 총리는 또 그때 칩거 중이었거든요. 총리 공관에서.

정봉주 총리는 식물 총리로 가는 와중이었죠.

김창수 그렇죠. 식물 총리였기 때문에 공관에서 칩거 중이었고요. 한반도 주변 정세가 우리나라의 운명을 한 20~30년 어떻게 몰고 갈지 모르는 방향으로 짜이고 있는데, 우리 외교사령탑은 없었던 거죠. 외교의 부재, 공백이었던 거죠.

동북아시아 정세의 일촉즉발의 사태 속 외교사령탑의 부재

김창수 아베가 한국 시각으로 4월 28일 미국 상하원 회의에서 연설을 했습니다. 근데 그걸 보면서 제가 네 가지로 요약을 했는데요. 첫째, 물타기. 두 번째, 유체이탈. 세 번째, 이중행보. 네 번째, 우기기, 빡빡 우기기. 이 네 가지가 아베 연설의 특징으로 나타났습니다.

우선 물타기는 아베가 연설하면서 식민지 지배 문제에 대해서 전혀 사과를 하지 않았다는 것입니다. 특히 종군위안부 문제에 대해서도 사과를 하지 않아요. 그러면서 이 문제에 대해서 완벽하게 물타기를 합니다. 미국 방문 기간에 계속하여 질문을 받거든요. '종군위안부 문제 어떻게 생각하냐.' 그 질문에 '인신매매였다'라고 말을 합니다. 그러니까 인신매매였다는 것은 '국가기관이 개입해서 저지른 조직적 범죄가 아니다'라는 거죠. '민간인들 사회에서 있을 수 있는 그런 거다, 인신매매였다. 그리고 인신매매로 희생당한 여성들을 보면서 마음이 너무나 아팠다.' 주어가 없는 거예요.

정봉주 이거 전형적인 유체이탈이네.

김창수 그렇죠. 아예 치밀한 계획을 짜서 가지고 간 겁니다. 종군위안부 문제에 대해서, 자신의 식민지 지배를 비롯한 모든 문제에 대해서 좀 더 물타기를 합니다. 어떻게 하냐면, 워싱턴DC에 가보면 홀로코스트 뮤지엄이 있습니다.

2차 대전 때 유대인들 학살한 것에 대해서 그 학살희생자를 추모하는 박물관이지 않습니까? 아베가 거기를 갔어요. 거기 왜 갔겠습니까? '나도 2차 대전의 희생자들을 추모한다'라고 쇼를 한 거죠. 그러면서 자신의, 자기 나라의 과거 범죄에 대한 물타기를 한 거예요. 이게 바로 유체이탈이기도 하죠. 이중행보는 뭐냐면 우선은 미국에 가서 납작 엎드립니다. 미국에 대해서는 딱 사과를 해요. 그러고는 연설을 하면서 2차 대전 희생자 메모리얼 방문한 얘길 합니다. '내가 거기 가서 2차 대전 희생자들, 미군 희생자들 보면서 깊은 애도를 표시했다. 영원한 추모를 하겠다.' 이렇게 말합니다. 그런데 정작 종군위안부 문제를 비롯하여 한반도 문제에 대해서는 전혀 언급하지 않습니다.

정봉주 침략전쟁에 대해서는 언급을 하지 않았죠.

김창수 그렇죠. 그러니까 이중 플레이라는 거죠. 미국한테는 납작 엎드리고….

최강욱 다른 나라한테는 사죄하지 않고.

김창수 근데 일본이 저지른 것을 우리가 한번 낱낱이 따져봐야 합니다. 일본이 일단은 전쟁을 일으켰잖아요.

정봉주 예. 진주만 폭격한 게 태평양 전쟁의 시작이죠.

김창수 그렇죠. 그래서 중국하고 싸운 거고 미국하고 싸운 거잖아요. 그런데 아베는 중국하고 미국한테는 사과를 했어요. 시진핑한테는 반둥회의에서 만나서 2차 대전에 대해서는 반성한다, 이랬거든요. 미국한테 가서 또 반성한다 그랬어요. 근데 2차 대전 일으킨 것 말고, 인도네시아라든가 필리핀이라든가 이런 데도 전쟁 중에 침략했잖아요? 침략하고, 식민지 지배를 하고요. 그다음에 전시 성범죄, 종군위안부 문제, 강제 동원 이런 문제도 있지 않습니까? 근데 강대국들—미국이나 중국—한테는 전쟁을 일으킨 것에 대해서 반성한다, 이렇게 말해놓고 다른 아시아 국가들한테는 일절 말이 없습니다. 전쟁 침략 행위에 대해서…. 한반도에 대한 식민지 지배 문제에 대해서도 일절 말이 없습니다. 이중행보를 한 거죠.

그다음에 빡빡 우기기라는 것은, 이것도 사실은 굉장히 심각한 겁니다. 뭘 빡빡 우겼냐면 2차 대전 이후에 1970년대, 80년대 아시아가 경제성장을 한 것은 중국과 한국이 경제성장을 하도록 일본이 자금을 지원했기 때문이라는 거죠. 식민지 지배를 통해서 근대화시켰다고 우리나라 뉴라이트들이 말하지 않습니까? 식민지 근대화론도 나쁜 거지만, 이것 역시 그에 못지않게 나쁜 거죠. 나중에 우리나라 뉴라이트들이 이걸 또 따라 할지 몰라요. 일본 덕에 우리가 산업화됐다, 일본의 공이다.

최강욱 나중이 아니라 요새도 그런 얘기 많이 하죠.

김창수 이 아베의 말이 굉장히 무서운 겁니다. 아베 말의 기저를 살펴 봐야 합니다. 일본에서 이른바 근대화의 기수로 많은 지식인들이 존 경한다고 하는 사람이 있습니다. 19세기에 살았던 '요시다 쇼인'이라 는 사람입니다. 대동아 공영권을 최초로 주창한 사람이에요. 이토 히 로부미라든가 이런 사람들 다 요시다 쇼인의 제자들입니다. 대동아 공영권이라는 게 일본을 중심으로 해서 아시아를 하나로 묶어야 하 고, 그렇게 하기 위해서는 일본이 만주도 쳐들어가고 조선도 쳐들어 가고 동남아시아도 쳐들어가야 한다, 일본이 모든 나라를 다 책임지 고 끌고 가야 한다 이런 거죠. 아베는 《아름다운 나라로》라는 자기가 예전에 쓴 책에서 자신이 가장 존경하는 사람이 바로 이 요시다 쇼인 이라고 말했습니다.

정봉주 아베가요?

김창수 네. 이번에 미국 상하원의 합동연설에서 '1970년대, 80년대 아시아의 발전은 일본이 이끌었다'라고 말했는데요. 이 말에는 '일본 은 아시아의 경제 발전을 이끈 나라로서 앞으로 대동아 공영권과 같 은 아시아에서의 역할을 적극적으로 해나가야 한다'는 게 깔려 있는 거죠. 그러기 위해서는 일단 중국을 견제해야 한다는 거고요. 아베의 저의를 알고서 연설을 들으니 모골이 송연해지더라고요.

최강욱 자기 할아버지, 외할아버지 이런 사람들이 다 전범들 아녜요? 자기네 집안의 명예를 회복하겠다는 생각이 있는 것 같아요, 누구처 럼. 그래서 과거에 침략 전쟁을 한 것도 가능하면 물타기해서 부인하고, 그때 그 마음으로 돌아가서─대동아 공영권 얘기를 넌지시 돌려서─일본이 다 발전시킨 거다, 이렇게 얘기하고.

정봉주 이번에 미 상하원 합동연설 했잖아요. 그런데 이 연설을 참고한 게 기시 노부스케, 자기 외조부죠? 외할아버지가 1957년 6월 20일 미 상하원에서 각각 진행했던 당시 연설을 참고했다는 거예요.

최강욱 기시 노부스케도 거기 가서 연설한 적이 있어요?

김창수 1957년에.

정봉주 그때 '미래 지향적 관계'라는 표현을 했어요. 이 연설을 하고 난 다음 1960년 1월에 미·일 상호방위조약이 맺어져요. 그러니까 '미·일 관계를 대등한 관계로 끌어올렸다'라고 평가를 받죠, 기시 노부스케가. 기시 노부스케는 아베의 외할아버지이자 아베의 정신적, 정치적 멘토예요. 박정희 전 대통령도 기시 노부스케를 멘토로 삼았었죠.

최강욱 맞습니다.

정봉주 박정희가 5·16 쿠데타 일으키고 난 다음에 얼마 안 있다가 일본으로 가서 기시 노부스케를 만나요. 그 자리에서 박정희가 '일본과 같은 나라를 만들고 싶다'고 그래요. 그러자 너무나 감동한 나머지 기시 노부스케가 박정희만을 위한 만찬을 대접하죠. 기시 노부스케가 만주국을 창설한 장본인이죠?

김창수 예. 만주국을 설계한 사람입니다.

정봉주 만주국 설계, 한반도 침탈과 점령을 완성하려고 했던 사람이거든요.

김창수 박정희 대통령은 만주 군관학교 졸업해서….

정봉주 군관학교 졸업했죠.

김창수 중위인지 대위인지 하면서 만주를 말 타고 다니면서 장준하 선생처럼 독립운동 했던 사람들 잡으러 다녔죠. 그래서 장준하 선생이 분개했던 거예요.

정봉주 그러니까 이번에 아베 총리가 가서 했던 일의 행간에는 '한반도를 침략했던 역사적 사실을 상기하면서 다시 그쪽으로 돌아가겠다'라는 의미가 있는 거예요.

김창수 제가 기가 막힌 이야기를 좀 더 드리자면. 1957년에 지금 아베 총리의 외할아버지인 기시 노부스케가 미 하원에서 연설했다 그랬잖아요. 아베는 그 연설문을 계속 읽었답니다. 그러면서 자기 외할아버지가 1957년도에 이렇게 탁월한 안목이 있었는지 몰랐다고 말했다고 해요.

정봉주 이번 연설문이 그걸 카피했다는, 벤치마킹했다는 거 아녜요.

김창수 시작할 때도 그렇게 시작해요. '바로 이 자리에서 1957년에 기시 노부스케가 연설을 했다.' 이렇게 말하고는 그걸 인용합니다. 근데 박정희가 5·16 쿠데타 한 다음에 일본 갔다 그랬잖아요. 가서 기시 만났고요. 당시 일본 총리 이케다도 만납니다. 거기서 박정희 대통령이 뭐라고 한 줄 아세요? 아까 기시 노부스케가 뭐라고 했다 그랬죠? '미래 지향적인 관계'요. 박정희 대통령이 이케다 만나서 그렇게 얘기했어요.

정봉주 '한일 간 미래 지향적인 관계로 가자.'

김창수 그리고 '민감한 문제 같은 것들은 접어둬도 된다.' 이렇게 말합니다. 그래서 1965년도에 기시와 박정희 인맥에 의해서 한일 국교 정상화가 되고, 이렇게 간 거죠. 그런데 문제는 그 발언, 바로 그 발언이 2015년도에 그대로 재생되고 있다는 겁니다.

정봉주 그렇죠.

김창수 한번 기억해봅시다. 2015년 2월 말에 웬디 셔먼 미 국무부 차관이 뭐라고 얘기했냐면요, '과거의 역사를 가지고 현재에 값싼 박수를 받으면 안 된다'라고 했어요. 너희 과거 역사 따지지 마라, 이런 거예요. 그다음에는 4월에 미 국방성 장관이 일본 신문하고 인터뷰를 합니다. 그러면서 뭐라고 하냐면, '이렇게 한·미·일 간에 미래 성장을 통해 얻을 수 있는 잠재적 이익이 과거나 현재의 정치적인 문제보다도 훨씬 더 크다'라고 했어요. 미래의 이익이 훨씬 더 크다는 거예요. '과거는 잊자, 미래로 나가자'는 거죠. 이 말이 1957년에 기시 노부스케가 미 하원에 가서 연설했던 거하고, 1961년도에 박정희 대통령이 이케다 총리하고 만나서 과거를 잊고 미래로 가자고 했던 말하고 뭐가 다릅니까?

'과거는 잊자, 미래로 나가자'
1952년 4월 28일 vs 2015년 4월 28일

김창수 그러면 아베가 미국에 왜 갔냐. 그게 정말 중요한 포인트인데, 우리 언론에선 전혀 다루지 않습니다.

정봉주 방위협력지침 최종 합의하러 간 거 아니에요?

김창수 그래서 간 것도 있는데요, 더 중요한 것은 그 날짜를 왜 4월

28일로 채택했냐는 거죠. 왜 4월 28일에 갔느냐. 그날 오바마하고 정상회담을 했잖아요.

정봉주 역사적 의미가 있는 날인가요?

김창수 그렇죠. 1952년 4월 28일, 샌프란시스코 강화 조약이 발효된 날입니다. 우리나라는 이 샌프란시스코 강화 조약을 역사 속에서 있었던 그런 일로만 기억하는데, 지금 그 조약이 되살아나고 있습니다. 결국 아베는 샌프란시스코 강화 조약 체결을 기념하기 위해서 간 거예요.

정봉주 그날에 맞춰서…. 미국은 그것에 대해 동의해줬고.

김창수 그러니까 1952년도에 샌프란시스코 강화 조약이 발효되던 때와 지금 상황에서 미·일의 이해관계는 똑같다는 거예요. 그래서 그날에 맞춰서 아베가 간 겁니다. 근데 이 샌프란시스코 강화 조약은 뭐냐. 한마디로 말해서요, 일본에 면죄부를 준 거예요. '너희 과거 범죄 문제에 대해서 용서해주겠다. 대신 너희가 아시아 태평양 지역에서 미국의 역할을 대신 해라.'

최강욱 미국이 지원해주겠다.

김창수 근데 그때요, 샌프란시스코 강화 조약을 체결하는 미국의 협상 대표가 덜레스라는 사람이었는데, 나중에 국무장관이 됩니다. 덜레스가 뭐라고 하냐면 '한국에서 지금 전쟁이 일어났다. 한반도에서. 북한이 쳐들어오려고 한다. 그러니까 샌프란시스코 강화 조약을 맺는다. 너희 과거 범죄는 용서해주겠다. 대신에 너희가 군사력을 무장해라, 재무장해라.' 이렇게 얘기합니다. 그 덜레스의 의도는 뭐였냐면, 중국을 견제하는 것이었어요. 1949년도에 중국이 공산혁명을 성공시켰잖아요.

정봉주 중국이 북한을 지렛대로 해서 한반도로 내려오고 이런 상황이 더 위험했다고 본 거네.

김창수 그렇죠. 덜레스는 한반도에서 전쟁이 일어나고, 북한의 침략이 일어나고 이런 것을 이유로 내걸면서 일본에 면죄부를 준 거죠. 사실상은 중국을 견제하기 위해서요. 지금 미국이 아시아 회귀 정책을 이야기하고 있죠. 미국이 추진하고 추구하고자 하는 정책은 중국을 견제하는 거고, 북한의 위협을 이유로 해서 한·미·일을 묶는 거예요. 지금 똑같은 상황이 되잖아요. 미국은 한·미·일을 묶으려고 하지만, 한국이 과거사 문제 때문에 일본하고 협력을 안 하잖아요. 그러니까 한국을 살짝 빼고 아베하고 미국하고 함께 현재 동아시아 판을 어떻게 짤 것인지 이야기한 거잖아요. 옛날 샌프란시스코 강화 조약 때도요, 한국은 참석 못했습니다.

최강욱 완전히 배제하고 자기들끼리 한 거죠.

김창수 그렇죠. 샌프란시스코 강화 조약 당시에도 최초에 덜레스가 초안을 만들 때는 한국이 참가국이었습니다. 그 조약은 일본하고 연합국 48개국이 서명한 거거든요.

정봉주 근데 한국이 빠졌어요?

김창수 예. 심지어 남미에 있는 나라들도 거기에 서명을 한 거예요. 그 나라들이 뭔 관계가 있다고. 그런 나라들도 연합국으로 서명했고, 동남아시아 국가들 다 들어갔어요. 필리핀, 인도네시아. 근데 한국이 빠졌어요. 한국이 왜 빠졌는지 아세요? 요시다 시게루 총리가 편지를 쓴 거예요, 덜레스한테. 당시 정권 대표한테. '한국을 빼라. 만약 한국 참여하면 우리가 한국한테 배상해야 할 게 너무 많다. 그리고 재일조선인들한테 일본이 배상해야 할 게 너무 많다. 우리는 그거 감당 못 한다'라면서 생떼를 부린 거죠. 일본은 부정했는데 미국에서는 당시 인정했어요.

정봉주 외교 문서니까 나와야 할 거 아니에요, 언젠가는.

김창수 외교 문서로서 그게 공개가 됩니다. 그렇다면 결국 지금 상황과 똑같지 않습니까. 박근혜 대통령이 남미에 가 있을 때 일본의 아베 총리는 미국 가서 지금 동아시아 판을 어떻게 짤 것인지에 대해서 미국하고 이야기하고, 신 가이드라인 같은 것들도 만들고 그럽니다. 1952년 이후에, 일본은 샌프란시스코 강화 조약을 통해서 주권이 회복된 나라라고 스스로 그렇게 생각해요.

정봉주 그럼 일본으로서는 그 샌프란시스코 강화 조약이 무척 의미 있는 조약이었네요?

최강욱 당연하죠. 개들은 패전의 상처에서 벗어나는 계기가 됐죠.

하어영 조금만 더 깊게 들어가 보면 이런 궁금증이 남아요. 정말 몰랐을까. 우리 정부가 정말 모르고 남미로 갔을까. 이 정도의 협정이라면 당연히 알았을 것이다.

예를 들면 3년 전쯤에 한국과 일본이 몰래 정보협정을 맺으려고 했다가 들켰죠. 그래서 끝내는 최근에 한·미·일 정보협정을 맺었는데 한국이 그때마다 취하는 태도는 조용히, 그러니까 '잡음 안 나게'였죠. 저는 어떤 생각도 해봤냐 하면요. 원자력 협정도 관련 있지 않을까. 원자력 협정을 대대적으로 선전할 수 있도록 우리한테 판을 깔아줬단 말이죠. 그러니까 한·미·일 사이에 그것이 범주가 맞든 맞지 않든

간에 이벤트가 벌어진 거잖아요. 가장 큰 이해 당사자가 일본이라고 한다면 그다음인 미국으로서는 샌프란시스코 강화 조약처럼 정말 손 안 대고 코 푸는 격이 되죠. 대신 우리 입장에서는 모든 걸 얻지는 못하지만 원자력 협정이라는 이벤트를 할 수 있었던 거죠. 그렇다고 한다면 '정말 몰랐을까?'라는 의문은 남는 거죠.

정봉주 하 기자는 이렇게 보는 거 아니에요? 미국이 한미 원자력 협정이라고 하는 당근을 던져주고, '우리가 일본과 이러이러한 긴밀한 조약을 맺어야 하는 상황이 왔으니, 그리고 일본의 역할이 중요하니, 너희가 이 상황에서 좀 빠져줘' 이렇게까지 요청했을 거라고 보는 거 아녜요?

하어영 언론에서 가장 잘 팔리는 주제가 이거거든요. 일본의 움직임을 보도하는 거예요. 일본의 움직임, 특히 독도나 아니면 우리 민족적 입장에서 보도하면 시청률이 굉장히 높아지거든요. 그런데 모든 종편에서 이걸 전혀 보도하지 않았어요. 그때 이미 박근혜 대통령은 밖에 있었고요. 그러면 이것을 일제히 보도했을 때 화살이 박근혜 대통령한테 갈 수도 있다는 말이죠. 이렇게 흩어져 있는 퍼즐들을 맞춰보니, 과연 이것이 우연으로 벌어진 일인가….

정봉주 그런데 이 기원을 여기서부터 지적하는 사람들도 있더라고요. 4월 22일 반둥회의를 불참하게 된 것은 철저하게 독단적인 결정이었다는 거예요. 그러니까 반둥회의에서 미·중 정상이 만날 가능성은 무척 크기 때문에 우리 정부가 거길 껴들어야 하는 거예요. 그리고 반둥회의 자체가 환태평양 지역에서 대단히 의미 있는 회의로 이미 격상이 돼 있다는 거예요. 근데 그 얘기가 나오자마자 '우리 안 가겠다고 결정한 게 이미 꽤 오래됐다는 거죠. 근 1년 전에 안 가겠다고 결정했다는 거야.

그러니까 그런 쪽으로 보면 이 외교적 상황에 대해서 정말 무지할 정도로 무관심하다는 건 김창수 박사 주장이 맞는 것 같아요. 그런데 지금 이 상황에서 남미를 가면서 미·일이 밀월 관계로 가는 걸 모르는 척하면서 빠져줬다고 하는 하어영 기자의 지적도 그 나름대로 또 의미가 있네요. 그럼 뭐냐. 진짜 얘들이 이중 플레이를 하고 있는 거네, 머리 좋은 놈들 아니야?

최강욱 그게 아니라 미국과 중국 사이에서 어떻게 할 수가 없으니까 제깐에는 지금 머리 쓴다고 그러는 거 아니에요?

정봉주 이젠 또 제3지대의 주장을 해대네? 미·일 사이에서….

김창수 그래서 과연 몰랐느냐, 이런 여러 가지를 따질 수 있습니다. 그 미·중·일, 미·일 사이에서 또 곤란하니까. 근데 그럴 수도 있다는 생각이 들어요. 왜냐하면 지금 한국의 외교가, 그러니까 지금 우리가 보면 친하게 지내는 나라들이 있지 않습니까. 중국하고 미국하고 현재 친하게 지내잖아요. 그리고 우리가 현재 안 친하게 지내는 나라들, 일본하고 북한은 안 친하게 지내죠. 근데 우리가 지금 그 나라들 사이에 다 껴 있어요. 미국하고 일본 사이에서는 미국하고는 친하게 지내는데 일본하고는 안 친하잖아요. 근데 지금 거기 껴 있어요. 어떻게 해야 할지 모르고 있어요. 그다음에 미국하고 중국 사이에서 또 어떻게 해야 할지, 또 껴 있잖아요. 낀 신세잖아요. 또 중국과 북한 사이에서 한국이 어떤 태도를 취해야 할지, 지금 완전히 이러지도 저러지도 못하는 그런 애매한 상황에 있는데….

1905년 가쓰라-태프트 밀약.

1925년 3.1운동 이후 문화 통치로 일본의 식민지 정책 변경.

1945년 해방.

1965년 한일 국교 정상화.

1985년 전두환 굴욕 외교.

그리고 2015년.

외교사령탑의 부재, 외교의 무능으로 인한 한반도의 운명은 어떻게 될 것인가.

일본은 집단자위권 행사라는 명목으로 자위대가 전쟁을 수행할 수 있는 길을 열었다.

"미군이 가는 곳에 자위대가 간다."

아베의 야욕이 한반도의 턱밑까지 추격해온 지금,

한반도의 안전은 보장되는가.

최강욱 러시아는 아예 상대도 안 하더라고요. 왜 또 그렇게 됐어, 그거는.

김창수 두 나라 사이에만 낀 샌드위치면 방정식 자체가 단순하잖아요. 근데 여러 관계 속에 껴 있어서 이걸 어떻게 풀어야 할지를 모르니까 '에라, 모르겠다!' 최강욱 변호사님 말씀처럼. (웃음)

정봉주 국내적으로는 성완종 사태 껴 있죠, 세월호 사태 껴 있죠. 그런데다 4·29 재보궐 선거에서 또 이겼어. 그러니까 이건 이길 수도 없고 질 수도 없고 진짜 헷갈리는 상황일 거 같아. 이건 아주 2차 방정식이 아니라 3차, 4차 방정식을 풀어야 하는 거죠. 이렇게 너무 헷갈리는 상황으로 가니까 그냥 진짜 특유의 '생까는' 수법 아닌가 몰라.

김창수 근데 저는 정치하고 외교는 많이 다르다고 생각해요. 정치에서 어떻게 하는 것은 국민들이 심판할 수가 있잖아요, 심판할 기회가 있습니다. 근데 외교에서 뭐가 한번 잘못 틀어지잖아요? 그러면 수십 년간 우리가 고난의 행군, 고통스러운 길을 걸어야 하는 거예요. 한번 보십시오. 1952년도에 샌프란시스코 강화 조약을 그렇게 체결해버리니까 결국엔 그것이 한일관계의 과거사를 청산하지 못하는 원인이 되잖아요. 우리는 아직까지도 힘들고 일본과의 관계 속에서 불편하고 이런 관계를 계속해나가야 하는 거잖아요. 외교를 잘못하는 결과가 이렇게 수십 년간 영향을 미치는데….

정봉주 그때도 아무리 우리가 전쟁 중이긴 했지만 침략한 당사자국인 일본에 면죄부를 주는 조약을 맺는데 빠져서는 안 됐던 거 아녜요?

김창수 당연하죠. 당시 명분은 '우리는 전쟁 중이니까 안 된다' 그렇게 했지만요, 아시아의 국가들이라든가 모든 국가가 참석했거든요. 남미

국가들도 참석하고. 우리가 당시 샌프란시스코 강화 조약에 참석하지 못했던 게, 그 결과가….

정봉주 지금까지 내려오고 있는 거네.

김창수 그렇죠. 해결이 안 되고 있는 독도 문제를 비롯하여 종군위안부 문제, 역사 문제, 교과서 문제 지금까지 계속 있잖아요. 지금도 마찬가지라는 거죠. 현재 미·일이 새로운 방위, 새로운 가이드라인을 만들어나가면서 샌프란시스코 체제가 부활하고 있거든요. 그러면 이 상황이 앞으로 수십 년 갈 수 있는 거잖아요. 이 정권이 자기가 이 정권에서 정치적으로 하는 당리당략의 문제가 아닌 거죠. 국가와 민족의 미래와 관련된 문제인 거죠.

지구 방위대가 된 일본 자위대
'미군이 가는 곳에 자위대가 간다'

정봉주 미·일 방위협력지침에 최종 합의를 했죠.

하어영 그게 일반적으로는 '뭐 그냥 위험한 정도다'라고 받아들여지는데요. 그게 구체적으로 어떤 위험성이 있는지 설명이 필요하죠.

김창수 한마디로 말씀드리면요. 1945년도에 우리가 일제로부터 해방됐을 때 그 '조선아, 조심해라. 일본이 일어난다'라는 말이 있었거든요. 일본이 다시 온다고 그랬어요.

정봉주 다시 온다 그랬죠. 일본 총리가 당시 떠나면서 한마디로, 식민사관을 심어놨기 때문에 100년 뒤에 다시 돌아올 수 있다면서 떠난 거 아니에요.

김창수 지금 그렇게 가고 있는 거예요. 1965년도에 일본 내부에서 '미쓰야 계획'이라는 게 폭로됩니다. 미쓰야 계획이라는 것은 한반도 유사시에 자위대가 일본인 구출을 명분으로 해서 한반도에 7단계에 걸쳐 상륙한다는 거예요. 그 이후에 일본은 한반도에 자위대가 파병될 수 있는 준비를 꾸준히 해왔습니다. 그리고 이번에 미·일 방위협력지침, 가이드라인이라고 하죠? 이 가이드라인 개정을 통해서 자위대의 한반도 인근 파병 문제가 공식화된 거죠. 이번에 가장 핵심적인 것은 자위대가 미군 따라서 전 세계 어디든 마음대로 간다는 거예요. 그러니까 지구 방위대가 된다는 거예요, 자위대가요.

정봉주 그렇죠. '미군이 가는 곳에 자위대가 간다' 그게 핵심이죠.

김창수 예. 일본이 2차 대전 전범 국가이고 과거사에 대해서 사과를 하고 있지 않는 나라인데 그게 허용이 된다는 거죠. 그 명분은 뭐냐 하면, 반복해서 말씀드리는 겁니다만, 중국의 위협을 견제한다는 거거든요. 그러면 중국은 또 가만있겠습니까? 중국은 군사력을 계속 늘리고 있잖아요. 그렇게 되면 아시아에서 미·일 동맹과 중국, 북한, 러시아 사이에 다시 대결 구도가 성립되는 거예요. 그 사이에서 우리는 또 어디로 가야 할지 또 갑갑한 상황이 되는 겁니다.

정봉주 답을 찾을 의지가 없는 거 아니에요?

최강욱 의지도 없고 능력도 없고….

정봉주 궁금한 게 있어요. 자위대가 미국 가는 데면 어디든 간다고 하는데 한반도의 진입에 대한 한국 사전 동의가 가이드라인에서 빠졌단 말이에요. 한국의 사전 동의, 그러니까 구체적으로 나라를 명시할 수 없기 때문에 대신해서 제3국의 주권을 존중하고 국제법을 준수한다고 명시되어 있죠. 이에 대해 이런 지적들이 있죠. 제3국이지만 한반도에서 우리가 전시작전권이 없지 않냐. 전시작전권이 없으니 미군이 이 상황을 주도하고 작전권을 행사하기 때문에 자위대는 언제든지 들어올 수 있다는 거 아니에요?

김창수 맞습니다. 그거는 아주 기본이에요. 한·미 간에 '작전계획 5027'이라는 게 있습니다. 그 작전계획 5027에 따라 한반도 유사시에 미군이 증원되도록 돼 있습니다. 그러면 거기에 증원되는 미군은 주로 미국 본토에서도 오지만, 이른바 UN사 후방기지라고 해서 일본에 있는 병력도 오죠. 그 일본에 있는 UN사 후방기지의 미군을 따라서 일본군도 오는 거죠.

정봉주 그걸 우리가 보고 있어야 해요?

김창수 자위대가 오는 것은 더 다른 문제로 어떻게 될 수도 있냐면요. 우리 공해상에서 북한군, 북한의 선박들이 의심스러운 물질을 싣고 지나가면 일본 자위대가 그 선박을 검색하기 위해서 우리 공해상으로 들어올 수 있어요.

정봉주 우리 공해상으로 들어와서 북한 배를 수색한다?

최강욱 그런 명분으로 하여튼 공해를 수시로 들어올 수 있다는 거죠.

김창수 그렇게 되는 거죠. 이 가이드라인에 대해서 잠깐 말씀드리면요. 원래 1952년도에 샌프란시스코 강화 조약 체결할 때 미·일 방위조약이라는 걸 만들었어요. 미·일 방위조약은 국제법상으로 조약이잖아요. 근데 미·일 방위조약에는 '미군이 일본에 대해서 어떻게 한다, 미군의 군사 활동을 어떻게 한다' 이런 것만 돼 있지 일본 군대가 어떻게 한다는 것은 없어요. 어쨌든 당시 일본은 패전국이고, 일본은 군대도 없었으니까요.

그런데 1978년도에 미·일 가이드라인이라는 걸 만듭니다. '일본이 어떤 공격을 받았거나 유사사태가 발생했을 때 자위대가 군사적 행동을 한다'라는 걸 처음으로 만들어요. 가이드라인이라는 건 문서예요. 미국하고 일본이 문서로 합의한 겁니다. 이거를 가지고 일본 내에서는 그걸 뒷받침할 수 있는 법을 만들어요. 일본 내에서 그것이 집행되려면 법이 있어야 하니까. 근데 1997년도에 이 미·일 가이드라인을 수정해요. 그때 한국 사회에서는 난리가 났어요. 왜냐하면 그때 수정을 하면서 '주변사태'라고 했거든요. 일본이 침략을 받는 일본 유사사태에 자위대가 움직이는 것뿐만 아니라, 주변에서 일어나는 사태 때에도 자위대가 행동할 수 있다고 한 거예요.

정봉주 이른바 주변사태법!

김창수 네. 주변사태법을 만든 거예요. 그래서 '일본의 주변이 한국하고 대만 말고 어디 있냐. 너희 자위대가 한국으로 오겠다는 거 아니냐' 이렇게 말하니까 일본이 뭐라고 했냐 하면, '주변사태는 지리적 개념이 아니라 상황적 개념이다'라고 했어요. 이게 뭔 말이에요, 대체. 완전히 말장난의 귀재들입니다. 근데 지금 와서 뭐라고 하는지 아세요? 그때 '주변'은 '한반도와 대만이었다'라고 해요. 그렇게 말하면서 이번 가이드라인 개정에서는 이 '주변사태'를 없애버려요. 왜냐하면 이제 지구 방위대니까. 전 세계 어디든지 다 갈 수 있으니까요. 그러고는 전 세계를 어디든지 갈 수 있는 자위대의 행동 규칙 같은 것들을 좀 더 구체적으로 명시하고요. 이에 따라 일본 내에서 후속 법안들을 만들어나갈 겁니다.

정봉주 주변사태법이 이번에 보니까 '중요영향사태법'으로 바뀌었어요. 그러니까 평시 다음 단계가 중요영향사태, 이렇게 말을 바꿔놓은 거죠.

최강욱 야금야금 넓혀가는 거죠.

정봉주 말만 이렇게 바꿔놓고 결국 핵심적으로 미군이 갈 수 있는 어디든 갈 수 있도록 상황을 만든 거죠. 그렇게 서서히 한반도로 다가오는 거예요.

정봉주 그러면 한반도에 옵니까, 못 옵니까?

김창수 오는 거죠. 자위대는 이미 한국 전쟁 기간에도 왔었어요. 그때는 물론 자위대는 아니고 해상보안청에서 왔죠.

정봉주 그렇죠, 비공개로!

김창수 예, 비공개. 나중에 다 알려졌죠. 자위대는 1954년도에 만들어졌으니까요. 그전에도 왔습니다. 이제는 자위대 만들었으니 당연히 오죠.

최강욱 그리고 아까 말씀하신 것처럼 우리가 사실상 작전통제권이 없는 나라이기 때문에 미국의 태평양 함대 사령관이나 주일 미군 사령관이 결정하면 얼마든지 오는 거죠.

하어영 군사적 측면에서 봤을 때도요, 한·미·일 정보협정이 체결됐기 때문에 한·미·일 특히 미·일은 한몸처럼 움직여요. 그리고 F35라든가 최신 기종들의 군사력을 확보하고 있기 때문에 지금 현재 미국이 군사적 작전을 펼치는 것 못지않은 작전을 펼칠 힘이 있는 거죠. 우리는 흔히 자위대 하면 그냥 해상 방어만 생각하는데 지금 현재의 자위대는 그렇지 않다는 얘깁니다. 특히 2013년, 2014년에 우리나라에서 문제가 많이 됐던 F35라든가 이런 스텔스기 같은 경우에는 일본에서 아주 대량으로 수입하려고 하고 있거든요. 그리고 특히나 우리는 수입만 하는데 거기에는 제작하고 원천기술까지 다 이전돼요. 그런 것들이 다 이 맥락 안에 있다는 거죠.

정봉주 그러니까 이번에 미·일이 최종 합의한 게 결국은 미국이 한반도와 이 주변에서 해야 할 군사적 역할을 '우리 예산 없으니 너희가 대신 해라' 그러면서 자위대가 실질적으로 참여할 수 있는 길을 열어 줬다는 거죠. 그 참여할 수 있는 적극적인 대상은 중국이고요. 그러면 우린 또 주변 지역의 대상이 돼서 개네가 수시로 들락날락하게 된 거예요?

최강욱 북한 위협만 핑계 대면 뭐, 무슨 짓이든지 할 수 있겠죠. 군사적으로 지금 한미연합 사령부가 있잖아요. 거기에 미군 4스타가 와 있단 말입니다. 사령관이 미군 4스타이기 때문에 한국군도 4스타가 가서 있으면서 부사령관이라고 이렇게 있는 거거든요. 근데 미군 입장에서는 미군 4스타들이 가는 가장 한직이 한미연합 사령관이거든요. 왜냐하면 4스타가 지휘하는 부대는 그만큼의 전투력이나 병력 규모가 있어야 해요. 그렇잖아요? 우리나라도 좀 인플레이션이 되긴 했지만 군사령관, 후방 작전사령관 이런 사람들이 4스타잖아요, 육군에서. 그러면 그 사람들이 그 예하에 가지고 있는 병력이라는 게 몇 개의 군단과 사단으로 치면 열 개가 되는 사단, 이런 것들이 있단 말입니다. 근데 주한미군 사령관 밑에 있는 부대는…, 미군 부대 지금 우리나라에 뭐 있어요. 미 2사단이라고 하나 있고, 그거 말고는?

정봉주 실제 병력도 몇 명 안 되잖아?

최강욱 예, 몇 명 있지도 않아요. 그리고 전시가 되면 다 일본을 통해서 들어오는 지원군들이 와서 그걸 한다고 돼 있기 때문에…

정봉주 한미연합사가 결국은 일본 자위대로 채워지는 연합사가 될 수도 있겠네요.

최강욱 그렇죠. 저는 그 걱정이 드는 거예요. 그러니까 4스타가 지휘를 하는데 거기에 지금 합당하는 부대나 병력이 없어서 미군에서는 옛날부터 그거를 2스타로 낮춰야 한다고 그랬거든요. 근데 한국군이 결사반대해서 유지되는 거거든요. 근데 그렇게 4스타로 유지할 거면 '나는 여기에 4스타로 있으면서 자위대로 채우겠다' 이렇게 해도 할 말 없는 거죠, 이제는.

정봉주 그러네. 가장 현실적인 위험성인데, 저 논리가?

김창수 예. 그리고 국방부하고 외교부에서 미·일 가이드라인에 대해서 합동 설명회를 했다고 하더라고요. 거기서 말하길, 일본 자위대는 공격적인 무기나 군용 무기는 가지고 있지 않으니까…

정봉주 걱정하지 말라고?

김창수 예, 그랬어요. 근데 국방연구원에서 일본 자위대의 병력에 대한 해설 자료들을 냈어요. 그걸 보면 일본이 우리보다도 국방비 많이 쓴 지 훨씬 오래됐어요. 일본의 장비 자체는 우리보다 훨씬 더 첨단화돼 있고요. 그리고 예를 들어서 패트리엇이다, MD(미사일 방어)다 그러잖아요. 그 미사일에서 요구되는 기술들 중에서 레이저가 필요하고, 항공우주기술이 필요하고 그렇지 않습니까? 일본 기술들이 그런 데 다 사용되고 있는 겁니다.

최강욱 일본 이지스함이 벌써부터 한국 다 커버하고 있었고, 핵 재처리 문제나 이런 것들도 미국이 일본한테는 무슨 제한을 두거나 이런 게 거의 없어요. 사실상 일본은 바로 핵무기를 만들 수 있는 상황이라고요. 그러니까 진짜 위험한 거죠, 이건.

하어영 국방부에서는 국방부 기자들에게 굉장히 독특한 출장을 하나 보내는데요. 어디를 가냐면 미 후방기지, 그러니까 일본에 있는 오키나와에 있는 기지로 가요. 거기 가면 오키나와 미군 공군기지를 기자들한테 공개하거든요? 그 미군 기지에 가서 보면 이런 설명을 해요. 지금 눈앞에 보이는 미군 전투기들이 한반도까지 얼마나 걸려서 날아갈 수 있는지. 근데 한 시간이 안 걸려요. 그리고 그 기지와 같이 있는 게 일본 자위대예요. 2014년부터는 일본에 항공과 관련된 전력이 굉장히 확충되고 있어요. 특히 오키나와에 관련돼서….

정봉주 그러니까 걔들이, 미국의 전력이라는 게 뻔하잖아요. 아까 얘기했지만 '우리가 군사력 확충할 수가 없으니까 군사력을 너희가 확충해라' 그러면서 자기들 군사력을 대체하는데, 한반도에서 가장 필요한 군사력은 육군이 아니잖아요.

하어영 그렇죠.

정봉주 이게 배후에서 공격하고 배후에서 치는 거기 때문에 가장 중요한 게 공군력, 그다음에 한반도 주위가 대부분 바다로 이루어졌기 때문에 해군력, 이게 가장 중요한 건데, 그중에서 가장 중요한 게 공군력 아녜요.

최강욱 그런 것들이 한국 군부의 이해관계하고도 어떻게 보면 맞는 거예요. 해군, 공군 전력이라는 게 사실은 첨단군으로 가기 위한 중요한 전력인데, 우리는 군 수뇌부가 육군 위주로 돼 있다 보니까 자기네 가 기득권을 뺏기지 않기 위해서⋯. 사실은 대한민국 국군이 제일 앞 장서서 반대하는 거죠.

정봉주 공군과 해군 군사력을 키워야 하는데.

최강욱 근데 그걸 안 한단 말이에요. 육군의 헤게모니를 놓치지 않으 려고. 그러면서 맨날 미군이 없으면 우리는 싸움에 진다느니 이따위 소리나 하고.

정봉주 미군은 자위대를 세워서 지금 자위대에게 한반도를 줄 준비를 하고 있는데.

최강욱 그러니까요. 제가 아베라도 얼마나 좋겠어요, 이 상황이.

김창수 아까 샌프란시스코 강화 조약 이야기하면서 역사 이야기를 했 는데요. 샌프란시스코 강화 조약이 부활된다, 이렇게 말씀드렸지 않 습니까? 그런데 우리가 또 기억할 수 있는 것으로 '가쓰라-태프트 밀 약'이 있지요?

최강욱 그렇죠.

김창수 1905년에요. 근데 지금 상황이 그때와 비슷해요. 가쓰라-태프 트 밀약이라든가 샌프란시스코 조약이라든가.

최강욱 한국을 제외시키고⋯.

김창수 예. 여기에서 제일 중요한 특징은 우리의 운명, 우리의 생존과 관련된 문제인데도 우리는 별 역할을 못 하고 있다는 거예요. 과거에 는 우리가 힘이 없어서 역할을 못 했다고 칩시다. 근데 지금은 뭡니 까?

정봉주 정권이라고 하는 것은, 국민과 밀착돼서 국민의 지지를 받아야 해요. 그게 이렇게 중요한 거예요. 정권의 목적, 국가의 목적은 국민의 생명을 보전하고 국가의 미래를 지키는 거거든요. 이게 괴리되어 있으니까 다른 나라 얘기처럼 들리는 거야. 그리고 우리 한반도의 운명을 우리 국민과 우리 민족이 결정해야 한다는 건 너무나 당연한 얘기죠. 국민과 밀착되어 있고 국민의 지지를 받고 국민에게 소중한 정권이라고 한다면 그 부분에 대해 먼저 신경을 쓸 거거든요. 그런데 이게 괴리되어 있으니까 우리 민족의 운명이 어떻게 될지…. 남북한이 합심해서 함께 대응해야 한다고 하는데, 이 부분에 대한 관점이 없으니까 국가의 운명이 지금 풍전등화로 가고 있는데 아무도 신경을 안 쓰고 있는 거잖아요.

최강욱 옛날에 선조가 왜군이 쳐들어오니까 바로 도망가서 명나라로 넘어가려고 했잖아요, 계속.

정봉주 그렇죠. 신의주까지 도망간 거 아니에요.

최강욱 그거하고 똑같은 거예요, 지금.

정봉주 신의주까지 도망갔다가 오잖아요, 선조가. 임진왜란 때 평양성에서 도망가는데 선조한테 막 돌 던지면서 저런 멍청한 게 임금을 하고 있냐고. 선조는 돌아와서 15년, 20년 동안 자기 면박 준 그 사람들을….

최강욱 계속 보복하고.

정봉주 보복하는 데 평생을 보낸 거야. 똑같은 거죠. '내가 대통령 됐는데 왜 소고기 수입 가지고 얘기하느냐.' 그걸 가지고 5년 동안 국민을 쥐 잡듯이 잡았죠? 지금은 또 어때요. 자기가 대통령 되고 난 다음에 국정원 댓글 개입 얘기하고, 사이버 사령부 얘기하니까 국민을 닭 뜯어먹듯이 뜯어먹고 있는 거 아냐.

최강욱 슬픈 얘기네요, 정말.

누구를 위한 미래의 잠재적 이익인가?
한반도의 생존과 이익을 위한 외교력이 없다

김창수 아무튼, 미국의 전략에 의해서 이렇게 움직이는 거잖아요. 그러니까 미국은 오바마 정부의 전략과도 관계가 있습니다. 오바마 정부의 아시아 회귀 정책이라는 게 구체적이고 미묘하게 변화가 생기고 있거든요. 아까 말씀하셨던 기시 노부스케가 1957년도에 미 하원에 가서 연설했던 그 논조로 지금 미국의 정책이 바뀌고 있어요. '과거사 문제는 덮어두고.'

정봉주 미래 지향적으로….

김창수 '미래의 잠재적 이익이 더 크다. 그리 가자.' 웬디 셔먼부터 시작해서 올해 2015년도에 그러고 있습니다. 2015년은 2차 대전 종전 70주년이고, 우리 입장에서 본다면 광복 70주년이잖아요. 근데 2차 대전 종전 70주년 행사 때 2차 대전의 주범인 일본을 왕따시킬까봐ㅡ오바마 정부의 입장에서 본다면ㅡ일본을 좀 감싸줘야 한다는 거고요.

정봉주 오바마 정권의 마지막은 결국 아베 구하기 작전이네.

김창수 아베 구하기인데 그게 서로 간의 이익이 있어서 그런 거죠.

최강욱 미국 입장에서는 아베 이용하기라고 생각할 텐데….

김창수 그렇죠. 둘 다 마찬가지죠, 서로 이용하기입니다. 근데 오바마 입장에서는 임기 말이잖아요. 지금 아시아 정책에 대해서 성공한 게 없어요. 아무것도 없잖아요.

최강욱 북한 문제도.

정봉주 미·일 전략만 성공하고 있는 거네.

김창수 그거라도 업적 만들기를 해야 하는 거죠. 그래서 이번에 아베가 가서 오바마 정부에 대해, 또 미국에 대해 완전히 납작 엎드렸잖아요. 이런 것들을 미국 국민들이 봤을 때는 오바마 정부의 아시아 정책에서 하나의 성과로 보일 수 있는 거겠죠. 근데 반면에 아베는 지금까지 계속 말씀드렸던 것처럼 자기 외할아버지 기시 노부스케가 꿈꿨던 것, 일본이 전범의 멍에에서 벗어나 정말로 보통 국가가 돼서 전세계에 군대를 마음대로 보낸다는 거죠.

정봉주 보통 국가로 된 거죠, 이번에.

김창수 그렇죠. 그래서 군대를 마음대로 보내면서 자기네들이 국제사회의 평화에 기여하겠다는 적극적 평화론을 세운 거죠.

정봉주 전 세계보다도 사실은 한반도에 보내고 싶은 거겠죠.

김창수 그런데 이렇게 아베는 그런 나라를 아름다운 나라라고 하는 거예요, 자기 책 제목이 '아름다운 나라로'잖아요. 김구 선생이 문화강국인 우리나라를 아름다운 나라라고 했는데, 아베가 그걸 또 차용한 거예요.

정봉주 그랬군요.

김창수 아베는 또 오바마도 이용하는 거죠. 철저하게 오바마의 업적 만들기를 도와주면서 아베는 또 자기 일 하는 거예요. 아베는 제가 볼 때는 아주 영악하고 교활한 지도자예요.

정봉주 정치를 잘하는 거죠, 일본 국민 입장에서는.

김창수 이 영악하고 교활한 인간한테 잘했다고 말해주려고 하니까 너무 배가 아파요. 우리가 볼 때는 노선도 잘못됐고 철학도 잘못됐지만, 방법에서 보면 아베는 확실하게 준비된 정치인인 거예요. 그게 우리를 고통스럽게 만드는 거죠. 그런데 나중에 한번 보십시오. 아베는 임기도 길어요, 인기도 좋아요. 그래서 아베가 여차하면 오바마 등에 칼 꽂을 수도 있어요.

최강욱 반대 상황을 생각해보면 진짜 끔찍해요. 사실은 2012년 대선 전부터 우리가 우리 주변 4강국의 정권이 다 교체되는 시기이고, 또 2차 대전 종전 70주년 이런 얘기를 했잖아요. 그런데 예를 들어 지금 우리나라 대통령이 미국에 가서 정상회담을 하면서, '과거 미·일 간의 샌프란시스코 강화 조약이나 가쓰라-태프트 밀약이나 이런 것 때문에 우리나라가 해방 이후에 심각한 고통을 받았다. 그러니까 앞으로 이런 것들을 해소하고 과거를 반성하면서 발전적인 미래로 나아가자' 이렇게 협의했다고 해보세요, 정상회담하면서. 근데 일본 총리는 모른 척하면서 콜롬비아 가서 내가 초청받았네 어쩌고 하면서 돌아다니고 있어. 입장을 바꿔놓고 생각해보면 얼마나 한심하겠어요. 우리는 이런 기회에 막 다니면서 시진핑도 만나 '야, 우리하고 앞으로 경제 협력을 강화해서 일본을 견제하고, 도덕적으로 재무장한 국가들이 아시아의 중심이 되자' 이런 협력을 맺었다고 해봐요. 그런데 일본 총리는 그런 거에 대해서는 별로 관심이 없고 내부적으로 자기네 외할아버지 욕하는 놈 잡아서 사상이 의심스럽다고 하면서 처벌하고 있고. 그렇게 하고 있다면….

정봉주 그리고 후쿠시마에서 원자력 발전소가 터진 거 애기하는 놈들 다 허위사실 유포로 잡아 가두고.

최강욱 그렇죠. 그러면 우리 입장에서 '야, 이거는 진짜 우리 국운이 융성하는 때다'라고 생각하지 않겠어요, 당연히? 지금 일본에서 우리나라를 그렇게 보겠지.

정봉주 입장을 바꿔놓고 생각하는 거, 그거 우리가 지난번에 했던 거 아니에요, '인터내셔널 호구'.

최강욱 나라의 현실을 걱정하는 분들이 그런 애기들을 설핏설핏 하신다고요, 요새. '국운이 다한 거 아니냐, 우리나라가.' 지도자부터 선거 결과, 사회가 가는 모습, 세월호 이후에 유족분들을 대하는 악마 같은 모습 이런 것들을 보면서….

정봉주 국운이 다했다?

최강욱 21세기 지나고 나서 나중에 우리 후손들이 역사책에다가 '대한민국의 역사를 볼 때 21세기 초반까지 국운이 융성하다가 그것이 꺾여서 쇠하는 때가 됐다'라고 우리 시기를 묘사하지 않을까 걱정되네요. 김창수 원장님 말씀 들으면서 자꾸 그 생각이 들어요.

김창수 미국하고 일본이 우리를 압박하는 측면이 있잖아요. 근데 미국하고 일본이 하니까 우리는 정말 복잡하다, 우리는 약하다, 못 하겠다 이럴 상황인가. 저는 오히려 우리가 할 수 있다는 거거든요. 예전에 김대중 정부 때도 북한이 미사일 쏘고 그래서 당시에 클린턴 대통령이 북한 때리겠다고 했었죠. 그때 김대중 대통령이 임동원 장관 보내서 계속 미국 만나 설득해서 결국은 미국의 정책을 바꿨거든요.

노무현 정부 때도 보면 재밌는 얘기가 있습니다. 노무현 대통령하고 부시 대통령하고 대화를 하는데요. 부시 대통령이 6자회담을 열자면서 '6자회담 해서 5대 1로 북한을 몰자' 이랬어요. 그러니까 노무현 대통령이 '쥐도 궁지에 몰리면 무는 법이다'라고 했죠. 그랬더니 부시 대통령이 '우리가 다섯 마리다. 쥐는 한 마리밖에 없다'라고 했어요. 그러니까 노무현 대통령이 '우리가 다섯 마리지만 첫 번째 물리는 고양이가 우리 한국이다'라고 했어요. 우리의 생존과 우리의 이익을 가지고 미국한테 말한 거죠. 우리하고 미국은 동맹국이잖아요. 동맹국이면 동맹국한테 '우리의 생존, 우리의 이익을 위해서 우리가 이런 일을 하는데 동맹국이니까 협조해줘' 이렇게 할 수 있는 외교력이 있어야죠.

정봉주 그렇죠. 미·일 방위협력지침, 그리고 아베의 미 상하원 연설을 통해서 본 한반도의 고립, 참 답답합니다.

최강욱 외교의 부재. 실패도 아니고 부재죠.

정봉주 김창수 박사님, 일제가 1945년도에 떠나면서 '100년 뒤에 돌아온다'고 했잖아요? 30년밖에 안 남았어. 섬뜩해요.

김창수 가쓰라-태프트 밀약이 1905년이었잖아요.

정봉주 그렇죠. 110년이 흘렀네요.

김창수 그리고 1925년경부터 3·1운동 이후에 일본의 문화 통치로 일본의 식민지 정책이 바뀝니다. 그로부터 또 20년이 지난 1945년도에 일본이 물러났죠. 그리고 그로부터 20년 후인 1965년에 한일 국교 정상화가 됐습니다. 그리고 그로부터 20년 후인 1985년에 전두환이 일본을 갔어요. 그때 우리가 '굴욕 외교'라면서 열나게 반대하고 그랬잖습니까. 지금까지 이렇게 20년 주기로 뭔가 진행돼왔어요. 그렇게 보면 2005년에도 뭔가 있었어야 하는데 아니었습니다, 2005년에는.

정봉주 아무것도 없이 2015년으로 넘어온 거죠.

김창수 그렇죠. 지금 말씀하신 대로 일본이 그렇게 온다, 그런 걸 빈말이라고, 우스갯소리라고 넘어가 버리기에는 너무 묵직한 문제가 돼 버리죠. 현재 일본은 극우팽창주의로 치닫고 있으니까요.

정봉주 국민과 한몸이 된 정권, 그리고 우리 민족을 우선시하는 정권이 없다는 것이 대한민국 앞날을 얼마나 위험하게 만드는지 생각해 봐야 할 시점인 것 같습니다.

—
왜 0.1%의 그리스 경제위기에 주목해야 하는가?

- 경제적, 정치적, 지정학적 관점으로 살피는 그리스 위기

안병억 교수

그리스 위기와 세계 경제, 그리고 우리

_ 안병억

2010년 5월 그리스는 경제 상황이 매우 좋지 않아 구제금융을 받게 되었다. 국제통화기금(IMF)과 유로존(단일화폐 유로를 사용하는 유럽연합(EU) 회원국을 지칭, 현재 28개 EU 회원국 가운데 19개국이 유로존임)으로부터 긴급 지원을 받는 조건으로 그리스는 긴축재정과 공공부문 임금 삭감, 증세, 민영화 등의 개혁을 요청받았다. 그러나 그리스는 아직까지 경제위기에서 벗어나지 못했고 그리스 변수는 유럽 경제, 나아가 세계 경제의 불안 요인으로 작용해왔다. 1997년 11월 말 IMF로부터 구제금융을 지원받은 우리나라는 3년 만에 그 위기를 극복해냈다. 하지만 그리스 위기는 현재 진행형이다.

그리스는 유로존 국가이기에 구제금융도 그리스를 제외한 나머지 유로존 국가가 3분의 2, IMF가 3분의 1을 부담한다. 2010년 1차, 2012년 2월의 2차 구제금융을 합하여 2,470억 유로를 지원받았다. 그리스 경제 규모, 즉 국내총생산(GDP)은 2011년 말을 기준으로 2,150억 유로다.

계획대로라면 그리스는 구조개혁이 제대로 진전되어 채권단에 부채를 상환하고 국제 금융 시장에 복귀하여 국채를 발행할 수 있어야 한다. 그러나 구조개혁이 지지부진했고 정세가 급변하여 위기가 계속되었다. 특히 2015년 1월 말 구제금융 거부를 공약으로 내세운 급진좌파연합 시리자(Syriza)가

집권하면서 그리스 상황은 더욱더 불투명해졌다.

결국 7월 5일 국민투표를 실시했고, 그리스 국민은 61퍼센트가 채권단의 과도한 긴축 요구를 거부했다. 시리자 정부는 채권단과 다시 협상에 나서 8월 중순 860억 유로 규모의 3차 구제금융을 지원받았다.

그리스 국민의 선택, 시리자

그리스 경제위기에서 급부상한 시리자는 극좌파, 중도좌파 등 여러 정파가 연합한 정당이다. 경제위기 이전에 시리자는 지지율이 낮아 그리스 의회에 진출하지 못했다. 그렇지만 구제금융 후 살림살이가 어려워지자 시민들은 구제금융을 반대하고 기존 정당보다 덜 부패한 시리자를 지지하게 되었다. 결국 2015년 1월 말 총선에서 시리자는 과반에서 2표 부족한 제1당이 되어 소수정당과 연립정부를 구성했다. 41세의 총수 알렉시스 치프라스(Alexis Tsipras)는 학생운동 지도자 출신으로 소탈한 행보로 큰 인기를 누렸다. 그는 국내총생산의 180퍼센트에 육박하는 부채를 일부 탕감하지 않고는 자국의 경제 회생이 어렵다며, 이 요구를 유로존 최대 경제대국 독일에 지속적으로 제기했으나 관철하진 못했다.

결국 그리스와 채권단의 협상이 질질 끌어지고 독일 재무부에서조차 그리스의 유로존 탈퇴(Grexit, 그렉시트)를 공식적으로 거론하기에 이르렀다. 결국 치프라스 총리는 구제금융에 반대하지만 대안이 없었고 자신을 뽑아준 국민의 뜻을 저버릴 수 없어 국민투표 카드를 꺼냈다.

국민투표에서 민의를 확인한 치프라스는 결국 채권단과 2개월여간의 협상을 벌여 8월 중순에 3차 구제금융을 받기에 이르렀다. 이에 반발한 시리자 일부 좌파가 탈당하여 그리스는 9월 20일 다시 총선을 치렀다. 탈당파는 통합인민당(United Popular Party)을 결성했으나 이번 선거에서 의회에 진출하지 못했다. 치프라스가 이끄는 시리자가 다시 1당이 되어 재집권했다.

복지 과잉? 부패한 정치체제?

국내 언론의 그리스 위기 보도 논조는 크게 '복지 과잉'이 그리스 경제를 부도에 이르게 했다는 보수언론 측면과 '실패하는 국가(failing state)'에서 발생했다는 진보언론 측면이 있다.

국내총생산 대비 그리스의 사회복지 지출은 유로존 국가 가운데 중하위에 속한다. 이보다 더 중요한 것은 그리스의 부패한 정치체제다. 시리자 집권 이전에 그리스는 보수적인 신민당과 그리스 사회당 등 양대 정당이 번갈아가며 정권을 차지했다. 이들은 정실인사와 후견주의로 집권 시 지지자들을 대거 공공부문에 등용했고 정권교체 이후에도 이들은 자리를 보전했다. 또한 그리스는 지하경제 규모가 25퍼센트 정도로 추산되며 징세 시스템이 미미하다. 독일을 비롯한 채권단이 그리스에 요구한 것 가운데 긴축재정 이외에 징세 시스템 구축 등 거버넌스 개혁이 포함된 것도 이런 이유 때문이다. 아일랜드와 포르투갈도 유로존 회원국으로 구제금융을 받았지만 양국은 구조개혁에 성공하여 위기를 극복했다. 따라서 다른 유로존 국가의 위기 극복 사례와 비교해보면 그리스의 위기 극복이 쉽지 않은 이유를 이해할 수 있다.

신자유주의 기수로 우리에게 가혹한 구조개혁을 요구해 원망의 대상이 되었던 IMF는 2015년 7월 초 그리스의 일부 부채 탕감을 전면에 들고나왔다. 이는 치프라스 집권 후 그리스 정부가 계속 제기한 요구를 수용하는 발언이었고, 유로존 채권단을 사실상 이끌고 있는 독일의 입장과 정면으로 배치된다. 독일의 입장은 단호하다. 그리스가 합의한 개혁을 성실하게 이행해야 한다는 것.

그러나 부채비율이 180퍼센트 가까이 되는 그리스는 5년간의 긴축에 지쳐 있다. 수십 년 된 부패를 청산하여 제대로 기능하는 정부를 만드는 것은 중장기적으로도 매우 어렵다. 그럼에도 치프라스 정부가 채권단과 합의한 개혁을 성실하게 수행하지 않으면 채권단은 이를 이유로 조건부 구제금융 지불을 거부하게 된다. 2014년 말부터 2015년 8월 말 합의 때까지의 이런 상황이 언제든지 되풀이될 수 있다. IMF가 요구한 그리스 부채의 일부 탕감이나 프랑스와 이탈리아 등 유로존 일부 국가가 제시한 긴축과 성장을 적절하게 결합한 그리스 경제위기 극복 방안은 독일의 반대로 실행되지 못하고 있다.

그리스 위기는 유럽통합의 문제점을 드러냈지만 유럽은 이를 계기로 통합을 한층 더 강화해왔다. 회원국이 보유한 부실 금융기관의 처리 권한 등이 유럽 차원으로 이양되었다. 우리는 전체 경제에서 무역의존도가 80퍼센트를 넘어 대외 경제환경에 매우 취약하다. EU 28개국은 중국, 동남아시아국가연합(ASEAN), 미국에 이어 우리의 네 번째 교역 상대국이다. EU는 또 중국의 최대 교역 상대국이다. 중국 경제의 성장 둔화에 이어 유로존 경제의 침체도 우리 경제에 부정적인 영향을 끼친다. 유로존 경제위기를 면밀하게 모니터링하여 대책을 마련해야 하는 이유가 여기에 있다.

정봉주 오늘 그리스의 상황을 함께 들여다볼 대구대 국제관계학과 안병억 교수 자리했습니다. 그리스, 어쩌다 여기까지 왔죠?

안병억 그리스의 경제가 거덜 나서 2010년 5월 1차 구제금융을 받았어요. 상당히 큰 액수입니다. 1,100억 유로니까 우리나라 돈으로 따지면 약 130조 원? 그러니까 우리 1년 예산의 거의 절반 정도죠. 근데 그거 가지고도 안 돼서 구제금융을 졸업하지 못했습니다. 3년 만기였는데요. 우리는 IMF 때 3년 만에 잘 졸업했죠. 그리스는 그게 안 돼서 2012년 2월에 2차 구제금융을 받았는데요. 지금까지 졸업을 못 하고 다시 연장을 한 거죠.

정봉주 그때는 1,300억 유로….

안병억 1, 2차 구제금융 받은 액수가 모두 2,400억 유로입니다. 우리나라 돈으로 하면 300조 원 정도죠.

정봉주 우리나라 1년 예산이죠.

안병억 거의 비슷합니다. 이번에 다시 3차 구제금융을 협상하고 있죠. 유로존이 요구한 건 조건부 구제금융이에요. 우리도 IMF 때 상당히 뼈를 깎는 긴축을 하지 않았습니까? 그리스도 마찬가지죠. 구체적으로 말씀을 드리면, 국민투표에서 긴축안에 대해 그리스 국민 61퍼센트가 압도적으로 반대를 했습니다.

정봉주 그렇죠.

안병억 그리스가 이런 개혁을 하겠다는 안을 제출하면 유로존의 재무장관들이 하루 정도 세밀하게 검토합니다. 검토해서 '얘들이 우리가 요구한 걸 어느 정도 반영했다' 그러면 3차 구제금융 협상이 개시되는 거고요.

정봉주 협상이 개시되는 거고.

안병억 그렇지 않고 '우리가 요구한 것에 턱없이 부족하다' 하면 유럽연합 정상회담들한테 보고해서 '그리스의 유로존 이탈(그렉시트)이 불가피하다'는 판단을 하게 되는 거죠. 그런데 일단 유로존은 탈퇴조항이 없습니다. 유로존은 되돌릴 수 없다는 게 지금까지 기본 원칙이었거든요. 그래서 탈퇴조항이 법적으로 없습니다. 그러니까 그리스 사태는 사상 초유인 거죠.

정봉주 개혁안이 미진하면 유럽중앙은행(ECB)에서 구제금융이 더 이상 들어가지 않고, 돈이 안 들어가면 그냥 파산이니까요. 그렉시트라고 하는 게 'Greece, Exit'의 줄임말 아녜요? 그리스가 유로존에서 그냥 탈퇴되고 그리스 경제가 그냥 파산돼버리는 거죠.

하어영 일종의 튕겨 나가는 거라 할 수 있죠.

안병억 정확하게 그겁니다.

정봉주 '우리가 유로존에서 더 이상 유로를 안 쓰겠다. 드라크마를 쓰겠다.' 이렇게 선언하는 게 아니고, 그리스 경제가 부도가 나니까 자연스럽게 떨어져 나가는 거죠.

이재화 지금 현재 시리자가 집권당이죠. 시리자는 좌파연합 정당이고 총리가 치프라스죠.

안병억 조금 역설적인데요. 좌파연합이니까, 예를 들면 급진 공산주의자부터 온건파까지 다 뭉쳐 있습니다.

정봉주 통합진보당부터 새정치민주연합까지 다 뭉쳐 있는 거죠.

안병억 맞습니다. 구제금융 받기 전 2010년 때는 무명 정당이어서, 국회의원이 몇 명 안 됐습니다. 그런데 긴축이 시리자를 제1당으로 만든 거죠. 기존 정부가 2차 구제금융의 마지막 분할분을 못 받았습니다. 개혁이 미진해서요. 2014년 12월, 한 달 만에 총선을 치렀는데, 그 때문에 시리자가 제1당이 된 거거든요. 치프라스는 지금까지 60퍼센트에 이르는 국민의 지지를 받았습니다.

정봉주 대단한 지지율이네요.

안병억 반대로 독일을 비롯한 채권단에서는 어떤 시각이 팽배하냐면…. 치프라스 이전의 연립정부, 그러니까 사회당하고 중도우파 연립정부 상황에서도 아주 어렵게 합의한 개혁안을 다 못 한 거거든요. 그래서 그리스가 경제위기를 맞은 것은 유로화 체제의 미비점도 있지만 그리스의 여러 가지 복합적인 시스템 붕괴 이런 것 때문이라고 봅니다. 그런데 치프라스나 그리스 일부의 시각은 유로존 때문에 우리가 경제위기를 맞았다는 거거든요.

정봉주 서로 시각이 완전히 다르네요.

안병억 채권단에서는 치프라스를 신뢰하지 않는데요. 예를 들면 치프라스는 독일의 앙겔라 메르켈 옆에서 같이 합의를 하고는 정작 국내에 가서는 몇 번이나 말을 바꿨습니다. 채권단에게 신뢰가 완전히 붕괴된 거죠. 그런 상황이기 때문에 메르켈 총리—동독 출신의 첫 여성 총리죠. 웬만해서는 감정을 드러내지 않는 총리로 유명한데요—조차 공식 석상에서 치프라스에 대해서 비판을 몇 번 했어요.

하어영 배신의 정치, 막 이렇게 얘기하나요?

안병억 아, 그 정도는 아니고요.

정봉주 표로 심판해줘라, 이렇게 얘기하는 거예요?

안병억 예를 들면 치프라스가 '채권단이 우리한테 말도 안 되는 긴축을 강요하는 것은 공갈 협박'이라는 말을 했거든요. '블랙 메일'이라는 말도 몇 번 했고요. 국민투표라는 수를 던져 도박을 하면서. 그러고 나서 국민투표 승리한 후에, 즉 61퍼센트가 압도적으로 긴축안을 반대한 후에도 똑같은 말을 했습니다.

이재화 아주 강한 어조로 발언했네요.

안병억 예, 맞습니다. 그리스는 민주주의가 처음 시작된 곳 아닙니까. 치프라스는 '오늘 승리는 그리스 민주주의의 승리다. 채권단이 우리를 공갈 협박할 수 있다'는 말을 또 했습니다. 그런 발언에 대해서 독일에서는 상당히 분노했죠.

최악의 상황으로 몰고 간 부패한 관료, 탈세 만연화 결국 정책 실패, 국가 실패다

정봉주 그리스가 왜 이렇게 경제적으로 최악의 상황까지 왔는지, 그리고 그리스를 통해서 우리가 타산지석으로 뭘 배울 수 있을지 이게 중요합니다. 언론에선 그리스 얘기를 계속하는데 국민들은 피해가요. 그냥 '그리스가 뭐지?' 하고 말죠. 근데 사실 우리가 불과 십수 년 전에 경험했던 거거든요. IMF 구제금융. 그리고 지금 자칫 잘못하면 제2의 구제금융으로 갈 수도 있을 정도로 경제위기를 겪고 있죠. 그럼에도 남의 일처럼 생각하는 거예요. 왜 그리스가 여기까지 왔는지, 그걸 먼저 짚어봅시다.

안병억 국내에도 보수 언론이 하나의 프레임을 만들어서 그걸 확대 재생산하고 있습니다. '그리스 사태는 과잉 복지 때문이다'라는 거죠.

하어영 '복지병'이라고 하더라고요.

안병억 과잉 복지가 경제 파탄을 불러왔다는 게 계속되는 프레임인데요. 이거는 사실의 오류이고 왜곡이라고 생각합니다. 구체적으로 논거를 대보면, 그리스도 경제협력 개발기구(OECD) 회원국입니다. 우리나라도 마찬가지죠. 그런데 그리스는 2014년 말을 기준으로 해서 국내총생산(GDP) 대비 사회복지 지출이 유럽연합 회원국 가운데 거의 제일 밑입니다.

정봉주 그렇죠.

안병억 우리나라가 GDP의 10퍼센트 정도를 사회복지에 지출하고 있고요, 그리스는 23~24퍼센트 정도입니다. 우리의 2배 정도 되지만 유럽 국가들하고 비교하면 거의 밑이죠. 만약 보수 언론의 그런 논리가 맞는다면 왜 우리가 알고 있는 복지 천국 핀란드나 스웨덴은 복지병으로 망하지 않느냐 이거죠.

정봉주 그렇습니다.

안병억 그러니까 말이 안 되는 얘기고요. 그리스 위기 원인을 크게 두 가지 정도로 볼 수 있어요. 첫 번째는 우리가 얘기하는 정실인사 또는 정실주의 문제예요. 정치학에선 후견주의라고 하죠. 그리스는 19세기 초에 오스만 튀르크의 외세가 와서 갑자기 나라를 만들었지 않습니까. 그리고 독립한 후에 지금까지 정권이 바뀔 때마다 자기 사람 심기로 인해서 공공 부분이 지나치게 비대해졌습니다. 그게 우리가 얘기하는 정실인사, 후견주의예요. 두 번째는 징세 문제인데요. 그리스의 지하경제 비율이 — 추산인데 — 거의 30퍼센트 정돕니다. 그러니까 징세가 제대로 안 된다는 이야기죠.

이재화 관료들은 부패해 있고, 탈세 등이 만연해 있다는 거죠?

안병억 정책 실패, 국가 실패라고 볼 수 있어요. 구제금융을 받기 전에 그리스에서도 개혁의 노력이 있었습니다. 그런데 실패했죠.

정봉주 정치적으로 부패해 있고, 그러다 보니까 탈세가 만연하면서 국가 재정 수입이나 이런 것이 정확하지 않고… 당연히 돈이 없어지면서 경제가 붕괴될 수 있는 구조가 되어가는 거죠.

안병억 어떻게 보면 국가 실패, 정책 실패가 정확한 말이고요, 이게 그리스 경제위기의 원인인 거죠.

정봉주 국가 실패, 정책 실패….

안병억 2008년도 9월에 미국의 투자은행 리먼 브라더스가 망하면서 글로벌 금융위기가 시작됐죠. 그리스가 1차 구제금융을 받은 게 2010년 5월인데요, 그 이전에 개혁을 하려고 했는데 안 됐습니다. 그러다 보니 글로벌 금융위기가 유럽으로 확산되면서 그리스 위기가 발생한 거죠. 그게 그리스 위기의 정확한 진단이에요.

정봉주 2010년 5월에 1차 구제금융을 받는데, 2009년도에 그리스 경제를 공개해봤더니 이미 당시에 3,000억 유로 가깝게 국가부채가 있었다는 거예요. 그전에 모르고 있다가….

이재화 그렇죠. 드러나지 않는 부채가 많이 생긴 거죠.

정봉주 국내총생산 대비 130퍼센트 정도의 부채가 있었는데, 이게 국제 금융위기가 오니까 바로 드러난 거죠? 어떻게, 왜 이런 걸 모르고 있었어요?

안병억 유럽연합 집행위원회나 유럽중앙은행도 일부 책임이 있어요. 그럴 수밖에 없는 게, 유럽연합 회원국끼리 공통의 표준에 따라서 다 통계를 내거든요. 유럽연합의 자체 통계청이라는 오피스도 있고. 그런 상황에서 2009년 10월에 그리스 사회당, 그리스가 1974년에 군부독재에서 민주화가 됐고 처음 집권한 게 사회당이었는데요. 그 사회당 정부가 들어서서 장부를 제대로 봤더니 재정적자가 그동안 얘기한 4~5퍼센트가 아니라 3배 이상이었습니다. 그러니까 장부를 조작한 거죠.

정봉주 정치가 불투명하면서 문제가 안에 계속 켜켜이 쌓였던 거네요.

안병억 맞습니다. 그게 드러나서 신임 파판드레우 총리—그리스의 유명한 감리입니다—가 이실직고를 했습니다. 유럽연합 정상회담에서 '우리 거짓말했다'고요. 그때 그리스 금융위기가 시작됐어요. 실제적으로 구제금융은 다섯 달 늦게 왔어요. 왜냐면 유럽연합이라는 게 단일 화폐를 쓰는 유로존이 있지만 재정정책, 그러니까 조세를 걷고 지출하는 거는 아직까지 국가 고유의 권한입니다. 유럽연합 차원에서는 하나의 룰을 만들어서 점검을 하긴 하지만 미비하죠. 그래서 그리스의 그런 상황을 제대로 볼 수 없었어요. 그리고 유럽연합 조약에

'절대 구제금융은 안 된다'는 조항이 있어요. 이건 독일의 의사가 그대로 반영된 거예요.

정봉주 정리하자면 이거죠. 그리스 부채가 2009년에 처음으로 공개됐습니다. 아까도 지적했듯이 정치가 부패해 있고 그러니까 이것을 가리고 있었던 거죠, 장부를 조작해서. 그러다가 '우리 부채가 3,000억 유로다. 이건 국가 파산 직전이다'라고 하니까 유럽연합에서 2010년 5월에 1차 구제금융이 들어간 거죠. 그러면 당시에 그리스 경제가 완전히 파산 직전이었던 건가요?

이재화 재정적자가 심해진 상태였죠.

하어영 실제로 그리스는 우리 IMF 구제금융사태와 다른 게, 산업 구조가 완전히 다르잖아요. 그렇기 때문에 우리가 상상하는 경제위기나 붕괴하고는 좀 다른 상황이죠.

이재화 우리 같은 경우에는 일단 기본적으로 수출이 안 되거나 이런 요인이 많은데, 거기는 수출 주도국은 아니잖아요.

안병억 무역 비중이 전체 GDP의 20퍼센트도 안 되고요. 내수 중심의 구조이고, 서비스 산업이 80퍼센트여서 우리하고는 상황이 많이 다르죠.

정봉주 몇몇 경제학자가 이런 진단을 하고 있죠. 만약에 유로존에 편입되어 있지 않다고 한다면, 환율 정책 등을 통해서 관광객을 유치하고 수출을 늘리고— 해운업이 또 발달돼 있으니까 —그럼으로써 경제를 조정할 길이 있었다. 그런데 유로존에 속해 있으므로 이런 방법을 쓸 길이 전혀 없었다.

안병억 그건 맞는 말입니다. 왜냐하면 유로존이 단일 화폐여서 아일랜드나 포르투갈처럼 구제금융을 받고 졸업한 나라는 말 그대로 공공 부분의 임금을 과감하게 깎았거든요. 환율 평가절하를 못 하기 때문에, 그게 유로존의 맹점인데요. 그런 상황에서 그리스가 유로존을 이탈한다면 치안 같은 게 상당히 불안해질 수밖에 없거든요. 그러면 관광객들이 잘 안 가겠죠.

정봉주 그런데 유로존에 편성되어 있음으로 해서, 주요 첨단산업이나 그리스가 그나마 가지고 있었던 산업의 중심이 임금이 높은 독일이나 이런 데로 다 이전했기 때문에 경제적으로 붕괴될 수밖에 없었다고 주장하는 학자들도 있던데요.

안병억 그거는 약간 다르게 봐야 해요. 유럽연합이라는 건 단일 시장입니다. 뭐냐 하면 내가 그리스 사람이라 치면 어디든지 가서 살 수 있습니다. 독일에 가서도 살 수 있고 프랑스 가서도 살 수 있어요. 전혀 비자가 필요 없습니다. 그리스가 불황이면 독일 가서 돈 벌면 돼요. 논리상으로는요. 하지만 그게 미국에서는 가능한데 유럽에선 어렵죠. 언어나 문화가 다르기 때문에요. 노동력 자유 이동은 보장되지만 실제로 그렇게 하기가 쉽지 않은 거죠.

정봉주 실제로 가서 돈을 벌 수 있는 구조가 안 된다?

안병억 그거는 상당히 어렵죠. 언어가 좀 돼야 하고….

이재화 근데 어느 나라에서 돈을 벌든, 결국 이게 세금을 잘 걷으면 되는 거거든요. 세금을 걷는 시스템 자체가 붕괴된 거예요.

정봉주 만성적인 탈세가 계속 원인인 거네요.

이재화 청소부하고 의사하고 세금 내는 게 사실 비슷하거나 청소부가 더 낸다죠.

정봉주 우리나라랑 똑같네, 뭐. 우리나라 유리지갑 아니에요? 봉급자가 더 내고 고소득 자영업자들은 덜 내는 경우가 많고.

이재화 그것이 결국 불평등을 양산하는 거죠. 국가부채를 갚으려면 세금을 걷어야 하는데 그것 때문에 문제가 생겨요.

하어영 개혁에 대한 바람으로 치프라스 총리, 그러니까 시리자가 집권을 했는데 공공부문 개혁조차 못 하는 이유는 뭐죠?

안병억 일단 시리자는 구제금융 거부를 선거 공약으로 내세워서 당선이 됐는데, 그 이후에 구제금융 협상을 했다는 것은 구제금융을 좀 더 유리하게 받을 준비는 되어 있었던 거거든요. 그런 상황인데 시리자조차 아까 지적한 정실주의, 후견주의는 극복하지 못한 거죠.

정봉주 정치적인 부패를 극복하지 못한 거네요.

안병억 그런 상황에서 이걸 극복한다는 게 쉽지 않죠. 채권단이 그리스한테 요구한 게 예를 들면 연금 삭감, 노동 시장 유연성도 있지만 상당 부분이 그리스의 투명성 제고, 그러니까 거버넌스라 얘기하는 게 포함됐습니다. 치프라스가 공갈 협박이라고 할 만한 게 '왜 우리나라를 간섭하느냐' 그렇게 볼 수 있거든요.

정봉주 근데 실질적으로 졸업하기 위해서는 그게 필요했다고 보는 거 아니에요?

이재화 국민들이 그럼에도 시리자를 지지했죠. 청년 실업률이 50퍼센트 넘는 데다, IMF에서 요청한 게 부가세를 22~23퍼센트로 하라는 거였어요. 100원짜리 사는 데 23원의 부가세가 붙는다는 건, 부자하고 가난한 사람하고 똑같이 내는 거잖아요.

정봉주 간접세잖아요, 부가세.

이재화 이게 생활에 미치는 고통이 너무 심했던 게 시리자 지지의 직접적인 원인이었죠.

안병억 그것도 한 요인입니다. 예를 들면 채권단이 그리스의 수도 아테네에 가서 봤더니 수영장이 최소한 몇십 개인데 그중 정식으로 등록돼서 세금을 내는 게 10퍼센트도 안 됐습니다. 불투명성이 단적으로 드러난 거고요. 부가세를 그렇게 강요했다는 건 조세징수체제가 미비하기 때문이에요. 제일 쉬운 게 간접세거든요. 그건 바로 취약 계층한테, 우리도 담뱃값 2,000원 올린 것처럼….

이재화 당장 돈이 확실하게 될 방법이 그거니까.

정봉주 그러니까 세수가 없고 국가 재정이 붕괴되는데 당장 세수를 늘릴 수 있는 게 간접세밖에 없으니까 그걸 한 거죠. 그랬는데, 간접세가 높아지면 높아질수록 조세저항이 심해질 뿐만 아니라 사회의 양극화가 심해지는 거 아녜요. 어려운 사람들은 점점 더 많이 내고 돈 있는 사람들은 상대적으로 덜 내는 구조가 되니까요.

이재화 정상적으로 하면 소득세, 법인세 이런 부분들이 높아져야 하는데….

경제적 원인뿐만 아니라
지정학적 이유까지 들여다봐야 한다

하어영 그럼 실제로 그렉시트 상황이 아니더라도, 만약에 유럽연합하고 잘 협상이 되더라도 쉽지는 않은 상황이네요.

안병억 맞습니다.

정봉주 그러니까 1차 금융, 2차 금융 실패한 게요. 우리나라 1년 예산 만큼 돈이 들어간 거예요.

하어영 그렇죠.

정봉주 우리 IMF 구제금융 때 우리한테도 모욕적인 조건을 요구했었죠. 그럼에도 우리가 극복할 수 있었던 것은 그나마 김대중 정권이 탄생했던 때였기 때문이죠. 만약에 김영삼 정권이나 노태우 정권이 계속됐으면 정치가 여전히 부패해 있는 상황인데…. 김대중 정권의 특징은 뭐냐 하면 어쨌든 정치를 개혁하려고 노력했던 거 아녜요. 투명하게 운영하려고 했던 거고. 그런 힘이 있었기 때문에 IMF 구제금융 졸업이 가능했던 거거든. 근데 그리스는 부패한 정권이 그냥 쭉 가면서 어떻게 구제금융을 극복해요!

안병억 그리스가 설령 3차 구제금융을 받아도 국가가 이걸 제대로 이행할 수 있을지 이건 또 다른 문젭니다. 구제금융을 받는다고 문제가 해결되는 게 아닙니다.

정봉주 이제 좀 이해가 되네요. 그 나라의 정치 부패로 인해서…. 근데 빈부의 격차도 엄청 심할 거 아녜요.

안병억 그렇습니다.

정봉주 3차 구제금융이 들어와도 진짜 대책이 없는 거네요?

안병억 네.

정봉주 그럼 이거 어떻게 해야 하는 거야, 그리스는. 포기해버려야 하는 거예요?

안병억 그러니까 그렉시트가 유력하다고 나올 수밖에 없어요. 치프라스는 국내적으로는 지지를 받았지만 채권단한테 신뢰를 잃었죠. 그리스 상황이 워낙 심각하기 때문에 그렉시트 가능성이 상당히 커진 거죠. 그런데 그렉시트 된다고 유럽연합이 그리스를 버리는 건 아닙니다.

정봉주 왜냐하면 이런 거죠. 실질적으로 그렉시트라고 하는 자체가 경제적으로 파산이거든요. 국경이 딱 분리돼 있으면 파산이 됐을 때 '너희 파산했으니까' 하면서 경제 난민이 못 넘어오게 막으면 그만이에요. 하지만 그렇게 할 수 없는 구조거든요, 유로존 때문에. 그리스 경제가 파산하게 되면 실질적으로 그 경제적 여파가 옆에 있는 스페인이나 이탈리아 이런 나라로 쭉쭉 연결되고, 그것이 다시 프랑스와 독일을 압박하면서 유로존 전체가 붕괴할 위험성이 있어요.

안병억 2012년에 2차 구제금융을 받았을 때 부채 구조를 전환해서, 그리스 부채의 80퍼센트 이상이 국가부채입니다. 민간 금융기관은 전혀 손해 볼 게 없고요. 민간 금융은 그때 다 빠져나갔고, 유로존 19개 회원국 중에서 그리스 비중이 1.3퍼센트밖에 안 되는데요. 중요한 것은 이게 다른 취약한 국가로 확산되지 않을까 하는 거예요. 일단 포르투갈이나 스페인은 구제금융을 졸업했습니다. 아일랜드도 졸업했고. 지금 그리스만 남아 있거든요. 그래서 독일을 비롯한 채권단에서 볼 때 '그리스의 이탈, 유로존 탈퇴는 그래도 우리가 관리할 수 있다'고 보는 거죠.

정봉주 단 한 나라밖에 안 남아 있는 거네요.

안병억 그런데 이건 좀 더 지켜볼 수밖에 없어요. 그리스 이탈이라는 것이 유럽통합에서 가지는 의미가 있거든요. 뭐냐 하면 탈퇴조항도 없는데 처음 탈퇴하는 거고요.

정봉주 아, 첫 사례인가요?

안병억 첫 사례입니다. 그래서 앞으로 어떻게 될지 아무도 모르죠, 처음이라. 지금까지 유럽통합은 부침이 있었지만 계속 진전돼왔습니다. 단일 시장에다가 단일 화폐까지. 근데 그리스가 탈퇴한다는 것은 지금까지 유럽통합의 금과옥조와 같았던 '번복할 수 없습니다'라는 신화가 깨지는 거거든요? 거기에 큰 의미가 있고요. 경제적으로는 그렇게 큰 여파는 아닐 것 같다는 의견이 지배적이에요.

그보다 좀 더 중요한 게 난민 문제예요. 그리스가 지중해에 있어서 아프리카 난민들이 많이 왔거든요. 만약에 그리스가 이탈해서 사회 시스템이 붕괴된다면 그 난민들은 바로 이탈리아, 독일로 갈 수밖에 없습니다.

정봉주 그렇죠.

안병억 그래서 그리스에 인도주의적 지원을 얘기하는 거죠. 그리스를 자꾸 도와줄 수밖에 없는, 물론 구제금융하고는 전혀 다른 차원의 문제데, 그런 난민 문제가 있고요. 또 하나는 그리스가 나토(NATO, 북대서양 조약기구)—미국 중심의 집단 안전보장기구죠—회원이고, 휴양지로 유명한 지중해상 크레타 섬에 나토의 전진기지가 있습니다. 거기에서 지중해하고 아프리카의 미군 해군이 작전하는데요. 그리스가 유로존 탈퇴하면 장기적으로 유럽연합에서도 멀어질 수 있죠. 한편으로, 지금 러시아 대통령 푸틴이 우크라이나 합병 때문에 유럽연합과 미국의 무역제재를 받고 있거든요.

그래서 자꾸 그리스에 손짓을 합니다. 유럽연합을 분리 지배하려고…. 이런 지정학적 우려가 경제적인 문제나 난민 문제보다도 더 큰 겁니다. 지금 미국이 우려하는 것도 이쪽이고요.

이재화 미국은 그러면 유로존 탈퇴를 어떻게든 하지 않기를 바라고 있겠네요.

안병억 미국의 오바마 대통령이 메르켈 총리랑 계속 전화 통화하면서 요구하는 게, '국제통화기금(IMF)과 마찬가지로 그리스 3차 구제금융은 부채 탕감이 전제가 되어야 한다'는 거예요.

이재화 반면 러시아는 유로존 탈퇴를 부추기는 분위기겠네요?

안병억 러시아는 가만히 지켜보면서 손짓하고 있는 상황입니다.

정봉주 지금 그리스의 채권국 중에서 그리스 구제금융 협상하는 데 가장 중심축이 되는 게 유럽연합과 유럽중앙은행, IMF죠. IMF의 주도국은 미국이고요. 미국 쪽에서는 부채 탕감을 계속 얘기하고 있는데, 경제적 이유뿐만 아니라 이런 지정학적 이유가 훨씬 중요할 수 있기 때문이라는 거죠.

안병억 지정학적 이유가 제일 큽니다, 미국 쪽에서 보면.

하어영 그런 측면에서 봤을 때는 그리스랑 우리나라랑 비슷한 측면들이 좀 있네요. 강대국에 인접해 있고, 강대국 사이에 끼어 있으면서 지정학적인 의미가 있고, 구제금융을 받고 있거나 받았다는 점들이요.

정봉주 치프라스가 이렇게 큰소리치고 있는 것도 사실은 이런 지정학적 이해관계에 대해 알고 있기 때문 아닌가요?

안병억 당연히 그렇죠.

정봉주 국가 정치가 부패한 데 대해서는 할 얘기가 없지만, 자기들이 유럽에서 차지하고 있는 지정학적 이유 때문에 큰소리칠 수 있는 거

2010년 5월 그리스 1차 구제금융.

2012년 2월 그리스 2차 구제금융.

2015년 1월 구제금융 거부를 공약으로 내세운 급진좌파연합 시리자 집권.

2015년 7월 국민투표로 채권단의 긴축 요구 거부.

2015년 8월 860억 유로 규모의 3차 구제금융 합의.

전체 경제에서 무역의존도가 80퍼센트를 차지하는

한국은 대외 경제환경 변화에 취약하다.

그리스가 한국과의 교역 비중은 0.1퍼센트에 불과하지만,

그리스 경제가 붕괴될 때,

세계 경제는 물론, 한국 경제에도 빨간불이 켜질 것이다.

죠. '해볼 테면 해봐라.'

이재화 또 사실 남부 유럽은 좌파정당이 강세인 지역이잖아요.

정봉주 그렇죠. 확장되고 있는 시점이죠.

이재화 그래서 미국 입장에서는 이게 러시아하고 손잡으면서 나토 탈퇴나 미국의 전초기지가 위협받을까봐 우려하는 측면이 있죠.

정봉주 그리스로서는 별로 나쁜 패도 아니네, 이게.

안병억 분명히 패가 있죠. 치프라스의 협상 전술을 보면 우리나라처럼 IMF의 치욕을 겪은 사람들은 상당히 박수를 보낼 수도 있다고 생각이 드는데요. 근데 결과가 과연 어떻게 될 것이냐. 이게 좋은 결과가 나야 하는데, 1차 구제금융 때 그리스의 유로존 탈퇴 가능성은 10퍼센트도 안 됐는데요. 지금은 최소 50~60퍼센트입니다. 그 정도 높아진 것은 치프라스의 협상 전술과 국민투표가 결정적이었습니다. 예를 들면 6월 26일 금요일에 치프라스가 전격적으로 국민투표를 하겠다고 했는데요. 그전에 채권단과의 협상에서 거의 타결까지 가까이 갔습니다. 그런데 치프라스가 박차고 나와서 국민투표에 부친 거거든요.

정봉주 국민투표에 부쳤고 국민들은 61퍼센트가 긴축을 반대했고….

안병억 예. 그런 상황이어서 독일은 물론이고 구제금융을 받고 졸업했던 포르투갈, 아일랜드, 스페인이 그리스에 대해 더 강하게 긴축을 요구하는 거죠. 당연히 형평성 차원에서…. 자기들은 뼈를 깎는 구제금융 졸업 과정을 거쳤는데 그리스는 아직 못 하고 있다는 것도 있고요. 또 하나는 남유럽 국가 쪽에 마찬가지로 긴축에 반대하는 포퓰리스트 정당이 급부상했습니다. 그래서 만약에 치프라스를 도와준다면, 구제금융을 지원해준다면, 개혁안도 제출하지 않는데 도와준다면 나머지 국가 ─ 포르투갈이나 아일랜드, 스페인 ─ 에서 볼 때는 바로 포퓰리스트 정당에 최대의 이득을 주는 거거든요.

단일 국가, 유럽연합의 딜레마
그리스 내쫓는다면 재앙이 될 것

정봉주 그런데 또 하나는 실질적으로 이런 논조도 있잖아요. 독일 같은 경우도 전후에, 즉 1차 세계대전 이후에 막대한 부채 때문에 국가 경제가 붕괴됐고, 아주 극심한 빈곤 와중에 나치라고 하는 극우 정당이 탄생됐다는. 또 2차 세계대전 이후에는 엄청난 부채 탕감을 통해서 국가 경제가 재건됐고요. 이런 경험을 보면 독일의 메르켈 총리는 IMF에서 요구하는 것과 같이 부채 탕감을 해야 하는 것 아니냐….

이재화 피케티가 그런 얘기를 했죠.

정봉주 피케티가 이야기하면서 세계적인 경제학자 다섯 명이 그런 서한을 보냈죠. 그들은 이렇게 표현했어요. '그리스 머리에다 총구를 겨냥하고 방아쇠를 당기라고 강요하고 있는 것이다, 죽으라고. 당신들도 부채 탕감을 통해서 국가의 경제를 재건했으니 그리스에도 탕감해줘야 하는 거 아니냐.' 그러면서 '유로존이라고 하는 것 때문에 그리스가 탈피 못 했다는 것을 간접적으로 시인하면서 살려줘야 하는 거 아니냐'고 주장했죠.

이재화 나는 치프라스가 벼랑 끝 전술을 선택할 수밖에 없었던 이유가 '국민들이 도저히 감당할 수 없기 때문, 자기는 그 국민들이 뽑아준 사람이기 때문'이라고 봐요. 그러니까 살길은 결국 탕감받는 길밖에 없는 거다.

정봉주 나도 그 의견 지지해요. 우리가 1997년도에 금 모으기 했던 거 기억나시죠? 당시 IMF에서 얼마나 모욕적인 정책을 제안했어요. 민영화, 그때 얘기했죠? 금리 인상했죠?

안병억 고금리 정책.

정봉주 그리고 노동 유연화도 그때 얘기했잖아요. 그래서 1997년도에 우리가 IMF 구제금융을 졸업하긴 했지만, 그때 이후로 양극화가 심해지고 빈부의 격차가 심화되는 구조가 된 거예요.

하어영 비정규직도 급증했죠.

정봉주 그때 IMF가 주장한 노동 시장의 유연화라는 건, 간단히 얘기해서 '노동자들 쉽게 잘라라.' 그리고 재벌 위주의 정책을 한 겁니다, 그때. 국가 기간시설 다 팔아먹고….

이재화 그나마 그때 가능했던 게, 우리는 대신 긴축재정을 하면서도 그 덕분에 수출이 잘됐잖아요.

정봉주 환율 정책을 쓸 수가 있었으니까.

이재화 네. 수출이 잘됐기 때문에 가능했던 건데, 그리스는 경제성장률이 플러스로 갈 가능성이 현재 상태로는 없는 거 아니에요?

정봉주 없죠. 그리고 2020년까지 국가부채를 국민총생산의 120퍼센트 수준으로 낮춰라? 아니, 탕감을 해줘야 낮추지!

이재화 그리고 임금의 20~30퍼센트 삭감 얘기하는데요. 말이 삭감이지….

정봉주 그럼요, 죽으란 얘기죠.

이재화 임금이란 게 하방경직성이 있는 거잖아요. 받던 것을 뺏는 건 사람들이 감당하지 못해요.

정봉주 쉽게 얘기해서 이런 거죠. 소고기 먹다가 돼지고기 못 먹는다, 고기 먹다 풀뿌리 못 먹는다.

이재화 그러니까요. 근데 그걸 20∼30퍼센트 깎는다? 그건 사람들이 감당하기 어려운 고통이에요. 아마 독일이나 프랑스에서도 현실적으로 감당하기 어렵다는 걸 알겠죠. 그러면서도 이번에 부채 탕감을 했다가는 선례가 되어버릴 가능성이 있다, 이 점을 제일 우려하는 것 아닐까요?

안병억 그런 측면이 있죠. 그런데 제가 독일이 왜 이 정도밖에 못하느냐고 질문하지 않았습니까? 그리스 금융위기 발생하면서 피케티를 포함한 저명한 정치·경제학자들이 칼럼에서 이렇게 요구했어요. 2차 대전 후에 미국이 마셜 계획으로 독일의 경제 부흥을 크게 도와줬듯이 '독일도 독일 주도로 유럽 부흥 계획을 짜라'고요. 근데 독일은 절대 그렇게 할 수가 없어요. 일단 독일 국민의 압도적인 숫자, 즉 60퍼센트 이상이 그리스에 대한 추가 지원을 반대합니다.

정봉주 간단한 논리예요. '내 세금 내서 왜 남의 나라 도와주느냐' 이거죠.

안병억 예. 성경에 돌아온 탕자 이야기가 있죠. 그런데 그리스하고 독일 사람은 피 한 방울 섞이지 않았습니다. 한 번은 도와줄 수 있지만 두 번, 세 번은 밑 빠진 독에 물 붓기라는 소리죠. 이걸 볼 때 독일이 자신들의 역사적 과오를 인정한다는 점에서는 일본과 다르지만, 공통점은 독일도 기억하고 싶은 것만 기억한다는 거예요. 예를 들면 2차 대전 후에 독일은 1, 2차 대전 때 졌던 부채의 절반을 탕감받았거든요. 근데 그런 건 독일에서 전혀 거론되지 않습니다. 기억하고 싶은 것만 기억하는 거죠. 그리고 독일에서는 그리스 경제위기 원인을 '베짱이'로 보고 있습니다. '개미와 베짱이' 이야기 있죠? 독일 사람들은 통일 후에 통일 비용 때문에 엄청나게 허리띠를 졸라매고 경제 부흥을 성공시켰는데 '그리스 사람들은 펑펑 놀기만 하는 베짱이다'라는 생각을 하는 거죠.

정봉주 그건 어쩔 수 없어요. 왜냐하면 관광으로 먹고사는 나라의 국민적 기질이 비슷합니다. 이집트 같은 나라 있잖아요. 이집트 가면 그 나라 경제학자들이 그래요. '저 피라미드를 때려 부숴야지 우리가 잘산다.' 관광으로 먹고사는 나라는 그게 일정 정도의 정체성이고 특성이거든요.

이재화 그리스 사건은 유럽연합의 딜레마로 봐야 해요. 유로존이라는 것은 화폐를 통일하고 단일 경제 체제라고 이야기를 하면서도 결국은 주도하는 국가 중심으로 갈 수밖에 없어요. 문제가 생겼을 때는 '너희는 우리가 아니라 남'이라고 이야기하는 거죠. 그래서 유럽연합의 딜레마가 생기는 거예요. 자기들이 필요할 때는 '우리는 하나'라고 이야기하면서 문제가 생기면 '너네는 우리하고 피 한 방울 안 섞였다'고 말하는 거죠.

정봉주 좀 전문적으로 말하자면 이런 거예요. 유로존으로 통일을 했잖아요. 그럼 이 경제는 제로섬 법칙이 적용됩니다. 다시 말해 그리스가 붕괴했을 때는 그만큼의 총량이 어느 나라로 빨려간 거예요. 이렇게 유로존을 통일시켜놓고 그리스 붕괴만큼 혜택을 본 나라가 누구냐. 그게 바로 독일입니다. 싼 노동력이 몰려오죠. 게다가 그 나라 산업 구조가 독일 중심으로 가죠. 여기서 엄청난 경제 부흥의 대가를 얻었는데, 그 대가 저변에는 그리스의 희생이 있었던 거예요.

이재화 그럼요.

정봉주 그러면 그리스 회생을 위해서 이제는 독일이 나서야 하는 거죠. 탕감해줘야죠. 그리고 1차 금융 지원 때, 2차 금융 지원 때 자기들 채권은 다 회수했어요. 손해 볼 거 하나도 없어요.

안병억 예, 맞습니다.

이재화 사실은 유럽연합이 이런 딜레마를 안고 출발했던 거거든요. 그게 이제 이런 사건으로 해서 터져 나오는 거예요. 본질적인 문제가… 이 문제는 결국 유럽연합이 얼마만큼 단일 국가로 가속화될 것인지 아니면 원심력이 작용할 것인지가 시금석, 지렛대가 될 거라고 봐요.

치프라스, 벼랑 끝 전술
어느 나라도 쉽게 포기할 수 없는 그리스

정봉주 교수님. 지금까지와 같은 거대 담론도 중요하지만 지정학적 요인이나 이런 것도 무척 중요한 포인트 아닌가요? 그러니까 경제적 요인 이외에 교수님께서는 지정학적 요인이 더 크다고 보시는 거죠. 그래서 그렉시트로 간다고 할지라도 유로존에서 포기할 수 없을 것이다, 그리고 미국도 포기하지 않을 거고, 러시아도 계속 러브콜을 던질 것이라고 하신 거고요. 향후 그리스는 어떤 운명으로 갈까요? 오히려 그리스 입장에서는 구제금융을 받지 않고 '우리가 다 할 테니까 배 째라. 너희는 도와주려면 도와주고 말려면 말고' 하는 식으로 채무 불이행을 선언하는 게 더 낫지 않나요?

하어영 정치적인 상황만 보자면 그게 일종의 꽃놀이패를 쥐는….

정봉주 꽃놀이패를 쥐는 것 같아요, 제가 볼 때도.

이재화 치프라스가 국민투표에서 결과가 나오면서 한자락을 깔잖아요. '국민들이, 유권자들이 내게 위임한 게 유럽에 반대하라는 뜻은 아니다. 그것이 아니고 지속 가능한 미래를 만들라는 취지다.'

안병억 치프라스는 마흔 살밖에 안 됐습니다. 과연 치프라스가 지금 얘기한 대로 우리가 보통 얘기하는 대안, 플랜 B가 있느냐, 그걸 묻고 있는 건데요. 치프라스도 정치인이잖아요. 만약에 유로존 이탈해서 경제가 나아진다면 몰라도…. 그런데 유로존 이탈할 경우 경제가 더 나아질 가능성은 없겠죠.

정봉주 그런가요?

안병억 그런 상황에선 국민들이 당연히 긴축에 반대했겠죠. 유로존 탈퇴에 반대한 건 아니고, 국민투표의 의미가 그거라는 거예요. 치프라스도 인정했고요. 그런데 치프라스 집권 후에 이유야 어쨌건 경제는 계속 나빠졌습니다. 그렇기 때문에 과연 치프라스가 유로존을 탈퇴해서 언제까지 총리로 남을 수 있을지….

정봉주 경제가 더 악화되면 치프라스가 물러날 수밖에 없는 상황이 될 것이다?

안병억 당연히 불만이 더 커질 수밖에 없죠.

하어영 그러면 결과적으로는 이래도 저래도 물러날 수 있는 변수는 남아 있네요.

안병억 남아 있죠. 그래서 치프라스가 물러난다면…

정봉주 다시 채권단의 요구에 순응하는 그런 정부가 들어설 텐데?

안병억 좀 유화적인 연립정부가 들어설 수밖에 없죠.

정봉주 그럼 긴축안을 받아들이는 거고, 민영화를 받아들이는 거고, 노동 유연성을 받아들이는 거고…. 그럼 국민들이 찬성할 수 있는 구조는 아니잖아요.

이재화 치프라스가 그래서 벼랑 끝 전술을 쓴 거죠. 채무 탕감을 받을 수 있게끔. 자기 힘으로는 부족하니까 국민투표를 해서 뒤에 힘을 모으려고 했던 거죠.

정봉주 채무 탕감은 불가피한 선택이겠네요.

안병억 그리스 국가부채가 GDP의 180퍼센트 가까이 됩니다. 그런 구조이니 아까 얘기했듯이 '2020년까지 이걸 어떻게 120퍼센트로 줄이냐, 말이 안 된다' 이렇게 나왔죠. 그건 곧 '3차 구제금융이 필요하고 당연히 부채 탕감을 해야 한다'는 게 공식화된 사실이었습니다. 그런데 채권단이 이걸 지금까지 계속 거부하는 상황이죠.

이재화 어쨌든 GDP가 계속 늘어나야 이자와 원금 일부를 갚을 수 있을 텐데, 말하자면 이자만 계속 늘어나는 셈이잖아요.

안병억 네. GDP가 마이너스 성장을 했으니까요. 2014년에 1~2퍼센트 성장했습니다. 좀 더 높아졌는데 그런 상황이죠. 그리스가 유로존 들어가면서 경제성장률이 상당히 낮았습니다. 왜냐하면 경쟁이 안 되니까요. 독일하고 그런 산업 구조는….

이재화 제가 어제 통계를 봤는데 플러스 성장이 거의 없었던 걸로 기억나요.

정봉주 그런데 지금까지 우리가 그리스 입장에서만 들여다봤는데요. 메르켈 중심의 유럽연합에서 볼 때도 만약 그렉시트가 발생하고 그리스 경제가 붕괴된다고 한다면, 실질적으로 그다음에 연쇄작용이 일어날 위험성이 무척 높은 거 아녜요? 아까 말씀드렸던 아프리카 난민이 인접 국가로 확산되고. 그러면 남유럽 자체가 경제적으로 붕괴될 수 있는 무척 위험한 상황이거든요. 그러니까 유로존에서도 이런 상황을 막으려면 부채 탕감을 해줘야죠. 만약에 그리스를 놔버리면 다시 유럽 경제에 직접적인 영향을 미치고, 아까 얘기했던 지형적 위치로 러시아와의 관계도 아주 복잡 미묘한 관계로 가잖아요. 그렇기 때문에 유럽연합도 대단히 갑갑한 상황에 처해 있는 것만은 분명해요. 놓을 수도 없고 잡을 수도 없고….

그런데 실제로 잡으려고 한다면 부채 탕감 액수가 별로 많지도 않아요. 그리스의 부채가 전체 유럽연합 총생산의 4퍼센트도 채 안 되니까요.

안병억 네. 안 됩니다.

정봉주 그러니까 반 정도만 깎아주면 되는데…. 이렇게 깎아줬을 때 그 옆에 포르투갈이라든지 이탈리아, 스페인으로 퍼져나가는 도덕적 해이가 문제 된다고 자기들이 얘기하는 거죠. 이렇게 확장되는 것을 어떻게 할 것이냐라는 거죠. 그런데 사실은 그건 변명에 불과한 거 아니에요?

이재화 그거 보면요. 모든 나라에 파산제도가 있고 회생제도도 다 있잖아요. 파산 및 회생제도가 자본주의에선 불가피한 거거든요. 그렇다고 해서 나라 경제가 망하느냐? 그렇진 않죠. 일부 도덕적 해이가 있긴 하지만 그럼에도 필요하다는 거예요. 국가와 국가 간의 관계에서도 필요하다면 해야 하는 거죠.

하어영 국민성이라는 것 자체가 굉장히 관념적긴 하지만, 그리스는 국민성이 어떤지가 궁금해요. 그러니까 이 위기를 극복하는 과정에서, 예를 들면 아까 우리나라 금 모으기 운동 얘기했잖아요, 그런 상황이 벌어질 수 있는가. 단순히 정치적인 것 말고 그 국가의 국민 수준이 어떤지도 궁금하거든요?

안병억 그 얘기도 많이 나왔죠. 국민성이라는 게 좀 정형화된 말이긴 하지만, 경제위기 원인을 논하면서 국민성 얘기가 분명히 나왔는데요. 그리스 건국사에서 볼 때 그리스는 외부인에게 상당히 배타적이에요. 또 하나는 그리스 산업 구조가 서비스업 중심인데 가족 중심의 경영이 많아요. 그래서 치프라스가 이상하게 행동한 이유도 국민성 차원에서 이렇게 설명이 돼요. 예를 들면 거의 합의에 이르렀을 때 치프라스가 '내가 가서 이걸 국내에서 통과시키겠다' 이렇게 말하고 돌아갔는데 정작 국내에 가서는 다른 얘기를 한단 말이에요? 근데 그리스에서는 '일단 이렇게 하기로 하지'라는 게 출발점이라는 거예요, 출발점. 합의한 게 아니라….

정봉주 완전히 해석이 다르네요.

안병억 예. 그런 식으로 봐요.

정봉주 자, 저랑 교수님이랑 둘이서 의견을 모았어요. 교수님은 합의

했다고 생각하는데, 저는 '우리 이렇게 하기로 했으니까 한번 고민해 보자' 이런 식이네요?

안병억 그런 식으로 해석한다는 거예요. 또 한편으로, 메르켈 총리는 지금까지 그리스를 붙잡은 게 지정학적인 것도 고려하고, 난민도 고려해서 한 일이에요. 더욱이 독일이 유럽통합을 이끌어온 나라인데 '내가 그리스를 쫓아냈다'라는 말은 듣기 싫었던 거죠. 자기 낙인이거든요.

정봉주 그렇죠.

안병억 메르켈뿐만 아니라 독일도, 이유야 어쨌건. 그래서 지금까지 계속 끌고 온 게 어떻게 보면 '누가 고양이 목에 방울을 달까' 그런 정도였습니다. 그런데 반대로 독일 재무부에서는 2012년 2차 구제금융도 쉽지 않았거든요. 그때부터 나왔던 게 '그래서 빨리 쫓아내야 한다'는 얘기였어요. 그래서 볼프강 쇼이블레라고 제일 고참, 강력한 독일 재무장관이죠. 그 사람이 '썩은 다리를 도려내야—그러니까 그리스가 썩은 다리다—유로존이 더 강해질 수 있다'는 이 얘기를 계속 해왔습니다.

정봉주 우리한테 제일 중요한 건 이거죠. 그리스 경제위기가 우리한테 미치는 영향.

안병억 그렇죠. 일단 그리스와 우리의 교역 비중을 보면, 우리 전체 무역이 1조가 넘거든요. 그중에서 0.1퍼센트 정도밖에 안 돼요. 그러니까 아주 미미한데, 그건 일단 수치상으로만 본 거죠. 아까 우리가 얘기했듯이 파급 효과, 예를 들면 그리스 사태에 따라서 유로존, 유럽연합 경기가 침체될 수 있죠. 유럽연합은 우리의 서너 번째 수출 시장입니다. 그러면 우리의 수출이 줄어들 수밖에 없겠죠.

정봉주 중국, 미국, 유럽 순이 되나요?

안병억 중동, 그러니까 아세안 쪽하고 약간 비슷해서 서너 번째입니다. 그렇기 때문에 그리스가 주는 영향은 미미하지만 절대 가벼이 볼 문제는 아니죠. 그리스의 유로존 탈퇴 이후에 파급 효과가 생기고 유럽연합의 경제가 침체될 우려 때문이죠. 일부 경제연구소에서 그리스 이탈 이후에 유럽 경기가 얼마나 침체하고 그러면 우리 수출은 얼마나 줄어들까를 시뮬레이션 해봤을 때, 제 기억에 1퍼센트 정도도 안 되었던 것 같은데요. 그거는 전제라는 게 다양할 수 있으니까요. 예를 들면 최악의 경우에는 더 떨어질 수 있는 거고, 그런 상황이죠.

정봉주 지금 우리 경제가 지속적으로 침체되고 있는 상황에서 유럽연합도 경제가 위축되고, 중국 경제도 점차 축소되고 있잖아요? 그렇게 되면 수출로 먹고사는 우리나라 입장에서는 유럽연합이 차지하는 비중이 높지 않다고 할지라도, 전체적으로 하강하는 국면에서 동반 하강할 수 있는 거거든요. 미국은 경제가 살아나긴 하지만 미국에 대한 수출은 점차 줄어들고 있고…. 그렇게 되면 한국 경제에 미치는 영향이 상당히 있으리라고 보는데요?

안병억 하나 더 추가하자면, 중국의 첫 번째 수출 시장이 제가 알기로는 유럽연합입니다. 그러면 이렇게 서로 삼각으로 연결되는 거죠?

정봉주 우리나라, 중국, 유럽연합. 쓰리 쿠션으로 우리가 타격을 입을 수도 있겠네요.

안병억 그리스 사태가 다행히 잘 해결된다면 우리 무역에 부정적인 영향이 아주 미미하겠지만 만약에 그리스가 유로존을 탈퇴하고 파급 효과가 유럽 전체로 확산되면 유럽연합과 중국의 교역, 우리와 중국의 교역에도 다 영향을 미치는 거죠.

이재화 증시도, 세계 증시 중에 중국 증시가 제일 폭락이 심했더라고요.

정봉주 그러네요. 블랙 데이가 중국에 가장 심하게 온 거네. 교수님, 지금까지 그리스 위기에 대해서 진단을 했는데요. 그간 우리나라에서 전체적으로 보면 지정학적 요인이나 이런 거에 대해서는 사실 별로 진단한 언론도 없었고, 보수 언론이나 미디어에서는 계속 복지병으로 몰아가고 있었죠. 마지막으로 총정리 해주시죠.

안병억 일단, 그리스가 유로존을 이탈한다고 해도 유럽연합은 지속적으로 도와줄 수밖에 없죠. 그럴 경우에 그리스 내에서는 당연히 치프라스 총리에 대한 책임 문제가 제기될 수 있고요. 그러면 그리스는 예컨대 이른 시일 안에 또 총선이 있을 수 있죠. 이런 상황이 너무나 꼬여 있고 복잡하게 되어 있습니다. 그런데 우리가 주목할 것은 그리스 사태가 유럽의 다른 취약 국가, 그러니까 우리가 얘기하는 '피그스 국가', 즉 포르투갈, 아일랜드 등으로 다시 확산돼서 유럽 경제가 얼마나 침체될까 하는 것이죠. 그 경우에 대응하기 위해 준비가 되어야 한다고 생각하고요. 그리스 위기에서 우리가 배울 수 있는 것은 그리스의 단순한 경제적 위기가 아니라 총체적 위기라고 봅니다. 정치개혁이 얼마나 필요한지, 투명성이 한 나라의 생사를 결정하는 데 얼마나 중요한 요소인지 하는 것을 종합적으로 볼 수 있다고 생각합니다.

정봉주 오늘은 그리스 경제위기에 대해서 전체적으로 점검해봤습니다. 이를 타산지석으로 삼으려면 어떻게 정치를 투명하게 하고, 경제

를 부흥시킬 것인가에 대해 국가 지도자가 좀 더 고민을 해야 하겠다
는 결론으로 마무리하겠습니다.

끝까지 물어주마

초판 1쇄 인쇄 2015년 12월 10일 **초판 1쇄 발행** 2015년 12월 17일

지은이 정봉주 최강욱 이재화 하어영
펴낸이 연준혁

출판 2분사
책임편집 박경순
디자인 하은혜

펴낸곳 (주)위즈덤하우스 **출판등록** 2000년 5월 23일 제13-1071호
주소 경기도 고양시 일산동구 정발산로 43-20 센트럴프라자 6층
전화 031)936-4000 **팩스** 031)903-3895 **홈페이지** www.wisdomhouse.co.kr

값 15,000원 ISBN 978-89-6086-886-1 03300

국립중앙도서관 출판시도서목록(CIP)

끝까지 물어주마 / 지은이: 정봉주 외. -- 고양 : 위즈덤하우스, 2015
p. ; cm

ISBN 978-89-6086-886-1 03300 : ₩15000

한국 사회[韓國社會]
시사 평론[時事評論]

304-KDC6
300.2-DDC23   CIP2015033107